한국 텔레비전드라마의 표절 논란
실태 조사 보고서

이 저서는 2020년도 대한민국 교육부와 한국연구재단의 인문사회분야 중견연구자지원사업의 지원을 받아 수행된 연구임(NRF-2020S1A5A2A01047374)

한국 텔레비전드라마의 표절 논란 실태 조사 보고서

연구책임자 윤석진(충남대 국문과 교수)

북마크

| 머리말 |

　세계적으로 'K-드라마'에 관한 관심이 고조되고 있다. 글로벌 OTT 플랫폼을 통해 전 세계에서 동시다발적으로 'K-드라마'를 시청할 수 있는 환경이 조성되면서 나타난 현상이다. 이로 인해 한때 여러 방송 프로그램 가운데 일부로 여겨졌던 'K-드라마'는 이제 문화산업적 경쟁력을 갖춘 영상 콘텐츠로서의 위상을 공고히 하고 있다. 개성 넘치는 캐릭터의 매력과 정서적 몰입도를 끌어올리는 플롯에 기반한 스토리텔링 덕분이다. 이야기의 역사가 입증하듯이, 스토리텔링의 핵심 요소라 할 수 있는 캐릭터와 플롯은 일정 부분 유형화가 가능하다. 아무리 독창적인 이야기라 하더라도, 인류 공동의 문화유산으로서의 캐릭터와 플롯이 원용될 수 있다는 의미이다. 상황이 이렇다 보니, 예술성을 인정받거나 흥행에 성공한 작품들을 대상으로 표절 논란이 끊이지 않는다.

　'K-드라마'로 세계인의 이목을 집중시킨 한국 텔레비전드라마도 예외는 아니다. 2017년 한 해에만 10여 편의 작품이 표절 시비에 휘말릴 정도로 '저작권 침해'를 호소하는 사례가 갈수록 늘어나고 있지만, 표절 여부를 판단할 수 있는 기준은 명확하지 않다. '의거관계·실질적 유사성·포괄적 유사성' 등을 기준으로 저작권 침해 여부를 판단하는 저작권법이 있지만, 창작의 자유를 위축할 수 있다는 명분을 들어 보수적으로 판결하는 경향이 강하여 법적 판결과 상관없이 논란이 끊이지 않는다. 또한, "피고가 원고의 작품을 직간접적으로 보거나 들어서 자신의 작품을 만드는 행위"인 의거관계의 성립을 검증하기 어려운 것은 둘째 문제치고, "문학적 특성"을 훼손하지 않는 범위에서의 실질적 유사성과 포괄적 유사성 검증도 쉽지 않다. 텔레비전드라마의 경우, 극을 구성하는 요소들이 상당 부분 관습적 표현에 해당한다는 점도 저작권 침해 여부를 가리기 어렵게 만드는 요인이다.

이러한 문제의식에서 「한국 텔레비전드라마의 표절 실태 분석 및 기준 마련을 위한 연구」를 시작하였다. 2020년 대한민국 교육부와 한국연구재단의 인문사회분야 중견연구자지원사업에 선정되어 2년 과제로 시작한 이 연구의 목적은 두 가지이다. 첫째, 한국 텔레비전드라마가 독립된 영상 콘텐츠로서 문화산업적 경쟁력을 갖추기 시작한 2000년 이후 제기된 표절 논란 실태와 소송 사례를 조사하여 정리한 보고서 발간이다. 둘째, 극예술을 구성하는 6가지 요소 가운데, 캐릭터와 플롯을 중심으로 표절 여부를 가릴 수 있는 기준을 마련하기 위한 사례 분석이다. 두 번째 연구목적을 달성하기 위한 기초 작업이 첫 번째 연구목적이라 할 수 있는데, 이 책은 바로 그 결과물이다.

극문학 전공자로서 한국 텔레비전드라마의 표절 논란 실태를 조사하고 정리하는 작업은 어렵지 않았다. 하지만 저작권 침해 소송 판례를 법리적으로 해석하여 극을 구성하는 요소와 비교하는 작업은 생각만큼 쉽지 않았다. 자칫 객관적 근거 없이 주관적 분석에 그칠 수 있는 우려 때문이었다. 이러한 한계를 해결하기 위해 텔레비전드라마 연구자와 제작 현장의 감독과 작가 등의 자문을 얻는 과정을 거쳤다. 한국 텔레비전드라마의 표절 논란을 주제로 토론할 수 있는 콜로키엄을 마련하려 했으나, '코로나 19 펜데믹' 때문에 서면으로 의견을 구할 수밖에 없어 아쉬웠다. 여러모로 쉽지 않은 상황에서 자문해 준 전문가들이 아니었다면, 이 책의 발간은 어려웠을 것이다. 연구자가 미처 생각하지 못했던 문제를 일깨워주고, 대안을 제시해준 모든 분에게 감사의 마음을 전한다.

『한국 텔레비전드라마 표절 논란 실태 조사 보고서』는 3개의 장과 부록으로 구성하였다. 1장에서는 이 연구의 목적과 배경을 설명한 뒤, 2000년 이후 한국 텔레비전드라마의 표절 논란 실태를 방송사별로 조사하고 핵심 내용을 정리하였다. 2장에서는 저작권법을 기준으로 저작권의 개념과 핵심 원칙을 정리한 뒤, 이를 바탕으로 저작권 소송 판례의 핵심 내용을 요약하였다. 3장에서는 한국 텔레비전드라마의 표절 논란과 소송, 저작권법의 핵심 원칙, 저작권법의 유사성 판단 기준, 텔레비전드라마 표절 여부를 판단할 수 있는 극적 요소, 저작권법과 텔레비전드라마 극적 요소의 상관성 등에 관한 전문가의 의견을 문항별로 정리하여 제시하였다. 그리고 한국 텔레비전드라마의 표절 논란과 법리적 해석에 관한 이해를 돕기 위해 저작권 침해 소송 판례 8건의 전문을 부록에 수록하였다.

모든 문화예술이 그렇지만, 텔레비전드라마는 창의적 발상과 주제의식 그리고 독창적 캐릭터와 플롯이 특히 더 중요한 문화산업의 핵심 분야이다. 창의적 상상력이 무엇보다 중요하지만, 인류의 이동이 자유롭지 못했던 아주 오랜 옛날부터 세계 곳곳에서 비슷한 내용의 '신화·전설·설화·민담' 등의 이야기들이 전해지는 현실을 고려하면, 표절 여부를 판단할 수 있는 기준을 마련하는 것은 특히 더 어려워진다. 무분별한 표절 시비도 문제지만, 표절 때문에 창작 생태계가 오염되는 것을 방지하기 위해서라도 엄격하면서도 객관적인 기준을 마련할 필요가 있다. 이 책이 극예술의 관점에서 한국 텔레비전드라마의 표절 여부를 판단할 수 있는 기준 마련의 초석이 되기 바란다.

  이 책을 출간하는 과정에서 많은 도움과 지원을 받았다. 대한민국 교육부와 한국연구재단의 지원이 없었다면 한국 텔레비전드라마의 표절 논란 실태를 조사하고 정리할 엄두를 내지 못했을 것이다. 교육과 연구의 어려움이 점점 더 가중하는 상황에서 텔레비전드라마를 함께 연구하는 동료 연구자들과 제작 현장 전문가들의 격려와 지원도 큰 힘이 되었다. 이 연구를 시작하고, 결실을 거둘 수 있도록 도와준 모든 분에게 이 자리를 빌려 감사의 인사를 드린다. 아울러 여러모로 어려움이 가중되고 있는 출판 여건에서도 좋은 책을 만들기 위해 심혈을 기울여주신 도서출판 북마크 정기국 사장님과 편집자에게도 감사드린다. 한국 텔레비전드라마의 표절 논란 실태 조사 보고서를 바탕으로, 엄격하면서 객관적인 표절 판단 기준 마련을 위한 후속 연구를 게을리하지 않겠다고 다짐한다.

2022년 12월
연구책임자 윤석진

CONTENTS

머리말 · 4

제1장_ 연구 목적과 표절 논란 실태 조사

1) 연구 목적 및 배경 · 13
2) 2000년 이후 표절 논란 실태 · 14
3) 방송사별 표절 논란 실태 조사 · 16
   (1) KBS 드라마 · 16
   (2) MBC 드라마 · 21
   (3) SBS 드라마 · 29
   (4) tVN 드라마 · 44

제2장_ 저작권 개념과 소송 판례 요약

1) 저작권법에 의거한 저작권의 개념과 핵심 원칙 · 57
   (1) 저작권의 개념 · 57
   (2) 저작권의 핵심 원칙 · 59
2) 저작권 소송 판례 요약 · 62
   (1) 〈여우와 솜사탕〉 판례 (2002가합4017) · 60
   (2) 〈태왕사신기〉 판례 (2006나16757) · 64
   (3) 〈아이리스〉 판례 (2012가합86524) · 72
   (4) 〈사랑비〉 판례 (2012카합1315) · 78
   (5) 〈야왕〉 판례 (2013가합16788) · 81
   (6) 〈선덕여왕〉 판례 (2013다8984) · 83
   (7) 〈피리 부는 사나이〉 판례 (2016가합536768) · 88
   (8) 〈화유기〉 판례 (2018가합34230) · 91

제3장_ 표절 논란과 판단 기준 마련에 관한 전문가 의견

1) 표절 논란과 소송에 대한 의견 · 100
2) 저작권법의 핵심 원칙에 대한 의견 · 105
3) 저작권법의 유사성 판단 기준에 대한 의견 · 109
4) 텔레비전드라마 표절 여부 판단을 위한 극적 요소에 관한 의견 · 113
5) 저작권법과 텔레비전드라마 극적 요소의 상관성에 관한 의견 · 118

부록_ 저작권 소송 판례 전문

1) 〈여우와 솜사탕〉 판례 (2002가합4017) · 123
2) 〈태왕사신기〉 판례 (2006나16757) · 158
3) 〈아이리스〉 판례 (2012가합86524) · 197
4) 〈사랑비〉 판례 (2012카합1315) · 240
5) 〈야왕〉 판례 (2013가합16788) · 257
6) 〈선덕여왕〉 판례 (2013다8984) · 275
7) 〈피리 부는 사나이〉 판례 (2016가합536768) · 290
8) 〈화유기〉 판례 (2018가합34230) · 314

제1장

연구 목적과 표절 논란 실태 조사

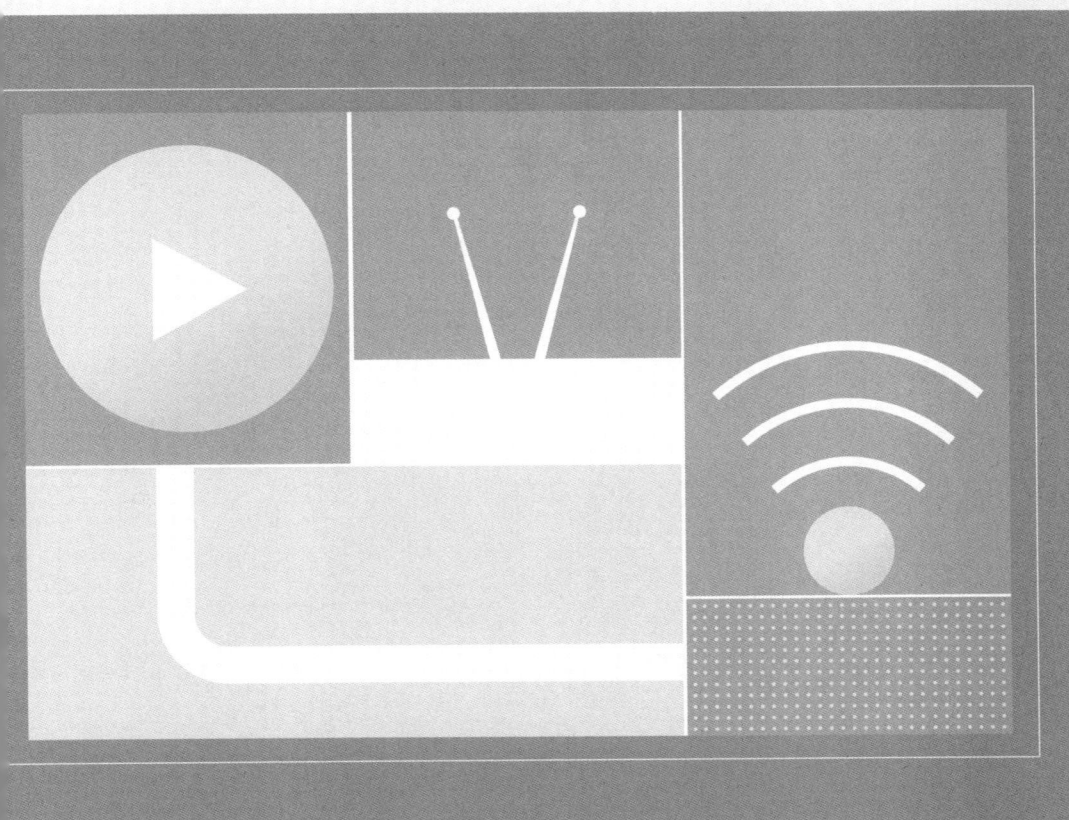

연구 목적과
표절 논란 실태 조사

1) 연구 목적 및 배경

본 연구의 목표는 한국 텔레비전드라마의 표절 실태를 규명하고 극예술로서 텔레비전드라마의 표절 기준을 모색하는 것이다. 한국 문화산업의 규모가 커지면서 영상예술 분야의 표절 논쟁이 끊이지 않고 있다. 특히 텔레비전드라마의 경우, 2017년 한 해에만 10여 편의 작품이 표절 시비가 일어날 정도로 심각하지만, 법적 판결과 별개로 논란이 지속되고 있다. 한국 텔레비전드라마가 문화산업의 핵심 장르 가운데 하나라는 점을 고려할 때, 한국 텔레비전드라마의 표절 실태 분석과 기준 마련이 시급한 실정이다.

그러나 텔레비전드라마의 표절 여부를 판단할 수 있는 기준을 마련하는 것은 쉽지 않다. 대중예술로서 텔레비전드라마의 속성상 소재와 캐릭터 그리고 플롯 등, 극을 구성하는 요소들이 전형적이거나 정형화되어 있는 경우가 많기 때문이다. 따라서 사회적 이목이 집중되었던 사례를 중심으로 정확한 실태 파악이 이루어져야 표절 여부를 판단할 수 있는 기준으로서의 지표를 마련할 수 있다.

이러한 문제의식을 바탕으로 정리한 본 연구의 목표는 다음과 같다. 첫째, 한국 텔레비전드라마 분야의 표절 논란에 관한 사실 관계를 정리하여 표절 기준 마련에 필요한 기초 자료를 수집한다. 둘째, 한국 텔레비전드라마의 표절 사례를 분석하여 법적 논리와 창작 원리의 충돌 지점을 분석한다. 셋째, 극예술로서 텔레비전드라마의 미학적 특성과 장르적 특성을 고려하여 표절 판단의 핵심이 되는 유사성의 범위를 탐색한다. 넷째, 실제 표절 소송 사례를 대상으로 유사성 여부를 분석하여 텔레비전드라마 표절 판단 기준을 모색한다.

2) 2000년 이후 표절 논란 실태

본 연구에서는 텔레비전드라마의 표절 판단 기준 마련을 위한 기초 작업으로 2000년 이후 한국 텔레비전드라마의 표절 소송 사례를 조사하였다. 조사 자료를 바탕으로 한국 텔레비전드라마에서 표절 시비와 소송 진행 양상을 정리하고, 사안별로 유형화하여 표절 논란의 핵심 사항을 파악하였다. 이를 통해 한국 텔레비전드라마의 표절 논란에 관한 객관적인 수치 및 구체적인 사실 관계를 도출하였다.

한국 텔레비전드라마의 표절 관련 실태는 다음의 원칙으로 조사하였다. (1) 구글(Google) 사이트에서 '한국어'를 적용하여 '한국', '드라마', '표절'의 키워드 검색, (2) 키워드 3개의 연관성 검색 기준으로 100순위까지 조사, (3) 100순위 중 언급되는 특정 텔레비전드라마의 경우 '드라마 제목', '표절' 키워드로 검색, (4) 해당 텔레비전드라마의 표절 관련 의혹 제기와 경과 조사, (5) 법정 소송이 진행된 경우 판결 결과 추가 조사, (6) 언론 보도 등을 통해 공론화된 것을 1순위로 하고, 인터넷 커뮤니티 논란은 별도 표기, (7) 한국 텔레비전드라마가 해외에서 표절된 경우는 검색 결과에서 제외, (8) 2000년 이전 텔레비전드라마는 단편적인 기사를 제외하고는 정보가 없으므로 제외.

한국 텔레비전드라마의 표절 관련 실태 조사 결과를 요약하면 다음과 같다. (1) 대부분의 표절 논란은 원작을 도용당했다고 주장하는 이들에 의해 제기되었지만, 법정 공방으로 넘어가면 텔레비전드라마 제작사나 극본을 집필한 작가의 승소 빈도가 높았다. (2) 누리꾼들에 의해 처음 논란이 발생할 경우 언론에 보도되는 경향이 있지만, 실제 법정 공방으로까지 넘어가는 사례는 거의 없었다. (3) 본 연구의 조사 결과를 방송사 별로 구분하면 SBS가 21편으로 가장 많이 표절 논란에 휘말렸지만, 2010년대 이후에는 tvN에서 표절 논란이 발생하는 빈도가 매우 높아졌다. (4) 국내의 소설이나 만화와 같은 창작 분야에서 표절 의혹을 제기하는 경우 법정 소송으로 넘어가는 경우가 많았다. 반면에 시청자나 누리꾼에 의해 표절 의혹이 제기될 경우 법적 분쟁으로까지 이어지지 않는 경향이 강하고, 설령 소송이 진행된다 하더라도 표절 의혹을 제기한 원고가 패소하는 경우가 대부분이다. (5) 국외의 작품을 표절했다는 의혹이 제기된 경우, 시청자와 누리꾼 사이에서 논란이 있어도 텔레비전드라마 제작사나 극본을 집필한 작가의 부인으로 마무리되는 경향이 강하다.

3) 방송사별 표절 논란 실태 조사

(1) KBS 드라마

KBS1, KBS2에서 방영한 작품 가운데 표절 논란이 있었던 작품들을 목록으로 정리하면 다음과 같다.

제목	방영년도	작가/감독	논란 이유	결론	기타
〈여름향기〉	2003	최호연/윤석호	시나리오 도용 미국 영화 표절	상호 합의	
〈아이리스〉	2009	김재은 · 조규원 · 김현준/김규태 · 양윤호	시나리오 도용	원고 패소	표절 확인 감정 평가란 자료 제시
〈구미호 : 여우누이뎐〉	2010	오선형 · 정도윤/ 이건준 · 이재상	한국 드라마 표절	담당 각본가 1년 자격정지	1화만 해당
〈왕의 얼굴〉	2014	이향희 · 윤수정/ 윤성식 · 차영훈	드라마 제작 논의가 취소된 작품 무단 활용	가처분 신청 기각	영화 〈관상〉의 원작자가 표절이라 인지 하지 않았음
〈골든 크로스〉	2014	유현미/홍석구 · 이진서	미국드라마 오프닝 표절	–	온라인 커뮤니티에서 의혹 제기
〈너를 기억해〉	2015	권기영/노상훈	시나리오 도용	–	법정 공방 여부 파악 불가[1]

---

1) 의혹을 제기한 사람이 소송 혹은 가처분 신청을 예고하고, 작가와 제작사가 명예훼손 등으로 법적 대응하겠다는 기사가 있지만, '승소·패소·항소·법정·가처분' 등의 키워드로 검색한 결과 내용을 확인할 수 없음.

① 〈여름향기〉

　작가 김 모 씨가 "1992년 방송작가협회 산하 방송작가 교육원 전문반에서 교육을 받을 때 〈사랑의 주소〉라는 시나리오를 썼는데 KBS측이 이 시나리오를 보고 유사한 내용의 드라마를 제작해 방영한 것으로 보인다."며 KBS와 팬엔터테인먼트, 윤석호 PD 등을 상대로 손해배상 및 대본 배포금지 소송을 제기하였다.[2] 작가 최호연은 "작가교육원을 다닌 일도, 〈사랑의 주소〉라는 시나리오를 본 적이 없다."고 표절 여부를 부인했다.[3] 그러나 시나리오 작가 김 모 씨가 낸 손해배상 소송은 한류 열풍에 악영향을 줄 수도 있음을 감안한 재판부가 양 쪽의 동의에 따른 조정으로 다툼을 마무리하고 법적인 판단은 하지 않기로 하면서 마무리되었다. 조정 내용은 외부에 공개하지 않기로 했으나, 피고 측이 원고에게 흡족할 만한 금액을 지급하기로 약속한 것으로 알려졌다.[4] 한편, 누리꾼들에 의해 〈여름향기〉의 배경과 스토리 진행 방식이 〈다시 사랑할까요?〉(Return to Me)와 유사하다며 의혹을 제기했으나 제작진은 이를 부인했다.[5]

② 〈아이리스〉

　2009년 소설가 박철주가 〈아이리스〉가 자신의 첩보소설 〈후지산은 태

---

2) 전지성, 「드라마 '여름향기' 표절 1억 손배訴」, 『동아일보』, 2004. 7. 28.
　https://www.donga.com/news/Society/article/all/20040728/8088705/1
3) http://www.busan.com/view/busan/view.php?code=20040730000159
4) 양영권, 「드라마 〈여름향기〉 표절 논란 일단락」, 『머니투데이』, 2005. 8. 26.
　https://news.mt.co.kr/mtview.php?no=2005082610025009400
5) https://news.joins.com/article/1791702

양이 뜨지 않는다〉를 표절했다면서 제작사인 태원엔터테인먼트를 고소했다. 주 표절 사안은 주인공 캐릭터 설정의 동일성과 내용의 유사성이었는데[6] 형사소송에서 기각당하며 마무리되었다. 이후 2012년 원고가 문학평론가 김병욱에게 표절확인감정평가를 받고 다시 소송을 걸면서 재점화되었다.[7] 박철주는 법원에 재정신청까지 가는 과정에서 한 번도 검찰에서 고소인 조서를 받지 못했다며 재판의 진행 자체가 불공정했다고 의혹을 제기하기도 했다. 해당 박철주의 상고심은 2016년 대법원에서 상고심을 기각하며 끝났다.[8] 법적 소송 당시 온라인 커뮤니티 상에서 박철주를 옹호하는 의견이 있었으나, 이후 페이지가 사라져서 원본을 찾을 수가 없었다. 이 외에도 〈아이리스〉 측은 저작권침해장면 배포금지 신청이나 다른 소설가에 의한 손해배상 소송에서 모두 승소하였다.[9]

③ 〈구미호 : 여우누이뎐〉

  〈구미호 : 여우누이뎐〉의 1화 내용이 임충의 〈전설의 고향〉을 표절한 것이 아니냐는 의혹이 제기되었다. 자세한 내용을 확인하기 어려우나 동

---

6) 전성훈, 「"표절했다" KBS 드라마 아이리스 피소」, 『연합뉴스』, 2009. 7. 9. https://www.yna.co.kr/view/AKR20091207205600004
7) 박철성, 「"〈아이리스〉, 감정 결과 표절 확신"」, 『오마이뉴스』, 2010. 3. 5. http://www.ohmynews.com/NWS_Web/View/at_pg.aspx?CNTN_CD=A0001335988
   황정호, 「'아이리스2' 제작 급제동, 박철주 작가 "2차 표절" vs 태원엔터테인먼트 "명예 훼손"」, 『스타데일리뉴스』, 2012. 10. 15. https://news.zum.com/articles/4071656?t=t?c=06
8) 이다원, 「'아이리스' 표절 혐의 벗었다. 대법, 상고심 기각」, 『매일경제』, 2016. 3. 17. https://www.mk.co.kr/news/entertain/view/2016/03/202260/
9) https://news.joins.com/article/15409477

일한 대사나 구미호와 관련된 설정들을 도용한 것으로 추정된다. 온라인 커뮤니티에서는 구미호와 관련된 설정이 임충 작가의 창작이라는 것 자체를 처음 알았다는 사람이 많았다.[10] 그러나 한국방송작가협회에서 표절로 판정한 뒤 작가를 1년 자격정지 시키는 중징계를 내렸다.[11] 제작진에서는 일종의 오마주이고, 본디 주제의식은 다른 것이라며 아쉬워하면서 중반부터 임충 극본 〈전설의 고향 : 구미호〉를 이야기의 출발점으로 삼았다고 공지하였다.[12]

④ 〈왕의 얼굴〉

영화 〈관상〉의 제작사인 주피터 필름은 KBS 측이 〈관상〉의 시나리오를 전달받아 드라마 공동제작을 제안했던 점, 〈관상〉의 핵심 기획을 차용했을 뿐만 아니라 유사한 부분이 발견되는 점, 〈관상〉이 원작임을 알고 있었거나 독자적으로 드라마 제작을 진행하는 것이 경쟁질서에 반할 수 있음을 인식하고 있었다는 것을 방증한다며 가처분 신청 및 고소를 진행하였다.[13] 재판부는 시대적 배경과 등장인물, 사건의 구성 및 전개과정, 줄거리 등에서 현저한 차이를 보이고 있어 유사성이 있다고 보기 어렵다며

---

10) https://www.82cook.com/entiz/read.php?bn=35&num=932109&page=5397
https://theqoo.net/?mid=dyb&page=153&document_srl=1146065980
11) 양승준, 「'구미호:여우누이뎐' 첫회 표절 판명, 작가 징계」, 『이데일리』, 2010. 10. 10.
https://www.edaily.co.kr/news/read?newsId=01256246593131608&mediaCodeNo=258
12) 문완식, 「'구미호:여우누이뎐' PD "표절? 임충에 대한 오마주"」, 『머니투데이』, 2010. 10. 11.
https://entertain.naver.com/read?oid=108&aid=0002051325
13) 김윤지, 「표절 논란 '왕의 얼굴', 무사히 만들어질 수 있을까」, 『OSEN』, 2014. 9. 29.
https://www.chosun.com/site/data/html_dir/2014/09/29/2014092901746.html

이를 기각하였다.[14] 영화 〈관상〉의 창작자인 한재림 감독과 김동혁 작가가 모두 표절로 보기 어렵다고 인지했음에도 제작사 측에서 소송을 밀어붙인 정황이 있다.[15]

⑤ 〈골든 크로스〉

〈골든 크로스〉의 오프닝이 미국 드라마 〈True Detective〉를 표절했다는 주장이 제기되었다.[16] 미국 드라마가 대상이라는 점에서 미국 드라마 커뮤니티에서 먼저 의혹이 제기되었다는 특징이 있다. 표절 대상이 외국 드라마이고 오프닝만 표절 대상이었는지 큰 논란 없이 넘어갔다.[17]

⑥ 〈너를 기억해〉

작가 지망생 정다희가 2014년 3월 10일에 창작해 8월 21일에 저작권등록을 했으며 같은 해 3월 CJ 공모전에 제출한 자신의 작품과 소재적인 측면에

---

14) 이제훈, 「왕의 얼굴 '관상' 저작권 침해 불인정-공식 입장 "본의 아니게 맘고생"」, 『스포츠조선』, 2014. 10. 9. https://www.chosun.com/site/data/html_dir/2014/10/08/2014100803844.html
15) "이 소송에서 우리 조합 측이 주목한 건 창작자의 의견이나 권리가 전혀 반영되지 않았다는 것이다. 애초에 소송을 제기할 때 한재림 감독이나 김동혁 작가의 의견이 반영되지 않았다. 조합 측에서 표절 여부에 대해서 물었을 때 원작자인 두 사람 모두 '표절로 보기 어렵다'는 의견을 보내왔다. 그러나 제작사 측에서는 소송을 강행했고, 결국 기각됐다. '관상'의 경우 소설 출판 당시 원작자에 대한 표기가 없어 성명권(저작권을 양도해도 창작자의 성명을 명시해야 하는 것)을 위반한 사례라고도 볼 수 있다." 김현철, 「[인터뷰] 감독조합 신연식 감독 "충무로, 표준계약서 현실화 시급해"」, 『SBS연예뉴스』, 2014. 10. 15. https://entertain.naver.com/read?oid=416&aid=0000113089
16) https://gall.dcinside.com/board/view/?id=f_drama&no=786363
17) 고현실, 「드라마 홍보 영상까지, 무차별 표절」, 『연합뉴스』, 2014. 6. 26. https://www.yna.co.kr/view/MYH20140626013800038

서 너무 유사하다며 의혹을 제기하였다.[18] 프로파일러 아버지와 아들 형제나 그 중 한명을 아버지가 감금한다는 설정의 독특함에도 불구하고 지나치게 흡사해서 논란이 되었다. 제작진과 권기영은 〈너를 기억해〉의 저작권 등록 일자는 2014년 7월 17일이며 기획은 그 전 해부터 시작했으며, 공모전의 경우에는 인쇄본 한 본만 가지고 평가하고, 탈락 작품은 모두 폐기 처분하기에 담당자 외에는 알 수가 없다면서 논란을 일축하였다.[19] 온라인 커뮤니티에서는 대체적으로 각본가와 제작사를 비판하는 분위기가 우세했으나[20] 작품의 흥행이 실패해서인지 이후 반응은 찾을 수 없었다. 이후 정다희가 별도의 소송이나 보상을 받았다는 이야기는 찾을 수 없었다. 이 외에도 영상의 연출적인 부분이 영국 드라마 〈SHERLOCK〉과 유사하다는 지적이 있었다.[21]

(2) MBC 드라마

MBC에서 방영한 작품 가운데 표절 논란이 있었던 작품들을 목록으로 정리하면 다음과 같다.

---

[18] 백지은, 「'너를 기억해' 표절 논란, 권기영 vs 정다희 진실은?」, 『스포츠조선』, 2015. 6. 23.
https://www.chosun.com/site/data/html_dir/2015/06/23/2015062302961.html
[19] 뉴미디어부, 「'너를 기억해' 표절 논란, 시청자들 "객관적 증거 바란다"」, 『매일신문』, 2015. 6. 23.
http://mnews.imaeil.com/Entertainments/20150623214258331476
[20] https://extmovie.com/movietalk/7576322
[21] 「'너를 기억해' 표절인 듯 셜록인 듯, 고유의 정체성이 분명하지 않은 매력적인 이야기」, 『미디어스』, 2015. 6. 24. http://www.mediaus.co.kr/news/articleView.html?idxno=49009

제목	방영년도	작가/감독	논란 이유	결론	기타
〈로망스〉	2002	배유미/이대영	일본 드라마 표절	-	표절과 리메이크 모두 검색
〈앞집 여자〉	2003	박은령/권석장	일본 드라마 표절	-	자세한 자료 확인 불가
〈태왕사신기〉	2007	송지나 · 박경수/ 김종학 · 윤상호	한국만화 표절 시나리오 도용	원고 패소 및 가처분 신청 기각	
〈선덕여왕〉	2009	김영현 · 박상연/ 박홍근 · 김근홍	한국 뮤지컬 시나리오 표절	원고 패소	2019년에 재피소
〈신데렐라 맨〉	2009	조윤영/유정준	한국 드라마 표절	정정보도 및 사과	
〈최고의 사랑〉	2011	홍정은 · 홍미란/ 박홍근 · 이동윤	한국 소설 표절	-	법정 공방 여부 확인 불가
〈킬미, 힐미〉	2015	진수완/김진만 · 김대진	아이디어 도용	-	법정 공방 여부 확인 불가

① 〈로망스〉

일본 드라마 〈마녀의 조건〉(魔女の条件)을 표절한 것이 아니냐는 의혹이 있었다. 학생과 선생의 로맨스라는 측면에서 유사한 부분이 있다. 기사의 단편적인 부가내용으로 등장하거나[22] '위키피디아'에서는 리메이크라고 기술되고,[23] 둘을 비교하는 글도 적으며 그 내용 또한 단순 내용 비교 수준이라[24] 명확히 판별하기 어렵다.

---

22) https://www.chosun.com/site/data/html_dir/2018/03/07/2018030700864.html
23) https://ko.wikipedia.org/wiki/로망스_(드라마)
24) https://blog.naver.com/xxbox/120000375847

② 〈앞집 여자〉

　일본 드라마 〈사랑을 몇 년 쉬셨습니까?〉(戀を何年休んでますか?)를 표절했다는 의혹이 시청자 게시판에서 제기되었다. 한 동네 사는 세 여자가 바람을 피우는 큰 줄거리, 미연과 수미의 캐릭터가 유코.마유미와 흡사하다는 설정을 문제 삼았다.[25] 해당 드라마의 시청자 게시판[26]이 노후화된 관계로 당시의 어떠한 자료도 찾을 수가 없었고, 검색 결과 각주 25의 기사를 제외하고는 단독기사도 없어서 더 이상의 논란을 확인하기 어렵다.

③ 〈태왕사신기〉

　시놉시스 단계에서부터 김진의 만화 〈바람의 나라〉를 표절한 것이 아니냐는 의혹이 제기되었다. 김진은 작품의 줄거리와 패턴, 신시의 개념 사용, 사신 캐릭터 사용 등에 있어 바람의 나라와 실질적으로 유사하다면서 소송을 제기했으나, 재판부는 시놉시스는 최종적이고 만족적인 저작물로 보기 힘들며, 역사적 사실은 저작권에 속하지 않는다면서 원고 패소판결 했다.[27] 그러나 '사신의 의인화'라는 측면에 대한 저작권은 인정하여 원고 의견을 부분 수용하였다. 원고의 고소 시점이 너무 이르다는 것이 재판부 판결의 핵심 내용이다.

---

25) https://news.joins.com/article/207966
26) http://www.imbc.com/broad/tv/drama/woman/opinion/index.html
27) 양영권, 「법원 "'태왕사신기' 시놉시스 표절 아니다"」, 『머니투데이』, 2006. 7. 2. https://news.mt.co.kr/mtview.php?no=2006063016472102891 이재홍, 「태왕사신기, '바람의 나라' 표절 아니다」, 『제주의소리』, 2006. 7. 2. http://www.jejusori.net/news/articleView.html?idxno=19855

다만 이러한 판결에도 온라인 커뮤니티에서는 〈바람의 나라〉를 옹호하고 〈태왕사신기〉를 비판하는 분위기가 강했다.[28] 만화계에서는 이러한 판결에 대해 상당히 실망한 분위기가 있었으며[29], 특히 김진과 김종학프로덕션이 이미 미팅을 가졌던 적이 있었고, 그 과정에서 김진에게 해당 주제(고구려)로 작품을 진행하지 않겠다고 연락한 뒤 기습적으로 〈태왕사신기〉의 시놉시스를 발표한 점,[30] 극본을 집필한 작가 송지나가 만화 장르에 대해 상당히 무례한 태도로 발언하였던 것이 논란거리가 되었다.[31]

김진과는 별개로 '잃어버린 한국 고대사 연구회'의 대표 홍순주가 자신의 시나리오를 표절했다며 가처분 소송을 제기하였다. 홍순주는 '고구려 광개토대왕이 백제와 벌인 동아시아 패권 전쟁'과 관련된 기획안과 논문 자료를 박종 MBC프로덕션 사장에게 보였고, 이 자료를 김종학 대표에게 전달하겠다는 답변을 받았다고 주장하였다.[32] 그러나 피고 측은 MBC는 이전부터 고대사를 다루려고 준비하고 있었는데 김종학프로

---

28) https://pgr21.com/free2/24103
    https://0jin0.com/2382
    https://dvdprime.com/g2/bbs/board.php?bo_table=comm&wr_id=11095572
29) http://www.djuna.kr/xe/oldmain/9341734
    http://blog.naver.com/lenyjo/110011429428
    https://blog.aladin.co.kr/common/popup/printPopup/print_Paper.aspx?PaperId=537657
30) http://junk.byus.net/zbxe/4118
31) https://theqoo.net/index.php?mid=dyb&filter_mode=normal&document_srl=1441875935
32) 이주연, 「태왕사신기, 표절 논란 누구의 말이 진실인가?」, 『스포츠조선』, 2007. 6. 20. https://www.chosun.com/site/data/html_dir/2007/06/20/2007062000264.html

덕선이 먼저 터트렸기 때문에 계약한 것이라며 일축하였다. 법원은 실질적 유사성이 없고 모방한 부분도 없다면서 가처분 신청을 기각하며 마무리되었다.[33]

④ 〈선덕여왕〉

뮤지컬 제작사 '그레잇웍스'가 〈선덕여왕〉이 자사의 뮤지컬 〈무궁화동산 선덕〉을 표절했다며 김영현, 박상현 작가와 MBC에 방영금지 가처분 신청과 손해배상 청구 소송을 제기하면서 법적 공방이 진행되었다. 재판부는 먼저 가처분 신청의 경우 두 작품의 주요 등장인물이 역사적 사실에 근거하고 있으며 두 대본이 유사해 보이지도 않고 설사 저작권을 침해했더라도 이미 방영이 끝나 이를 금지할 시급성이 없다며 기각했다.[34] 손해배상 청구의 경우 MBC측은 저작권을 검토하는 과정에서 2005년에 집필했다는 해당 뮤지컬 대본이 저작권 등록된 정황을 확인할 수가 없었다면서 오히려 자신들이 2008년에 공동저작으로 저작권 등록을 했다고 주장했다.

1심에서는 MBC 측이 승소했지만[35] 이후 원고 측에서 서울대 '기술과법

---

33) 양영권, 「고법, "드라마 '태왕사신기' 표절 아니다"」, 『머니투데이』, 2007. 9. 5.
   https://news.mt.co.kr/mtview.php?no=2007090514300024082
34) 「법원, '선덕여왕' 방송금지 가처분 기각」, 『국민일보』, 2010. 10. 4.
   http://news.kmib.co.kr/article/view.asp?arcid=0003560542
   박현수, 「선덕여왕 제작진 저작권 침해 주장에 대한 10억 손배소 제기」, 『문화저널21』, 2010. 1. 21. http://m.mhj21.com/24246
35) https://news.joins.com/article/7271059
36) https://news.joins.com/article/4606249

센터'에 저작권 문제에 대해 감정을 맡겼고[36], '기술과법센터'에서 유사성이 인정된다는 감정 결과를 제출하면서[37] 재개된 항소심에서 표절 판정으로 판결이 뒤집혔다.[38] 그러나 2014년 대법원에서 〈선덕여왕〉은 표절이 아니라고 최종 판결하여 파기 환송했고,[39] 재상고심에서도 드라마 극본이 완성되기 전에 작가들이 정상적인 방법으로 뮤지컬 대본을 입수하거나 구체적인 내용을 알 수 없는 상태였던 것으로 보인다며 판결을 유지하였다.[40]

2019년에 와서 원고 측에서 김영현 작가의 허위주장을 파악했다면서 재고소했다.[41] 2019년 1월 1일부터 2020년 10월 1일까지 기간을 두고 해당 키워드로 재검색했음에도 별다른 기사가 나오지 않아 이후 경과는 확인할 수 없었다. 해당 사건의 경우 큰 금액의 보상이 걸린 소송이었다는 점과 드라마가 종영된 후 터진 논란이었다는 점으로 말미암아 시청자의 반응을 확인할만한 자료는 찾을 수 없었다.

---

37) 강승훈, 「서울대 기술과 법센터, "선덕여왕'과 '무궁화의 여왕 선덕' 사이에 유사성 인정"」, 『아시아경제』, 2011. 12. 16. https://www.asiae.co.kr/article/2011021614421148782
38) 김표향, 「드라마 '선덕여왕' 2심에서 표절 판정. MBC "항고할 것"」, 『스포츠조선』, 2012. 12. 25.
 https://www.chosun.com/site/data/html_dir/2012/12/25/2012122500707.html
39) 이상준, 「선덕여왕 표절? 대법원 '증거 불충분!'」, 『한국일보』, 2014. 7. 28.
 https://www.hankookilbo.com/News/Read/201407281887448939
40) 천정인, 「대법 "드라마 선덕여왕 표절 아니다" 파기 환송」, 『뉴시스』, 2014. 7. 28.
 https://entertain.naver.com/read?oid=003&aid=0005985770
41) 문지연, 「김영현·박상연 작가, '선덕여왕' 표절 의혹 10년 만에 재피소」, 『스포츠조선』, 2019. 7. 19.
 https://www.chosun.com/site/data/html_dir/2019/07/19/2019071901503.html

⑤ 〈신데렐라 맨〉

　드라마 〈패션왕〉을 기획 중이던 LK제작단이 줄거리와 캐릭터 설정이 유사하다면서 표절 의혹을 제기했다.[42] 이에 〈신데렐라맨〉 제작사인 코어콘텐츠미디어에서 명예훼손과 업무방해로 손해배상 소송을 접수했다.[43] 2달 후 LK제작단 측에서 '검토한 결과 표절로 보기에는 근거가 미약하다'며 정정보도 요구 및 사과하면서 일단락되었다.[44] 다만 이 과정에서 손해배상 소송을 취하한 것인지 강행한 것인지 결과는 찾을 수 없었다.

⑥ 〈최고의 사랑〉

　시놉시스 〈애정의 발견〉과 인터넷 소설 〈그래서 나는 안티팬과 결혼했다〉를 표절했다는 논란이 제기되었다. 스타와 안티 팬의 리얼 버라이어티 프로그램에서 벌어지는 사건이라는 배경, 동일한 주인공 이름, 가상결혼을 통해 서로 가까워지는 이야기 전개 등이 매우 유사하여 논란이 되었고, 이후 가상결혼과 같은 유사한 부분을 삭제하기로 구두로 합의했다고 밝혔다.[45]

---

42) 「드라마 '신데렐라맨' 표절 논란」, 『제주투데이』, 2009. 5. 7.
　http://www.ijejutoday.com/news/articleView.html?idxno=75912
43) 조은별, 「'신데렐라맨' 제작사, 표절의혹 제작사 및 언론사 소송」, 『노컷뉴스』, 2009. 5. 13.
　https://www.nocutnews.co.kr/news/4136730
44) 고경석, 「'신데렐라맨' 표절의혹제기 제작사 공식 사과」, 『아시아경제』, 2009. 7. 24.
　https://www.asiae.co.kr/article/2009072420292984053
45) 조은별, 「홍자매 신작 '애정의 발견' 표절 논란 - 제작사 "구두로 합의 봤다"」, 『노컷뉴스』, 2011. 3. 10.
　https://entertain.naver.com/read?oid=079&aid=0002231947

〈최고의 사랑〉이 방영된 이후 인터넷 소설 작가 이게하가 표절 의혹을 제기하였다. 이게하는 자신의 2007년에 연재한 소설 〈민트〉의 내용을 〈최고의 사랑〉에서 표절했다고 주장하였다. 그 근거로 남자주인공의 이름이 같을뿐더러 특정 분야에서 독보적인 위치에 있지만 심장에 문제가 있어 괴팍한 성격을 지니게 되었다는 점, 잘 나가는 인물이었다가 친구의 시기와 질투로 지위가 추락한 여주인공의 배경, 조연들의 유사성 등을 구체적으로 제시하였다.[46] 이게하는 이후 홍자매가 공개적으로 사과할 것을 자신의 블로그에서 요구했으나 홍자매가 인터뷰 등으로 해당 사건에 대해 사과한 내용은 찾을 수 없었다. 아울러 표절을 인정하지 않을 경우 소송을 불사하겠다고 하였는데 이후 소송과 관련된 자료 또한 찾을 수 없었다. 홍자매 작품을 두고 종종 표절 시비가 발생해서 그런지, 온라인 커뮤니티에서는 이들을 비판하는 의견이 대다수였다.[47]

⑦ 〈킬미, 힐미〉

〈하이드 지킬 나〉의 원작자 이충호가 〈하이드 지킬 나〉의 원안이 된 〈지킬박사는 하이드씨〉의 아이디어를 도용했다는 의혹을 제기했다. 이충호는 "다중인격장애를 겪는 남자의 인격과 여자가 사랑에 빠지는 로맨틱코미디는 나의 2011년 지킬박사는 하이드씨가 시작"이라고 주장하였는데,

---

[46] https://navieffect.tistory.com/70
https://navieffect.tistory.com/71
[47] https://www.instiz.net/pt/1720081
https://www.82cook.com/entiz/read.php?num=2893262
https://theqoo.net/square/686183376

〈킬미, 힐미〉의 제작사는 대응할 가치도 없다며 일축.[48] 법적 대응까지는 진행되지 않았다. 이후 〈아무도 모른다〉라는 가제로 진수완 작가가 2008년 원안을 완성했던 작품임이 밝혀지면서 이충호가 제시한 의혹이 무마되자[49], 이충호는 "웹툰 원안은 2006년이었다."며 반박하였고,[50] 이에 〈힐미, 힐미〉의 제작사 팬 엔터테인먼트가 강경 대응하겠다는 입장을 밝히면서 일단락되었다.[51]

(3) SBS 드라마

SBS에서 방영한 작품 가운데 표절 논란이 있었던 작품들을 목록으로 정리하면 다음과 같다.

제목	방영년도	작가/감독	논란 이유	결론	기타
〈명랑소녀 성공기〉	2002	이희명/장기홍	일본 만화 표절	-	자세한 자료 확인 불가
〈별을 쏘다〉	2002	윤성희/ 이장수 · 조수원	일본 드라마 표절	-	자세한 자료 확인 불가
〈건빵 선생과 별사탕〉	2005	박계옥 · 김정아/ 오종록 · 김형식	일본 드라마 표절	-	
〈불량 주부〉	2005	강은정 · 설준석/ 유인식 · 장태유	일본 드라마 표절	-	

---

48) 「지성, 이충호 작가의 '킬미 힐미' 표절 시비에 "대응하지 않겠다"」, 『부산일보』, 2015. 1. 22. http://www.busan.com/view/busan/view.php?code=20150122000192
49) 강민정, 「'킬미 힐미', 표절 논란 종식 - 진수완 작가 2008년 시놉이 원안」, 『이데일리』, 2015. 3. 11. https://entertain.naver.com/read?oid=018&aid=0003202932&lfrom=twitter
50) 유원정, 「이충호 작가 "웹툰 원안은 2006년 - '킬미 힐미' 반박 유감"」, 『노컷뉴스』, 2015. 3. 12. https://n.news.naver.com/entertain/article/079/0002689865
51) 황미현, 「'킬미 힐미' 제작사 "이충호 작가 허위 주장, 더 이상 배려 없다"」, 『OSEN』, 2015. 3. 14. https://n.news.naver.com/entertain/article/109/0003017043

제목	연도	작가/연출	표절 유형	판결	비고
〈하늘이시여〉	2005	임성한/이영희	일본 소설 표절	-	
〈내 남자의 여자〉	2007	김수현/정을영	시나리오 도용	피고 무혐의	
〈왕과 나〉	2007	유동윤/김재형	한국 소설 표절	가처분 신청 기각	
〈쩐의 전쟁〉	2007	이향희/장태유	한국 소설 표절	가처분 신청 기각	
〈아내의 유혹〉	2008	김순옥/오세강	한국 소설 표절 호주 드라마 표절	원고 각하	법정 공방 여부 파악 불가
〈49일〉	2011	소현경/ 조영광·박용순	한국 소설(팬픽) 표절	-	
〈시크릿 가든〉	2011	김은숙/신우철	한국 소설 표절	-	법정 공방 여부 파악 불가
〈다섯 손가락〉	2012	김순옥/최영훈	한국 소설 표절	-	법정 공방 여부 파악 불가
〈너의 목소리가 들려〉	2013	박혜련/조수원	한국 소설 표절	-	법정 공방 여부 파악 불가
〈청담동 앨리스〉	2012	김지운·김진희/ 조수원·신승우	한국 소설 표절	-	
〈별에서 온 그대〉	2013	박지은/장태유	한국 소설 표절	소송 취하	
〈야왕〉	2013	이희명/ 조영광·박신우	극본 도용	원고 일부 승소	작가가 한국방송 작가협회 고소
〈주군의 태양〉	2013	홍정은·홍미란/ 진혁	한국 소설 표절	-	표절 의혹 대상이 정식 출판작이 아님
〈가면〉	2015	최호철/부성철	시나리오 도용	-	법정 공방 여부 파악 불가
〈용팔이〉	2015	장혁린/오진석	한국 만화 표절	-	법정 공방 여부 파악 불가
〈푸른 바다의 전설〉	2016	박지은/진혁	시나리오 도용	원고 패소	
〈그녀로 말할 것 같으면〉	2018	박언희/박경렬	일본 드라마 표절	-	법정 공방 여부 파악 불가

① 〈명랑소녀 성공기〉

　일본 만화 〈꽃보다 남자〉를 표절했다는 의혹을 누리꾼들이 제기하였다. 드라마 홈페이지에서 이 의혹이 처음 시작되었다는 글이 검색되었으나[52], 해당 드라마의 홈페이지는 오래된 관계로 시청자 게시판이 열리지 않아 확인이 불가능했다.

② 〈별을 쏘다〉

　일본 드라마 〈롱 베케이션〉(ロングバケーション)을 표절했다는 의혹이 검색되었다. 연상녀와 연하남이라는 기본 구조와 간판 설정과 같은 부분의 유사성이 주로 지적되었다. 그러나 대부분 단편적인 글뿐이라 자세한 정보는 확인할 수 없었다.[53]

③ 〈건빵선생과 별사탕〉

　일본 드라마 〈GTO〉나 〈고쿠센〉(ごくせん)과의 유사성을 바탕으로 시청자들과 누리꾼들에게 의심을 받았다. 설정이나 특정 장면의 유사성이 지적되었지만, 연출자 오종록이 〈GTO〉와 〈고쿠센〉을 모두 모니터링했다며 표절은 염려하지 않아도 된다고 발언했다.[54] 표절 의혹과 관련된 시청

---

52) https://m.cafe.daum.net/unctas/2bg5/138
53) https://gall.dcinside.com/board/view/?id=drama&no=1565544
　　http://egloos.zum.com/csk1984/v/493569
　　https://theqoo.net/?mid=dyb&document_srl=459002040
54) https://m.star.mt.co.kr/view.html?no=2005041408400100000&shlink=tw&ref=
　　https://m.star.mt.co.kr/view.html?no=2005041408400100000&shlink=tw&ref=

자 게시판 글은 역시 오래전 드라마인지라 확인이 불가능했다.

④〈불량 주부〉

일본 드라마〈At Home Dad〉(アットホーム ダッド)와 설정의 유사성으로 표절 의혹을 받았다. 남편이 직장을 잃은 뒤 실직자가 되면서 전업주부였던 아내가 직장에 나가는 내용이 유사해 논란이 되었다.[55] 이에 유인식 PD는 신문연재만화〈불량주부일기〉를 원작으로 하고 있으며 드라마를 보면 의혹이 자연히 불식될 것이라고 말했다.[56] 드라마 방영 시기에 추가적으로 표절과 관련된 논란은 확인되지 않았다.

⑤〈하늘이시여〉

일본 작가 렌조 미키히의 1984년 단편소설〈어머니의 편지〉와의 유사성으로 표절 시비에 휘말렸다. 1987년에 2부작 드라마로 제작되었던 해당 소설은 어릴 때 헤어졌던 친딸을 의붓아들과 결혼시켜 며느리로 삼는다는 특이한 줄거리가 드라마와 유사하고, 친딸과 의붓아들을 결혼시키려고 적극적으로 나서는 모습 또한 보편적인 클리셰와는 거리가 먼 독특한 설정이기에 논란이 되었다.[57] 이에 SBS 측은 임성한 각본가가 렌조 미키히 작가

---

55) https://m.blog.naver.com/PostView.nhn?blogId=nalriblues&logNo=30009425700&proxyReferer=https:%2F%2Fwww.google.com%2F
56) https://star.mt.co.kr/stview.php?no=2005022013440806465
57) https://news.joins.com/article/2112263
https://m.blog.naver.com/PostView.nhn?blogId=pksuk75&logNo=56428809&proxyReferer=https:%2F%2Fwww.google.com%2F

와 소설 〈어머니의 편지〉, 그리고 후지 TV의 드라마도 전부 접한 적이 없다고 변호했고, 임성한 본인 또한 일본어도 모르고 일본에 가본 적도 없는데 어떻게 소설을 읽을 수 있었겠는가 하고 반문했다.[58]

⑥ 〈내 남자의 여자〉

류경옥 작가가 저작권심의 위원회에 〈내 남자의 여자〉에 대해 저작권 분쟁 조절신청서를 내고 자신의 작품 〈옥희, 그 여자〉를 표절했다고 주장하였다. 주요 쟁점은 '첫화부터 불륜으로 시작하는 파격적인 도입부', '주요 등장인물들의 갈등구조', '구체적 사건 전개에서 드러나는 포괄적 유사성'으로 3가지였다.[59] 이러한 문제 제기에 김수현 작가가 강력하게 반발하면서 법정 다툼으로 번졌다.[60] 이에 검찰은 조사 후 김수현 측에 무혐의를 선고하며 마무리되었다.[61]

⑦ 〈왕과 나〉

소설가 이정우가 자신의 소설 〈내시〉를 표절했다고 주장하며 표절 논란이 발생했다.[62] 이정우는 '내시를 주인공으로 내세우면서 내시의 사랑을 다룬 창작물은 자신의 작품이 국내에서 처음'이라면서 '내시 김처선의

---

58) https://news.joins.com/article/2112263
   http://www.sisajournal.com/news/articleView.html?idxno=104005
59) https://www.chosun.com/site/data/html_dir/2007/06/18/2007061800535.html
60) https://www.chosun.com/site/data/html_dir/2007/06/18/2007061800535.html
61) http://www.hani.co.kr/arti/society/society_general/272619.html
62) https://www.hankyung.com/life/article/2007100847168

사랑을 주요 소재로 한다는 점에서 도용이며 이 과정에서 결정적인 부분을 각색해 활용하고 있다'고 주장하며 방영금지가처분신청을 접수했다.[63] 이에 제작사인 올리브나인 측은 '내시에 대한 묘사는 조선실록 등 사료를 기반으로 했으며, 출판사와 작가가 원작자 표기를 주장해 법적인 검토도 마친 상태였다'고 주장했다. 이후 가처분 신청이 기각되며 사건이 마무리되었다.[64]

⑧ 〈쩐의 전쟁〉

펀드매니저 출신 작가 허윤호가 자신의 2004년 소설 〈The Money Way〉의 구성과 내용이 드라마와 유사하다면서 SBS와 〈쩐의 전쟁〉 원작자 박인권을 상대로 방영 및 판매금지 가처분 신청을 내며 표절 논란이 점화되었다.[65] 그 근거로는 '금나라의 기본 캐릭터 설정과 50억 원을 가로채는 등의 에피소드 유사', '서주희와 이차연의 애정 관계 유사'를 들었다. 이에 원작자 박인권은 해당 소설을 본 적도 읽은 적도 없으며 뭘 표절했다는 것인지 모르겠다는 반응을 보였고, SBS 측은 〈쩐의 전쟁〉 만화의 단행본 초판이 2005년에 나왔고 연재는 3년이 넘었는데 그동안 몰랐다는 허윤호 작가 측의 주장이 말이 안 된다고 일축했다.[66] 해당 논란 또한 가처분 신

---

63) https://news.joins.com/article/2906167
    https://star.mt.co.kr/stview.php?no=2007101610550972735
64) https://www.hankyung.com/society/article/2007110299778
65) https://www.chosun.com/site/data/html_dir/2007/06/21/2007062100695.html
66) https://www.chosun.com/site/data/html_dir/2007/06/21/2007062100417.html
    http://www.viewsnnews.com/article?q=17578
    https://www.chosun.com/site/data/html_dir/2007/06/21/2007062100417.html

청이 기각되며 마무리되었다.⁶⁷⁾ 허윤호는 증거를 모아 항소하겠다고 밝혔다는 기사가 있으나⁶⁸⁾ 실제 항소가 이루어졌는지는 확인할 수 없었다.

⑨ 〈아내의 유혹〉

소설가 정혜경이 자신의 소설 〈야누스의 도시〉를 표절한 작품이라고 주장하며 논란이 일어났다.⁶⁹⁾ 〈야누스의 도시〉는 정혜경이 석사학위 논문으로 제출한 〈신의 선물〉을 장편으로 각색해 『대구우리신문』에 2년간 연재한 작품으로, 정혜경은 〈야누스의 도시〉 속 남재희와 〈아내의 유혹〉의 민현주는 사실상 동일 인물로 남편에게 버림받고 아이를 뺏긴 뒤 남편에게 복수하는 과정 등 일치하는 부분이 16곳이나 됐다며 원작료를 지급하라고 주장했다.⁷⁰⁾ 이에 제작진은 두 작품관의 유사성이 거의 없다고 반박하면서 법적 대응을 강구하겠다고 밝혔다.⁷¹⁾ 그러나 이후 어떠한 근거로 표절 관련 소송이 각하되었는지는 찾을 수 없었고, 다만 정혜경의 인터뷰 기사에서 "소송 제기는 검찰에서 무혐의 처리되고 어떤 데서도 '문제' 소설가의 책을 내주지 않았다."⁷²⁾고 밝혔는데, 해당 소송이 〈아내의 유혹〉으로 추정된다.

---

67) https://www.hankyung.com/society/article/2007070494668
68) https://www.edaily.co.kr/news/read?newsId=01079126583193536&mediaCodeNo=258
69) http://www.hani.co.kr/arti/culture/culture_general/338376.html
70) https://www.yna.co.kr/view/AKR20090212148600051
71) https://www.yna.co.kr/view/AKR20090212148600051
72) http://www.busan.com/view/busan/view.php?code=20100914000183

⑩ 〈49일〉

　가수 신화의 팬픽인 〈49일간의 유예〉를 표절했다는 의혹이 일었다. 빙의라는 소재와 주인공이 교통사고로 혼수상태에 빠졌다가 저승사자에 의해 49일안에 환생한다는 구조의 유사성이 지적되었다. 해당 팬픽은 정식으로 출판이 될 만큼 나름대로 인지도를 확보하고 있었다.[73] 이에 제작사에서는 빙의라는 소재와 제목이 유사하다고 표절이 성립되지는 않는다면서 논의 끝에 표절이 아닌 것으로 결론을 내렸다고 밝혔다.[74]

⑪ 〈시크릿 가든〉

　만화가 황미나가 자신의 네이버 웹툰 〈보톡스〉에 '만화가 소재 제공자로 전락했다'고 공지하면서 논란이 일었다. 황미나 작가의 동생 황선나는 이어 〈보톡스〉의 팬카페에 발영어, 패션테러리스트, 남주가 여주 직장에 찾아가 괴롭히는 설정, 시가 등장하는 상황 등을 예로 들며 유사성을 지적했다.[75] 이에 김은숙 작가는 두리뭉실 이것저것이라 하지 말고 정확한 대목을 짚으라면서 불쾌함을 표시했고, 제작사 화앤담픽쳐스는 자신의 작품을 표절했다고 생각한다면 적법한 법적 절차를 밟으라면서 강경 대응을 시사했다.[76] 그러나 해당 건이 법정 공방까지 이어졌는지는 확인할 수 없었다.

---

73) https://m.blog.naver.com/PostView.nhn?blogId=heppy100&logNo=130105203168
　　https://shain.tistory.com/659
74) https://www.nocutnews.co.kr/news/4193597
　　https://news.joins.com/article/5222883
75) https://www.chosun.com/site/data/html_dir/2010/12/14/2010121401931.html
76) https://www.chosun.com/site/data/html_dir/2010/12/15/2010121500488.html

⑫ 〈다섯 손가락〉

　블로거 사자비가 자신의 블로그에 2009년 소설 〈살인광시곡〉과 유사한 점이 있다는 글을 올리며 점화되었다.[77] 사자비는 새끼손가락을 다친다는 점, 남자 주인공이 천재 피아니스트이자 작곡가라는 점, 화재로 남편이 죽어가는 것을 알면서도 방조하는 장면, 그 화재사건을 추적해 가는 설정 등에서 유사성이 보이고, 기본 이야기 골자 또한 유사하다며 의혹을 제기했다. 이에 담당자 강신효 PD가 '어불성설'이라면서 "김순옥 작가에게 물어보니 '자신의 작가 생명을 걸고 본 적도 없고 말도 안된다'는 답변을 들었다"고 말했다.[78] 이에 〈살인광시곡〉의 작가 김주연은 강신효의 반박을 재반박하며 필요하다면 대면할 것을 요청했으나,[79] 이 이후의 전개 과정에 대해서는 확인할 수 있는 정보가 없다.

⑬ 〈너의 목소리가 들려〉

　출판사 황금가지에서 〈너의 목소리가 들려〉의 쌍둥이 살인사건 에피소드가 도진기 작가의 단편 〈악마의 증명〉과 지나친 유사성이 발견된다면서 원작자를 밝히고 사과하라고 주장했다.[80] 이에 제작사 측은 해당 에피소드는 실제 사건을 모티브로 한 것으로 근거가 없는 주장이라며 일축했

---

77) http://www.vop.co.kr/A00000538903.html
　　https://news.joins.com/article/9286522
　　원본 글의 경우(https://neblog.com/1158) 글쓴이가 글을 내려 확인이 불가능했다.
78) https://www.donga.com/news/article/all/20120911/49310569/2
79) https://news.joins.com/article/9345961
　　https://news.joins.com/article/9349247
80) https://news.joins.com/article/11873337

고 소설의 판매를 위해 드라마의 흥행을 이용하려는 것이 의심된다고 주장했다.[81] 이후 한국추리작가협회에서 같은 논지로 SBS 측에 사과를 요구하며 다시 표절 시비에 휘말렸는데 제작사의 대응은 위와 같았다.[82] 제작사 측은 강경 대응을 시사했는데 법정 공방까지 이어졌는지는 확인할 수 없다.

⑭ 〈청담동 앨리스〉

〈청담동 오두리〉의 제작사 드라마 마켓 측에서 '〈청담동 오두리〉의 이혜경 작가와 계약을 맺고 드라마 제작 준비를 하고 있었는데 인물 설정이나 전개 과정이 90% 정도 유사한 작품이 SBS에 편성되었다'며 의혹을 제기하며 시작되었다.[83] 이에 SBS 측에서는 해당 작품은 순수창작물이며 내용상 비슷한 점이 없다고 정면으로 반박했으며, 작가 박상연은 제목에 청담동이 들어간다는 점과 주인공 직업의 유사성을 제외하고는 아무런 접점이 없다고 선을 그었다.[84] 다른 표절 논란과 다르게 법정 대응을 암시하는 발언은 양 측 모두 없었다.

⑯ 〈야왕〉

KBS 드라마 〈세상 어디에도 없는 착한남자〉와의 지나친 유사성으로 표

---

81) https://cultpd.com/2241
82) http://www.inews24.com/view/761382
83) https://www.tvreport.co.kr/256569
84) https://sbsfune.sbs.co.kr/news/news_content.jsp?article_id=E10001117327
　　https://www.yna.co.kr/view/AKR20120904155800005

절 시비에 휘말렸다. 서로를 의지하며 살아가던 주인공들의 관계가 성공을 꿈꾸던 여주인공에 의해 깨지고, 이에 버림받은 남자주인공이 복수를 위해 다른 재벌 여자를 이용한다는 기본 스토리 전개가 유사했다. 거기에 주연들의 인물 관계나 주요 사건들의 진행 방향 또한 위의 드라마와 유사했다.[85] 제작진 측에서는 본인들도 유사성을 확인하고 놀랐으나 그 세부적인 방향성이 다르며 대본 또한 수정된 상태라고 밝혔다.[86]

〈야왕〉의 표절 관련 법정 공방은 다른 쪽에서 불거졌다. 〈야왕〉의 기획 단계에서 원작 만화에 없는 인물이나 상황을 추가한 것은 최란 작가였는데, 이희명 작가로 교체되면서 문제가 발생하였다. 한국방송작가협회는 이희명 작가가 최란 작가가 설정한 인물이나 상황을 그대로 사용한 것을 저작권 침해로 보고, 이희명 작가를 제명하였다.[87] 이에 이희명 작가는 방송작가협회를 상대로 제명처분 무효소송과 명예훼손으로 소송을 걸었고 항소심 끝에 제명처분 무효와 관련해서는 승소했으나 징계절차의 위법성과 징계로 인한 손해배상 청구는 기각되었다.[88] 한국방송작가협회 이사장 이금림을 상대로 낸 명예훼손 소송은 무혐의로 판결났다.[89]

⑰ 〈주군의 태양〉

동인소설이면서 BL소설인 〈음침한 캔디〉의 설정을 가져다 도용했다는

---

85) https://www.chosun.com/site/data/html_dir/2013/01/15/2013011500449.html
86) https://sbsfune.sbs.co.kr/news/news_content.jsp?article_id=E10002017277
87) https://www.news1.kr/articles/?1370075
88) https://www.chosun.com/site/data/html_dir/2014/09/29/2014092902622.html
89) https://www.asiae.co.kr/article/2015091613492086194

표절 시비에 휘말렸다. 문제는 해당 소설이 ㉠ 출판도 되지 않은 동인 소설이면서 BL이라는 장르 덕분에 음지에서만 암암리에 비공개로 공유된다. ㉡ 해당 소설이 올라온 커뮤니티 또한 폐쇄적인 회원제 사이트로 사건의 공론화를 바라지 않았다. 이 와중에 드라마 여주인공의 별명에 표절 논란이 일었던 〈음침한 캔디〉을 붙인 것에 대해도 논란이 일었지만 역시 공론화까지 되지는 못했다.[90]

⑱ 〈가면〉

박은경과 김명우 작가가 자신들의 시나리오 〈그림자 여인〉(표절 의혹 제시 시점에서는 제목이 바뀜)을 표절했다면서 시청자 게시판에 이의를 제기하며 표절 논란이 시작되었다.[91] 이미 법률자문을 받았다는 두 작가는 중심적 이야기 뼈대가 같고 일치하는 씬이 다수 있고, 인물 설정과 아이디어가 유사한 것을 근거로 이의를 제기했다.[92] 이에 〈가면〉 제작진은 표절 주장은 어불성설이며 최호철 작가가 〈그림자 여인〉의 시나리오를 확인할 방법도 없을뿐더러 널리 사용되는 클리셰라고 반박했다.[93] 그러면서 표절이 의심되었다면 드라마 초기에 이의를 제기할 수도 있었을 텐데 종영 직전에 와서야 이의를 제기한 것이 의심스럽다며 법적 대응을 시

---

90) https://theqoo.net/square/686183376
91) https://programs.sbs.co.kr/drama/2015mask/board/59569?cmd=view&search_option=title&search_keyword=%ED%91%9C%EC%A0%88&page=1&board_no=531
92) https://programs.sbs.co.kr/drama/2015mask/board/59569?cmd=view&search_option=title&search_keyword=%ED%91%9C%EC%A0%88&page=1&board_no=533
93) https://programs.sbs.co.kr/drama/2015mask/board/59569?cmd=view&search_option=title&search_keyword=%ED%91%9C%EC%A0%88&page=1&board_no=532

사했다.[94] 〈가면〉의 표절 논란 역시 제작사가 이후 법정 공방까지 사건을 확장했는지에 관련된 정보는 찾을 수 없다.

⑲ 〈용팔이〉

신형빈 작가의 만화 〈도시정벌〉과의 유사성으로 인해 표절 논란이 발생했다. 정확하게는 〈도시정벌〉의 7부 내용과의 유사성이 문제가 되었는데, 그 사례로는 캐릭터 소재, 연출과 구도, 대사 등이 꼽혔다.[95] 특히 조폭 싸움에 왕진을 나가 혈액형을 맞추거나, 룸에서 수술을 진행하거나, 상속녀와 오빠의 구도 등이 문제되었다.[96] 〈도시정벌〉 7부는 2011년 출판되었고 〈용팔이〉의 초고는 2013년에 나왔기에 시기적으로도 문제가 되었다. 제작사 측에서는 '흠집내기 행위'라면서 지엽적인 부분의 유사성을 전체가 그런 것처럼 호도한다.'고 주장했다.[97] 〈도시정벌〉의 작가 신형빈은 담당 에이전시에 의뢰해 자세한 내용을 알아보려고 한다고 밝혔으나[98] 이후 특별한 기사나 글이 검색되지 않는 것으로 보아 구체적 행동은 하지 않은 것으로 보인다.

---

94) https://www.chosun.com/site/data/html_dir/2015/07/23/2015072303678.html
95) https://www.instiz.net/pt/3183594(원본 글 삭제됨)
96) https://m.blog.naver.com/jjongguu/220467141398
97) https://news.joins.com/article/18557503
http://www.cbci.co.kr/news/articleView.html?idxno=245591
https://www.news1.kr/articles/?2397142option=title&search_keyword=%ED%91%9C%EC%A0%88&page=1&board_no=532
98) http://www.todaykorea.co.kr/news/articleView.html?idxno=219795

⑳ 〈푸른 바다의 전설〉

　박기현 작가가 자신의 영화 시나리오 〈진주조개잡이(海月女 바다전설)〉를 표절했다면서 저작권 침해로 고소하였다. 박기현의 변호사는 '〈진주조개잡이(海月女 바다전설)〉는 2006년에 한국영화시나리오마켓에 등록한 후 영화 제작사들에게 제안했지만 큰 관심을 받지 못해 시나리오를 배포한 상태로 잊고 있었던 작품'이라면서 스토리 구조, 주제, 등장인물의 성격 등 63가지 부분에 대한 문제를 제기했다.[99] 박지은 작가 측에서는 〈푸른 바다의 전설〉은 우리나라 야담집 『어우야담』에 기록된 인어 이야기를 모티브로 한 판타지 드라마라면서 이를 반박했다.[100] 법정 공방으로 이어졌고 결국 무혐의 판결로 박지은 측이 승소하면서 마무리되었다. 박지은 작가 측은 박기현의 무고 행위에 대해 강력한 법적 대응을 시사했지만[101], 그 결과에 대해서는 정보를 찾을 수 없었다.

㉑ 〈그녀로 말할 것 같으면〉

　드라마 제작사 DK E&M이 〈그녀로 말할 것 같으면〉이 일본 드라마 〈아름다운 사람〉(美しい人)을 표절했다며 의혹을 제기했다. DK E&M측은 1999년 일본 TBS에서 방영된 〈아름다운 사람〉의 리메이크 판권을 구매한 후

---

99) http://mtvdaily.asiae.co.kr/article.php?aid=14860250411207274002
　　https://www.chosun.com/site/data/html_dir/2017/02/02/2017020202349.html
　　http://postshare.co.kr/archives/199191
100) http://postshare.co.kr/archives/199191
101) https://www.chosun.com/site/data/html_dir/2017/02/02/2017020202349.html
　　https://www.hankookilbo.com/News/Read/201708300837196718

2019년 상반기 방송을 목표로 기획 중이었는데 이러한 사건이 터졌다고 밝혔다. 의혹 자체는 해당 드라마의 시청자 게시판에서도 조금씩 등장하였다.[102] 표절 의혹을 받는 지점은 '남편에게 도망치기 위한 성형시술', '의사가 자신이 사랑하던 사람과 같은 얼굴로 성형', '의사와 여주인공이 사건을 해결하면서 사랑에 빠지는 점' 등 전반적인 이야기 구조를 문제 삼았다. SBS 측은 이러한 의혹에 대해 '우연히 소재가 같을 뿐 다른 작품이다'라면서 "박언희 작가는 노지마 신지의 명성과 위엄은 잘 알고 있으나 일본 드라마 〈아름다운 사람〉은 한 번도 본적이 없다."고 부인했다. 제작사 DK E&M은 이에 법정 대응을 예고했으며[103] 법무법인까지 준비하는 등[104] 소송을 하려는 의도가 명확했으나, 그 결과에 대해서는 찾을 수 없었다.

---

102) https://programs.sbs.co.kr/drama/letmeintroduceher/boards/55364
103) https://www.mk.co.kr/star/hot-issues/view/2018/09/608988/
104) https://www.hankyung.com/entertainment/article/2018092977911

(4) tvN 드라마

tvN에서 방영한 작품 가운데 표절 논란이 있었던 작품들을 목록으로 정리하면 다음과 같다.

제목	방영년도	작가/감독	논란 이유	결론	기타
〈나인 : 아홉 번의 시간여행〉	2013	송재정 · 김윤주/ 김병수	프랑스 소설 표절	–	해외에 판권 판매했으나 제작되지 않음
〈아홉수 소년〉	2014	박유미/유학찬	한국 뮤지컬 표절	가처분 신청 기각	표절 여부가 아닌 드라마 종영으로 인한 기각
〈쓸쓸하고 찬란하神 도깨비〉	2016	김은숙/이응복	연출 표절 OST 표절	–	
〈피리 부는 사나이〉	2016	류용재/김홍선	시나리오 도용	원고 패소	
〈슬기로운 감빵생활〉	2017	정보훈/신원호	미국 드라마 표절 OST 표절	–	
〈이번 생은 처음이라〉	2017	윤난중/박준화	일본 드라마 표절	–	
〈화유기〉	2017	홍정은 · 홍미란/ 박홍균 · 김병수	한국 소설 표절	원고 패소	
〈검색어를 입력하세요 WWW〉	2019	권도은/ 정지현 · 권영일	미국 영화 표절	–	
〈아스달 연대기〉	2019	김영현 · 박상연/ 김원석	미국 드라마 표절 중국 드라마 표절	–	
〈호텔 델루나〉	2019	홍정은 · 홍미란/ 오충환	중국 드라마 표절 일본 만화 표절	–	

① 〈나인 : 아홉 번의 시간여행〉

　프랑스 작가 기욤 뮈소의 소설 〈당신 거기 있어줄래요?〉(Seras-tu là?)의 주요 내용을 표절했다는 제보가 나오며 이슈가 되었다. '과거의 작은 변화는 현재를 막대하게 변화시킨다'는 전제의 유사성과 '현재를 바꾸기 위해 특정 수단을 이용해 제한된 시간 동안 과거로 돌아간다'는 내용의 유사성 때문이었다.[105] 이러한 의혹에 송재정 작가는 "나인은 기욤 뮈소의 소설에서 모티브를 따온 것이 맞다"면서도 "자료 조사 차원에서 기욤 뮈소 소설을 출판한 에이전시와 접촉을 시도했는데 연락이 되지 않았고, 소설의 모티브를 따서 제작하는 것은 법률상 문제가 없는 것으로 파악했다"고 답변했다. 반면 원작 소설을 번역하고 출판한 '밝은세상'의 김동주 편집자는 "기획 당시 리메이크 제안을 받았으나 입장 차이가 있어 성사되지 않았다"면서 "표절에 가까워 소송을 준비했으나 국내 상황에 어두운 원작자가 미온적 태도를 보였다"고 주장했다.[106]

② 〈아홉수 소년〉

　드라마 공식 홈페이지 시청자 소감 게시판에서 "내 친구가 속했던 대학 연합 창작뮤지컬 동아리에서 올해 2월에 〈9번 출구〉라는 이름으로 올렸던 공연과 캐릭터 설정이나 소재가 굉장히 비슷하다."는 주장이 올라오면서 표절 의혹에 휩싸였다.[107] 이에 김영훈 PD가 우연임을 강조했으나, 〈9

---

105) https://www.ajunews.com/view/20131031080303728
106) https://www.tvreport.co.kr/416407
107) http://news.jtbc.joins.com/article/article.aspx?news_id=NB10580703

번 출구〉의 이정주 작가가 대본 유출의 가능성을 제시하며 〈아홉수 소년〉의 작가와 이야기를 나누고 싶다고 하여 다시 논란이 되었다. 이후 〈아홉수 소년〉과 〈9번 출구〉 측은 금전적 보상 요구와 법적 대응을 누가 먼저 시작했느냐의 이슈로 대립했고,[108] 이에 〈9번 출구〉 측에서 방송금지 가처분 신청을 하며 법정 공방으로 이어졌다. 재판부에서는 가처분 신청을 기각하긴 했으나 "드라마가 이미 종영되어서 저작권을 침해한다고 하더라도 방영금지 가처분을 할 보전의 필요성이 인정되지 않는다."[109] 고 이유를 밝혀 표절 관련 시비는 가려내지 못했다. 〈9번 출구〉 측은 디씨인사이드 연극과 뮤지컬 갤러리에 자신들의 대응 상황을 알린 것으로 추정되는데 해당 링크의 글이 전부 삭제되어 있어 구체적인 글은 찾을 수 없었다. 인터넷 커뮤니티에서는 의견이 한쪽으로 쏠리기보다는 반반으로 갈리는 경향을 보였다.[110]

③ 〈쓸쓸하고 찬란하神 도깨비〉

작품의 유사성보다는 특정 장면의 유사성과 OST에서 표절 논란이 터진 특이한 사례다. 특정 장면의 유사성의 경우 1화의 전투 장면이 〈왕좌의 게임〉(Game of Thrones)의 전투장면을 표절했다는 의혹이 제기되었

---

108) https://www.chosun.com/site/data/html_dir/2014/10/03/2014100300989.html
109) http://withinnews.co.kr/news/view.html?section=9&category=126&item=&no=4818
110) https://gall.dcinside.com/board/view/?id=theaterM&no=1047918&t=cv
　　　https://www.instiz.net/pt/2422263
　　　https://theqoo.net/dyb/295728520
　　　http://www.todayhumor.co.kr/board/view.php?table=drama&no=14401&s_no=14401&kind=best&page=216

다.[111] 〈왕좌의 게임〉이 미국 드라마인 만큼 미국 드라마 시청자들에게서 처음 표절 의혹이 등장했다는 점이 특이하다. 단순히 연출과 관련된 부분인 만큼 크게 이슈화되지는 않았다. OST 표절 논란은 이승주와 로코베리가 공동작곡한 〈Stay With Me〉가 Alan Walker의 〈Faded〉를 표절했다는 의혹이 제기되며 시작되었다. 인트로의 멜로디가 거의 유사하다면서[112] 표절이 아니냐는 의혹을 제기하였다. 이에 작곡가 측에서는 코드와 주법의 요소를 가지고 해명하다가[113], 이후 명예훼손으로 법적 대응을 하겠다고 밝혔다.[114] 인터넷 커뮤니티의 반응은 표절이라는 측과 아니라는 측이 비슷했으며[115], '의혹 제기를 법적 대응으로 맞서겠다는 것이 옳은 것인가'란 비판 기사도 있었다.[116]

④ 〈피리 부는 사나이〉

웹툰 작가 고동동이 자신의 작품인 〈피리 부는 남자〉를 류용재 작가가 표절했다며 의혹을 제기하였다.[117] 2014년 공모전에서 탈락했던 작품

---

111) https://www.youtube.com/watch?v=5Tffj_5Wc7I&ab_channel=gaffelcorolla
    https://theqoo.net/dyb/370021571
112) https://www.youtube.com/watch?v=HbveYxC0A_I&ab_channel=김현민
113) http://archive.is/2deYF (원본 글 삭제됨)
114) http://archive.is/S99Hy (원본 글 삭제됨)
115) https://gall.dcinside.com/board/view/?id=elec&no=520328
    http://hiphople.com/kboard/9153760
    https://pann.nate.com/talk/334722846
    https://www.instiz.net/name_enter/41525702
116) https://news.mt.co.kr/mtview.php?no=2017020112483312236
117) https://bbs.ruliweb.com/hobby/board/300066/read/29763865
    https://entertain.naver.com/read?oid=277&aid=0003732063

인 〈피리 부는 남자〉와 드라마 〈피리 부는 사나이〉가 ㉠ 피리 부는 남자를 테러범으로 해석한 점, ㉡ 테러 이유를 부패한 권력과 맞서는 것에서 찾는 점, ㉢ 가스 살포를 통해 긴장감을 조성하고 진실을 얻어내는 점을 표절의 근거로 제시했다. 이에 류용재 작가는 전개 과정이 다르고 '하멜른의 피리 부는 사나이'와 '테러를 통한 사회적 복수'는 자주 차용되는 모티프라며 반박하였고[118], 이에 고동동은 "캐릭터의 설정과 대립구도가 거의 동일하며 류용재 각본가가 심사에 실질적으로 참여한 심사위원이었음을 확인했다."고 맞섰다.[119] 해당 사건은 법정 공방으로 바뀌었는데, 재판부는 "양 작품은 부분적·문언적으로 같은 부분이 없음은 물론이고, 사건의 기본골격 및 줄거리, 등장인물의 설정, 핵심인물의 성격 등 포괄적으로도 유사성이 없다."며 류용재의 손을 들어주었으며, 고동동이 항소를 하지 않으면서 마무리되었다.[120]

⑤ 〈슬기로운 감빵생활〉

넷플릭스 시리즈인 〈Orange is the new Black〉의 표절이 아니냐는 의혹이 인터넷 커뮤니티에서 제기되었다.[121] 특정 등장인물들의 성격과 특징이 두 작품이 매우 유사하며 반전 위주의 이야기 전개 방식 등이 그 근거

---

118) http://news.tf.co.kr/read/entertain/1635176.htm
119) http://www.newsway.co.kr/news/view?tp=1&ud=2016042517430873227&md=20160425180635_AO
120) https://www.mbn.co.kr/news/society/3386960
121) https://rosyfingered.tistory.com/508
  https://gall.dcinside.com/board/view/?id=wisecell&no=10933

로 제시되었다. 다만 본격적으로 기사화되거나 논란거리가 되지는 않았으며, 표절이라고 강도 높게 비판하기보다는 '표절로 볼 수도 있을 것 같다' 정도로 이야기되었다는 점이 특징이다.[122] OST의 경우 넥슨의 온라인 게임 〈테일즈위버〉의 〈Good Evening, Narvik〉를 표절한 곡이 있다는 의혹이 제기되었다.[123] 두 곡의 초반부의 지나친 유사성이 근거로 제시되었다. tvN 측은 송하민 작곡가의 순수 창작물이라고 밝혔다.[124] 넥슨 측에 이를 문의하는 글을 인터넷 커뮤니티에서 보낸 것은 확인되었으나 이후 넥슨 측이 어떤 대응을 했는가에 대해서는 찾을 수 없었고, 마찬가지로 기사화 또한 되지 않았다.

⑥ 〈이번 생은 처음이라〉

일본 드라마 〈도망치는 건 부끄럽지만 도움이 된다〉(逃げるは恥だが役に立つ)와의 유사성을 바탕으로 표절 의혹이 제기되었다. 계약적 동거 관계, 비혼 주부를 원하는 남성과 전업주부를 원하는 여성이 만나는 계약 결혼 관계라는 설정, 포스트잇을 통한 대화나 남자주인공의 직업과 성격 등

---

122) https://dvdprime.com/g2/bbs/board.php?bo_table=netflix&wr_id=73899
  https://no8collector.tistory.com/33
  https://theqoo.net/index.php?error_return_url=%2Findex.php%3Fmid%3Dktalk%26filter_mode%3Dnormal&mid=ktalk&search_target=title_content&category=1947874&page=42&document_srl=1284154386
123) https://www.youtube.com/watch?v=0rsKNyCGUBU&feature=emb_title&ab_channel=TolexNews
  http://www.inven.co.kr/board/webzine/2097/887819
124) https://www.youtube.com/watch?v=0rsKNyCGUBU&feature=emb_title&ab_channel=TolexNews

이 그 근거로 제시되었다.125) 이에 리메이크 혹은 판권을 사온 작품이 아닌가 하는 의견도 있었으나 tvN에서 리메이크도 표절도 아니라는 입장을 밝히며 계약 결혼이라는 콘셉트만 같지 주제의식과 플롯 진행 방식은 완전히 다르다고 부인했다.126) 〈이번 생은 처음이라〉는 야후 재팬에도 표절 관련 기사가 올라올 정도로127) 사건이 확대되었지만, 법정 공방이나 판권과 같은 논란은 더 보이지 않는 것으로 보아 법정 소송 없이 마무리된 것으로 보인다.

⑦ 〈화유기〉

정은숙 작가가 드라마 〈화유기〉가 자신의 2015년 네이버에서 연재된 웹소설 〈애유기〉의 주요 설정을 표절했다며 의혹을 제기했다. 정은숙은 자신의 블로그에 해당 드라마와 소설의 유사성을 정리하여 올리면서 논의를 점화했다.128) 주요 쟁점은 '여주인공과 그 설정', '남주인공과 그 설정', '요괴와 요괴 기획사의 설정' 등 (정은숙의 주장에 따르면) 24가지 유사점이었다. 홍자매 작가 측은 "해당 작품의 제목을 들어본 적도 없다"며 논란을 일축했다.129) 이에 정은숙 측이 홍자매 작가 측에 손해배상 소송을 걸면서 법정 공방이 시작되었다.130) 〈애유기〉와 〈화유기〉의 저작권 침해로 인한

---

125) https://eunfile003.tistory.com/105
126) https://www.huffingtonpost.kr/2017/11/22/story_n_18627208.html
127) https://www.donga.com/news/Entertainment/article/all/20171121/87385736/2
128) https://m.blog.naver.com/thangstar/221222838074
129) https://www.edaily.co.kr/news/read?newsId=02004086619303384&mediaCodeNo=258
130) http://www.joongboo.com/news/articleView.html?idxno=1272760

손해배상 소송은 두 작품 사이 일부 비슷한 걸 인정하지만 별개의 작품이라며 원고 패소로 마무리되었다. 정은숙은 이에 항소를 포기하였으며 홍자매 작가 측은 명예훼손을 검토하고 있다고 밝혔다.[131] 위와 별개로 〈화유기〉의 우마왕 티저 영상은 영화 〈콘스탄틴〉의 표절이라는 의혹이 누리꾼들에게서 일었다.[132] 이에 제작사에서는 해당 영화의 오마주라고 해명했다.[133]

⑧ 〈검색어를 입력하세요 WWW〉

미국 영화 〈미스 슬로운(Miss Sloane)〉을 표절했다는 의혹이 제기되었다. 이 의혹은 기자, 평론가, 시청자들에 의해 다방면으로 제기되었다는 점이 특징적이다.[134] 초반 구성과 전개가 거의 유사하며 캐릭터 설정과 성격 또한 유사해 논란이 일었지만, 작가와 제작사 측에서 특별한 입장을 내지 않았다. 종영 후에는 결말의 전개와 연출 방식까지 사실상 〈미스 슬로운〉과 유사하게 진행되면서 인터넷 커뮤니티에선 이를 정리한 글이 다수 올라왔다. 대놓고 표절이라며 비판하는 목소리가 강했다.[135]

---

131) https://www.chosun.com/site/data/html_dir/2019/03/11/2019031101602.html
132) https://www.fmkorea.com/858859050
133) https://www.news1.kr/articles/?3172874
134) https://n.news.naver.com/entertain/article/003/0009291664
https://www.chosun.com/site/data/html_dir/2019/06/13/2019061301421.html
135) https://m.cafe.daum.net/zoomin62/GNO8/334585
https://theqoo.net/square/1157842754
http://raiong.com/total/15256019
https://www.instiz.net/pt/6632171

⑨ 〈아스달 연대기〉

　미국 드라마 〈왕좌의 게임〉(Game of Thrones)을 표절했다는 의혹이 누리꾼들에 의해 제기되었다. 캐릭터 포스터의 유사한 구도, 연출과 설정의 유사성, 철왕좌가 연상되는 왕좌의 컨셉, 트레일러 영상, 복식이나 세계 설정, 대사, 장소 등 많은 부분에서 유사성이 발견되었기 때문이다.[136] 특히 왕좌의 게임 관련 커뮤니티에서 이런 비판의 수위가 매우 높았다.[137] 이 외에도 중국 드라마 〈은상전기〉를 표절했다는 의혹이 등장하고[138], 영화 〈아포칼립토〉(Apocalypto), 게임 〈파이널 판타지〉(Final Fantasy)와 같은 다른 콘텐츠에 대한 표절의혹까지 등장하는 등 표절 의혹이 거세게 일었다. 이에 김원석 감독은 '표절 시도는 없었고 판단은 시청자의 몫'이라고 밝혔다.[139] 대부분의 표절 대상이 국외의 작품들이었던 관계로 이와 관련한 법정 다툼 등의 정보는 찾을 수 없었다.

⑩ 〈호텔 델루나〉

　일본 만화 〈우세모노 여관〉(うせもの宿)과 〈XXX Hoilc〉, 중국 드라마 〈동궁〉(東宮)과의 유사성에 대해 표절 논란이 일었다.[140] 〈우세모노 여관〉

---

136) https://gall.dcinside.com/board/view/?id=issuezoom&no=3468
　　 https://risingspiral.tistory.com/179
　　 https://pgr21.com/pb/pb.php?id=humor&no=353890
137) https://gall.dcinside.com/board/view/?id=got&no=243416
　　 https://gall.dcinside.com/board/view/?id=got&no=242802
138) https://www.fmkorea.com/best/1867107050
　　 https://www.dogdrip.net/210892594
139) http://www.newsinside.kr/news/articleView.html?idxno=885761
140) https://www.instiz.net/name_enter/65480140

은 우세모노(유실물)이란 특이한 이름의 여관을 무대로 펼쳐지는 판타지 작품으로[141] 2014년부터 2015년 사이에 연재되었다. 인간이 아닌 존재를 위한 여관이라는 기본 컨셉과 귀신들의 잃어버린 것들을 찾아주고 원한도 풀어준다는 기본 이야기의 골자, 제각각 슬픈 과거사를 지닌 직원들, 유일하게 귀신들과 직원들을 모두 볼 수 있는 젊은 주인 등의 설정들의 유사점이 논란의 중심이 되었다.[142] 제작진은 위의 논란에 대해 절대 표절이 아니며 귀신이 묵는 숙소라는 컨셉만 유사하다고 밝혔고, 2013년에 이미 기획안이 나왔던 작품이란 점을 근거로 댔다.[143] 〈XXX Hoilc〉은 주요 설정들인 '특정 장소에 묶인 초월적 주인공', '마이페이스인 여주인공과 이에 휘둘리는 남주인공의 구도', '여주인공을 상실하는 남주인공과 여주인공의 가게를 계승하는 남주인공' 등의 유사성을 지적했다.[144] 이런 지적에 대한 누리꾼의 반응은 대체로 작가에게 부정적이었다. 제작진의 반응은 〈니세모노 여관〉과 동일했다. 〈동궁〉은 연출의 유사성에 대한 지적이 나왔다.[145] 위의 논란들에 대해 홍자매 작가측은 "소재가 같다고 표절이라면

---

141) https://m.post.naver.com/viewer/postView.nhn?volumeNo=24618488&memberNo=38506
142) https://www.hankookilbo.com/News/Read/201907241363019422
http://tcafe2a.com/bbs/board.php?bo_table=free&wr_id=4175092
143) http://news.jtbc.joins.com/article/article.aspx?news_id=NB11851140
144) https://theqoo.net/an/1194349272
http://www.topstarnews.net/news/articleView.html?idxno=667257
https://m.post.naver.com/viewer/postView.nhn?volumeNo=24618488&memberNo=38506
http://uruk.egloos.com/v/6511899
145) https://m.cafe.daum.net/SoulDresser/FLTB/148435?svc=topRank

창작할 수 없다."면서 '이야기의 창의성이 아닌 소재 하나만 가지고 표절을 판단하는 태도는 창작을 위해서라도 경계해야 한다.'는 입장을 밝혔다.[146]

---

146) https://news.joins.com/article/23570180

제 2 장

저작권 개념과 소송 판례 요약

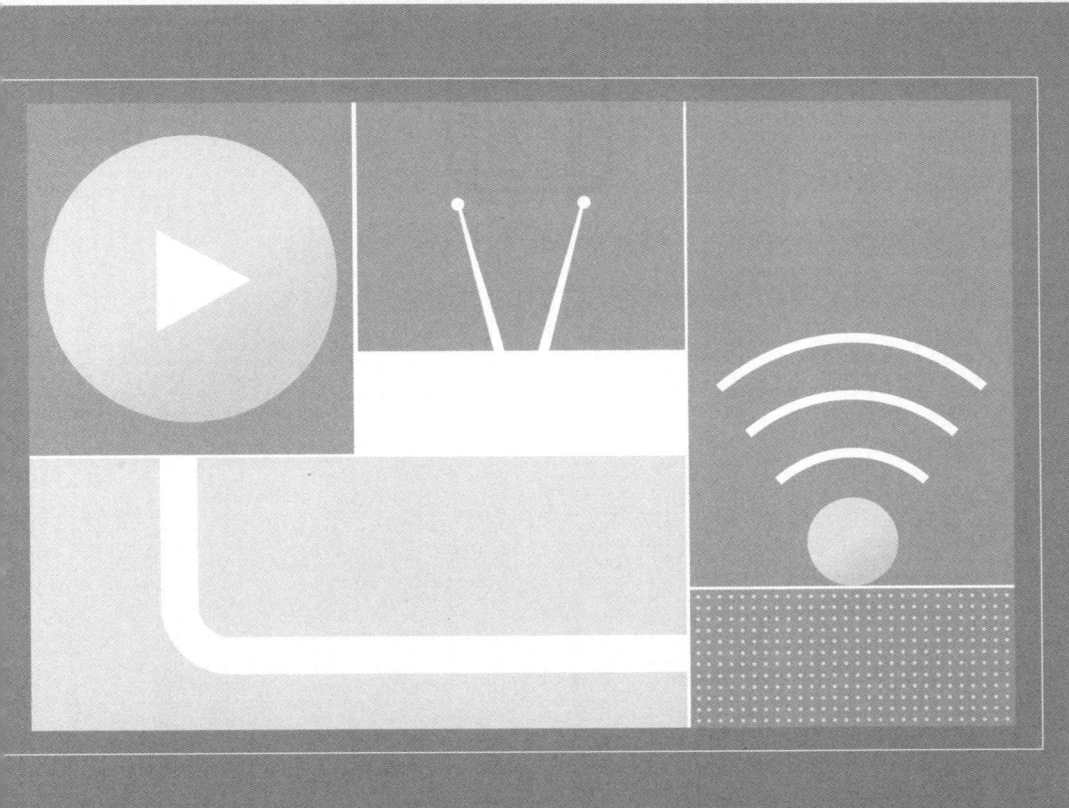

저작권 개념과
소송 판례 요약

1) 저작권법에 의거한 저작권의 개념과 핵심 원칙

(1) 저작권의 개념

저작권은 추상적인 아이디어의 내용 그 자체에는 미치지 아니하고, 그 내용을 나타내는 상세하고 구체적인 표현에만 미친다. 저작권의 보호 대상은 인간의 사상 또는 감정을 말, 문자, 음, 색 등에 의하여 구체적으로 외부에 표현한 창작적인 표현 형식이므로, 표현되어 있는 내용 즉 아이디어나 그 기초 이론 등은 설사 독창성, 신규성이 있는 것이라 하더라도 저작권의 보호 대상이 될 수 없다. 예외로 소설의 줄거리의 경우에는 저작자의 창작성이 나타난 구체적인 부분은 표현형식으로서 보호받을 수 있다.[1]

필수적 장면의 원칙(표준적 삽화의 원칙)에 의거해 소설이나 희곡 등에 있어서 그 작품에 내재되어 있는 보호받지 못하는 아이디어(소설의 주제나 기본적인 플롯)가 전형적으로 예정하고 있는 사건이나 배경, 등장인물

---

[1] 이규홍 외, 『저작권과 침해: 판례를 중심으로』, 육법사, 2016, 106~110쪽.

의 성격타입 등과 같은 요소는 아이디어의 영역에 속하는 것으로 보아 저작권의 보호를 받지 못한다. 실제 소송에서는 이 원칙이 저작물성의 판단단계에서 적용되기 보다는(즉, 원고의 저작물이 저작물로서의 요건을 갖추지 못하였다고 배척하는 방식보다는) 실질적 유사성 판단단계에서 반영되는 경우가 더 많은 듯하다. 이에 따른 예시로 〈애마부인〉, 〈까레이스키〉, 〈귀신이 산다〉, 〈클래식〉 모두 법원 저작권법에 의해 보호되지 않는 추상적인 아이디어의 영역에 해당된다고 판결되었다.[2]

저작권침해소송에서 원고는 저작권침해의 요건사실을 주장, 증명하여야 한다. 요건사실로는 원고가 주장하는 피침해대상이 저작물인 점, 원고가 그 저작물에 대한 저작권법이 보호하는 권리의 귀속주체인 점, 피고가 원고의 저작권 등 권리를 침해한 점을 들 수 있을 것이다. 즉, 저작권침해행위에 해당하려면 피고가 원고의 저작물에 의거하여 원고의 저작물과 동일하거나 실질적으로 유사한 작품을 저작권법이 정한 유형의 행위방법으로 이용하였어야 한다. 침해금지를 구하는 경우에는 피고의 고의 또는 과실을 요하지 아니하나, 저작권침해를 원인으로 한 손해배상청구를 하는 경우에는 피고의 고의나 과실, 손해의 발생 및 그 액수, 침해행위와 손해 사이의 인과관계 등의 불법행위 요건을 추가로 주장, 증명해야 한다. (상영금지와 같은 침해금지를 요구할 때는 피고의 고의성이나 피해액수에 대해 논할 필요는 없다는 것으로 파악된다.) (중략) 창작활동이 과도하게 제약될 우려가 있기 때문에 어느 범위에서 저작권침해를 인정할 것인지가 실

---

[2] 이규홍 외, 앞의 책, 106~110쪽.

무상 핵심적인 판단대상이 될 수밖에 없다. 이를 위해서는 비교대상인 저작물이 피침해저작물에 의거하여 만들어졌다는 입증이 이루어진 전제에서, 실질적인 유사성을 심리하게 되는데 이 과정에서 파생적인 판단기준들을 동원하게 된다.[3]

(2) 저작권의 핵심 원칙[4]

① 의거관계

모든 판례에서 기본적으로 피고가 원고의 작품을 직간접적으로 보거나 들어서 자신의 작품을 만드는 행위인 의거관계가 성립해야 한다. 그렇기에 우연의 일치, 신화나 전설 등의 공중의 영역은 제외된다. 그러나 대부분 상황에서 피고는 이러한 의거관계를 부정하기 때문에 의거관계의 입증은 '알 수 있었다' 혹은 '현저하게 유사한 상황'의 정도로도 인정된다.

② 유사성 – 실질적 유사성

실질적 유사성의 검증 과정에서는 아이디어가 아닌 창작적인 표현형식에 해당하는 것만을 가지고 대비하며, 표현형식이 아닌 사상이나 감정과 같은 요소들의 독창성이나 신규성은 고려하지 않는다. 나열하면 다음과 같다. 첫째, 인간의 사상이나 감정의 표현이어야 한다. 둘째, 사상이나 감

---

[3] 이규홍 외, 앞의 책, 506쪽.
[4] 〈여우와 솜사탕〉 판결문

정의 표현이어야 하므로 사실 자체는 법의 보호대상이 아니다. 셋째, 사실의 발견, 과학적 원리, 역사적 사실은 저자가 창작한 것이라 할 수 없으므로 저작물에 해당하지 않는다. 넷째, 그러므로 저작권은 추상적인 아이디어의 내용 그 자체에는 미치지 아니하고 상세하고 구체적인 표현에만 미친다.[5]

③ 유사성 – 포괄적 유사성

포괄적, 비문자적 유사성은 패턴화된 전개과정, 구체적인 줄거리, 갈등구조와 같은 상호관계와 대응구조에 의해 그려지는 부분들이다. 이것이 아이디어인 주제를 다루는 데 있어 전형적으로 수반되는 사건이나 배경에 해당하는 것이 아니라면 인정되어야 할 부분이다.

2) 저작권 소송 판례 요약

(1) 〈여우와 솜사탕〉 판례 (2002가합4017)

의거관계

〈사랑이 뭐길래〉는 ① 1991년부터 1992년 사이 방영되었고 높은 시청률을 기록해 많은 시청자가 알 수 있었다는 점, ② 방송극본임에도 이례적

---

5) 이규홍 외, 앞의 책, 82쪽 참조.

으로 단행본으로 출간까지 되었다는 점, ③ 피고 문화방송은 〈사랑이 뭐길래〉를 제작 및 방송하였고, 피고 정인은 1982년 문화방송에 입사하여 드라마 연출을 담당하고 있었고, 피고 김보영은 1999년경부터 문화방송에서 방영된 단편드라마의 대본을 쓴 적이 있고, 2001년부터 피고 정인과 〈여우와 솜사탕〉을 준비하였다는 점으로 보아 〈사랑이 뭐길래〉의 대본 존재와 그 내용을 알고 있었다고 보이므로 접근성이 인정된다.

유사성 : 포괄적, 비문자적 유사성

〈사랑이 뭐길래〉의 대본과 〈여우와 솜사탕〉의 대본 사이에는 우연의 일치로 보기에는 너무나 일치하는 미적 특수표현으로서의 대사들이 공통적으로 분포되어 있어 그 현저한 유사성이 인정된다. 〈사랑이 뭐길래〉 대본과 〈여우와 솜사탕〉 대본 및 드라마 모두 남자주인공과 여자주인공의 사랑과 결혼을 둘러싼 두 집안의 이야기가 주된 줄거리라고 할 것인데, 이러한 주된 줄거리 부분은 소재로서 아이디어에 해당하는 부분이므로 이 부분이 유사하다고 하여 실질적 유사성이 있다고 보기는 어렵다. 그러나 이 사건 〈사랑이 뭐길래〉 대본과 이 사건 〈여우와 솜사탕〉 대본 및 드라마의 구체적인 줄거리나 사건의 전개과정을 보면 아래에서 보는 바와 같은 차이에도 불구하고 양자사이에 실질적 유사성이 인정된다. 피고들은 위 내용들은 구체적인 줄거리에 해당하는 것으로서 아이디어 부분이라고 볼 수는 없고, 사실저작물, 역사저작물, 기술적(기능적) 저작물, 편집저작물과는 달리 극적 저작물의 경우는 일정한 소재나 주제 또는 추상적 줄거리에 대하여 표현방법이 매우 다양할 수 있다는 점에서 전형적인 필수장면에 해당한다고도 볼 수 없으므로 피고들의 이 부분 주장은 이유 없다는 점에서 각하되었다. 판결문의 세부 내용은 다음과 같다.

① 가풍의 측면에서 남자주인공의 집안은 남성위주의 가부장적 분위기이며 여자주인공의 집안은 여성위주의 개방적인 분위기라는 대조적 양상을 띠고 있고, 여자주인공은 모두 학력이 높고 여자주인공 측 집안에서 특히 어머니로부터 큰 기대를 받고 자라온 수재이다.

② 여자주인공이 남자주인공에게 먼저 청혼하지만, 남자주인공에게는 여자주인공 이외의 다른 여자 친구도 있었으며 이 때문에 여자주인공과 마찰을 빚게 되고, 남자주인공은 처음에 결혼을 완강히 반대하며 자유인으로 살겠다고 하지만 결국에는 결혼을 받아들인다.

③ 남자주인공과 여자주인공의 어머니들은 고교동창 사이로 여자주인공 가족이 우연히 남자주인공 가족이 사는 동네로 새집을 지어 이사를 오게 되면서 오랜만에 재회하게 되지만, 그들 사이는 껄끄러운 관계이다.

④ 여자주인공의 어머니는 장래가 유망한 자신의 딸이 공부를 중단해야 한다는 것 등의 이유로 결혼에 반대하고, 여자주인공의 아버지는 남자주인공을 마음에 들어 하고 결혼을 적극 지원하며, 남자주인공의 집에서는 적극적으로 결혼에 찬성한다.

⑤ 주인공 어머니들은 상견례를 하면서 비로소 자신들이 서로 사돈이 될 사이라는 것을 알게 되고 결사적으로 결혼에 반대하고, 주인공 어머니들 사이의 갈등은 여고 동창생의 악의 없는 행동으로 더욱 커진다.

⑥ 결혼을 약속하지만 이번에는 주인공 어머니들은 혼수준비과정에서

실랑이를 벌이게 되고, 이 과정에서 남자주인공 아버지는 남자주인공 어머니에게 사치 운운하며 질책을 하게 되며, 결국 혼수를 줄이는 쪽으로 합의를 본다.

⑦ 결혼식을 전후해서 여자주인공 어머니는 딸과의 화해를 시도하지만, 여자주인공은 결혼과정에서의 불만을 표출하면서 그 화해를 받아들이지 않고, 이로 인해 두 모녀의 갈등은 더 깊어진다.

⑧ 여자주인공이 남자주인공의 집안에 들어가 시집살이를 하게 되는데, 여자주인공이 남자주인공 집안의 보수적인 분위기를 바꾸자는 제안을 하게 되고, 시아버지는 며느리의 의견을 대부분 존중하고 변화를 허락한다.

⑨ 양가의 어머니들은 서로 질투하던 관계였지만, 자녀들의 결혼 이후 서로를 이해하고, 동정을 하게 되면서 절친하게 마음을 터놓고 지내게 된다.

⑩ 청혼은 여자 주인공이 먼저 했지만, 결혼 후에는 여자주인공이 주도권을 잡고 남자주인공에 대한 압박을 하면서 남자주인공이 여자주인공에게 상당히 길들여진다.

⑪ 처가에 들른 주인공 부부는 장모에게서 자신의 동서가 될 사람과의 차별을 경험하고 처갓집을 나와 버리는 사태가 발생한다.

⑫ 남자주인공의 어머니들은 결혼 이후로 집안에서 자신의 발언권을 강화하고자 노력한다는 점 등이 동일하거나 유사하게 전개된다.

판결

원고에게 위 저작권 침해로 인하여 원고가 입은 손해를 배상할 책임이 있다. 침해자가 저작물의 사용허락을 받았더라면 그 대가로 지급하였을 상당한 금액으로 240,666,666원을 지급하고, 피고들의 저작권 침해행위로 인하여 원고가 받은 정신적인 충격과 재판 과정에서 원고가 후배들의 창작 시도를 억누르고 방해한다는 폄하되거나, 금전적 이유로 인한 소송이라는 글 등으로 정신적 고통을 받았음이 인정되는 바 60,000,000원을 배상한다.

(2) 〈태왕사신기〉 판례 (2006나16757)

전제

원고는 〈바람의 나라〉를 창작하였고 이는 예술의 범주에 속하는 창작물로서 저작권법의 보호를 받는 대상이다. 원고는 〈바람의 나라〉에 대해 저작인격권 및 지적재산권을 갖는다.

의거관계

피고와 원고의 의거관계는 1) 이를 입증할 직접증거는 존재하지 않는다. 2) 바람의 나라는 1992년부터 '댕기'라는 잡지에서 연재되기 시작하여 1998년부터 2004년까지 22권의 단행본으로 출간되었고, 이 외에도 뮤지컬(2001)이나 소설(2004)로 발간되는 등 광범위한 배포성을 가지고 있다. 피고로서도 이를 보거나 접할 기회를 가졌다고 봄이 상당하므로 의거관계가 추인된다.

유사성

① 사신 개념

사신은 고구려 고분벽화인 사신도(혹은 사수도)의 현무, 주작, 청룡, 백호를 소재로 삼아 주요 등장인물로 형상화하였다는 점에서는 유사하나 이는 누구나 누릴 수 있는 공공의 지적자산으로 저작권으로 따질 수 없다.

② 사신의 의인화란 측면

인간 이외의 사물이나 추상 개념에 인격적인 요소를 부여하여 표현하는 수사법은 어문저작물에 있어서 일반적으로 사용되는 표현방식이다. 사신에 의인화라는 표현을 사용한 작품은 일본에서 간행된 〈환상게임〉이나 〈푸른 봉인〉 등에서도 확인할 수 있는 부분으로 원고만이 독창적 표현으로 보기 어렵다.[6]

③ 사신과 수호신 개념

사신이 본디 사방을 수호하는 수호신의 역할이라는 점에서 비롯되므로

---

[6] 〈바람의 나라〉의 사신 중 현무와 청룡은 의인화되어 있고 주작과 백호는 수호수로서의 이미지만 가진 것과 반대로, 〈태왕사신기〉의 사신은 동물로서의 속성이 거의 드러나지 않고, 자신이 사신이란 것을 인지하지 못한 채 인간으로 환생하며 살아오며 사신으로서의 자각이 이루어진 후에도 의인화되어 있다는 점에서 차이가 존재한다.

제한된 표현 방식 중 하나로서 저작권법의 보호대상이 되지 아니한다. 아울러 〈바람의 나라〉에서의 신수는 선택한 각 주인을 수호하고 대립하는 주인의 신수와는 싸우거나 죽이기도 하는 역할로 나오는데, 〈태왕사신기〉의 사신은 1명의 주군을 수호하나 그 대상이 단군, 주몽, 담덕으로 대표되는 우리나라를 공동으로 수호하는 역할로 설정되어 있으므로 모방하였다고 볼 수 없다.

④ 부도와 신시의 개념

신라 박제상이 저술한 『부도지(符都誌)』에 의하면 '부도'는 파미르 고원 너머에 위치한 마고성으로 단군(임검씨)이 잃어버린 마고성의 현실 재현을 위하여 건설한 신시를 의미하는 것이고, '신시'는 일반적으로 신단수 아래 환웅이 열었다는 신시로 정의되거나, 『환단고기』에 의하면 단군조선 이전에 존재하던 배달국의 문명도시인 '신시' 등을 의미하는바, 둘 다 인류문화의 공통유산인 고대문헌이나 신화에서 유래하는 것으로 공유의 영역에 속하므로 이와 같은 소재는 저작권에 의하여 보호되지 않는 아이디어에 속한다.

⑤ 줄거리의 유사성

어문저작물에 있어서 사상이나 주제는 구체성이 없어 저작권법에 의해 보호되는 표현의 영역으로 보기 어렵다. 그렇기에 사상이나 주제가 형상화되는 사건이 구성 및 전개과정, 등장인물의 교차 등에 공통점이 있어야 한다. 주인공 또는 훌륭한 지도자가 주위의 조력자의 도움을 받아 그 이상을 추구한다는 것은 보편적인 영웅담의 전형적인 주제로 저작권법에 포함시키기 어렵다.

⑥ 캐릭터들 사이의 유사성

문학작품에 있어서의 등장인물은 그 자체로는 저작권에 의해 보호되는 표현에 해당된다고 볼 수 없다. 그러나 구체성, 독창성, 복잡성을 가진 등장인물이거나 해당 등장인물이 다른 인물들과의 상호과정이 사건의 전개 과정에서 밀접한 관련을 가지고 있을 경우 실질적 유사성이 인정될 가능성이 높다.

㉠ 현무

전체적인 캐릭터에 관하여 관찰자의 입장에서 볼 때 1단계 유사성조차 인정된다고 보기 어렵다. 다만, 두 개의 별을 보고 예언이나 계시를 얻는다는 유사점의 경우, 영웅담에서 흔히 사건의 발생이나 결말 등에 관한 복선이 예지자의 예언 등의 형태로 나타나고, 두 작품이 점성술과 천문학이 발달한 고구려를 배경으로 하는 점에 비추어 아이디어의 영역으로 판단한다.[7]

---

[7] 〈바람의 나라〉의 현무는 주인공 무휼과 적대적 관계에 있는 부여의 왕의 휘하로, 수시로 고구려로 와서 무휼을 곤경에 빠지게 하거나, 끊임없이 싸우는 신수이고, 요괴의 모습으로 표현되며, 특히 사구는 목표를 위해 대소가 자신의 대를 잇게 하려는 용을 없애려고 공격하기도 하는 인물로 묘사된다. 반면, 〈태왕사신기〉의 현무는 사신 중 가장 먼저 사신임을 자각하고, 주군을 찾아 남아있는 사신들을 자각시키기 위해 떠돌아다니며, 담력과 죽음의 길을 함께 하는 다른 사신들과 달리 사신 중 가장 끝까지 살아남아, 담덕의 사후 무덤에 사신의 영을 불러모으는 역할을 하고, 병법, 천문 등에 능한 지혜로운 인물로 묘사된다.

㉡. 청룡 처로와 백호 괴유

〈태왕사신기〉의 청룡 처로가 소서노를 남몰래 사랑하는 점이 〈바람의 나라〉에서 백호 괴유가 세류에 대하여 망설이는 사랑을 한다는 점과 유사한 측면이 있으나, 자신의 마음을 표현하지 못하고 오랫동안 망설이는 사랑을 하는 등장인물은 수많은 문학작품에서 나타나는 것으로 구체성이 결여되어 있으며, 의인화된 사신 중의 한 명이 그런 사랑을 한다고 해서 원고만의 독창성 있는 표현으로 저작권에 의하여 보호된다고 할 수 없다 할 것이다. 또한 〈태왕사신기〉에서 청룡 처로가 오랜 잠에 빠지게 된다는 점은 청룡 처로의 특징으로 나타나 있지 않다. 그렇기에 〈바람의 나라〉의 백호 괴유가 오랜 잠에 빠진다는 특징과 유사성이 인정되지 아니한다.

㉢ 청룡 처로와 청룡 하안사녀

〈태왕사신기〉의 청룡 처로와 〈바람의 나라〉의 청룡 하안사녀와의 유사성의 경우, 두 작품에서 청룡이라는 등장인물이 시력을 잃는다는 점이 유사하다. 그러나 원고의 〈바람의 나라〉에서 청룡 하안사녀는 주인인 무휼이 부여의 현무와 싸우다가 눈을 다치자 청룡 하안사녀도 눈이 멀었다는 이야기가 나온다. 반면에 〈태왕사신기〉에서의 청룡 처로는 자신에게 상처를 주는 세상이 싫어서 스스로 시력을 닫고 지내는 것으로 나온다. 청룡의 눈이 멀게 된 원인이 다른 것이다. 이러한 특징들이 〈바람의 나라〉에서는 주인과 신수 사이의 심리적 동일성을 나타내기 위한 것인 반면, 〈태왕사신기〉에서는 세상과의 단절이나, 포기, 은둔 등을 표현하기 위한 상징적 도구로 사용된다는 점에서 그 의미도 달라 실질적으로 유사하다고 볼 수 없다.

㉢ 청룡 처로와 천녀 가희

〈태왕사신기〉의 청룡 처로와 〈바람의 나라〉의 천녀 가희와의 유사성의 경우, 양 작품에서 위 등장인물들이 동식물과 말이 통한다는 점은 유사하나, 이러한 전형적인 등장인물은 누구나 떠올릴 수 있는 아이디어에 불과하고 원고만의 독창적인 개성이 나타난다고 볼 수 없다.[8]

㉤ 백호

몰락한 가문 출신의 인물이 섬기는 왕 또는 가장 친한 친구 등이 권력싸움 등으로 희생을 당하고, 그것이 그 인물의 행동에 대한 모티브가 되는 것은 무협지나, 의(義), 충(忠)을 주제로 하는 많은 영웅담에서 전형적으로 나타나므로, 누구나 공유할 수 있는 아이디어에 해당한다. 사신 중 하나가 오랜 잠에 빠진다는 특징은, 동물의 겨울잠 등으로부터 누구나 생각해 낼 수 있고, 이미 동화 〈잠자는 숲 속의 미녀〉, 버지니아울프의 소설 〈올란도〉 등 많은 작품에서 망각, 죽음, 영원한 시간 등을 상징하는 소재로 쓰였으므로, 독창성, 구체성, 복잡성을 가졌다고 볼 수 없어 그 자체로는 아이디어에 해당하여 저작권의 보호대상이 되지 않는다.

㉥ 주작의 혼성모방

양자의 성격이나 특징이 전혀 유사하다고 보이지 아니하고, 현무로부터 죽임을 당할 뻔했다는 설정은 유사하나, 그 사건에 이르는 동기나 과정, 의

---

[8] 그리스 신화에 등장하는 님프, 우리나라 구전설화 중 '새소리를 알아듣는 남자', '쥐소리를 알아듣는 며느리', 존 로날드 로웰 톨킨의 소설 『반지의 제왕』의 엘프족과 같이 많은 이야기에서 동식물 등 자연과 말이 통하는 사람이 흔히 등장하는 요소라고 볼 수 있다.

미가 달라 실질적으로 유사하다고 볼 수 없다.[9]

⑦ 캐릭터들 사이의 상관관계를 통한 이야기 전개에 있어서의 유사성

양 저작물에서 주인공이 심복을 얻는 과정 및 그 심복이 죽음에 이르는 과정이 실질적으로 유사한지에 관하여 살필 경우, 양 작품은 주인공이 낯선 장소에서 우연한 기회에 자신에게 거부감이나 적개심을 가진 자를 만나고, 그가 곧 주인공의 심복이 되고, 심복은 전장에서 주인공을 구출하는 등으로 주인공보다 먼저 죽음에 이르게 되는 점은 유사하다. 그러나 이는 〈엑스칼리버〉와 같은 영웅담이나 전쟁을 소재로 하는 작품들의 보편적인 사건전개에 불과하므로 아이디어에 해당하기에 저작권의 대상이 아니다. 이를 기반으로 한 구체적이고 세부적인 줄거리가 표현에 해당한다고 할 것인지만, 그 전개 과정에서 차이점을 보이고 있으므로, 아이디어만의 공통성이 존재할 뿐이다.[10]

또한 두 작품에서 난새나 흑주작의 상징이나 의미에 있어서 다소 유사한

---

9) 수지니와 용 사이의 유사점은, 〈바람의 나라〉에서 부여의 용은 부여의 왕자로 어렸을 때 부모를 잃고 누나 '연'마저 고구려 무휼의 차비(次妃)로 정략결혼을 떠나면서 할아버지인 대소왕의 막내 동생 '충구'의 보호를 받으며 자라는데 궁궐의 법도에 얽매이지 않고, 버릇이 없고 제멋대로인 아이로 표현되고, 연이 무휼의 버림을 받아 죽었다고 생각하여 무휼에 대하여 분노를 품고 있는 인물이다. 반면, 〈태왕사신기〉의 주작 수지니는 백제 진사왕에 의해 가문이 몰락하면서 현무 주안으로부터 구출되어 주안과 함께 떠돌다 보니, 백제의 왕자 수의 스승이 된 주안을 따라 어린 시절을 궁궐에서 생활하게 되나, 궁궐의 법도에 얽매이지 않고 장난을 잘 쳐 호롱불처럼 주위를 환하게 하는 성격이다.
10) 마로는 끝까지 해명을 잊지 못하나 모두루는 담덕의 진정한 심복이 되는 점. 마로는 무휼에게 해명의 부대를 제공하나, 모두루는 담덕과 함께 철기부대를 만드는 점. 마로와 달리 모두루는 담덕을 직접 구하려는 과정에서 전사하는 점에 있어서 차이가 존재한다.

측면이 있으나, 이는 같은 능력이나 힘이 어떻게 쓰이느냐에 따라 주작, 봉황과 같이 긍정적으로도, 흑주작, 난새와 같이 부정적으로도 쓰일 수 있다는 아이디어의 공통성에서 유래할 뿐, 구체적인 표현방식에서 차이가 존재하기에 유사하다고 보기 어렵다.[11] 마지막으로 부여와 고구려, 백제와 고구려 등 외세가 아닌 민족 내부의 전쟁은 우리나라의 역사적 사실로서 누구나 소재로 쓸 수 있는 공유의 영역에 속하는 것이고, 주인공이 사랑하는 여자와 관련된 나라와 싸워야 한다는 상황에서 딜레마에 빠진다는 이야기는 『삼국사기』의 〈낙랑공주와 호동왕자〉, 오페라 〈아이다〉, 영화 〈쉬리〉 등 남녀 간의 애절한 사랑을 주제로 하는 많은 작품의 모티브로서 공공의 지적 자산이므로, 피고가 이를 사용하였다고 하여 원고의 저작권을 침해하는 것이라고 볼 수 없다.

⑧ 결말에 있어서의 동일성

주인공이 대업을 이루지 못하고 죽음을 맞이하는 비극적 결말은 수많은 문학작품에 나오는 전형적인 플롯으로서 원고만이 전유할 수 있는 표현에 해당한다고 볼 수 없다.

---

11) 〈바람의 나라〉에서 난새는 처음에는 봉황의 알에서 깨어나나 허무하고, 광폭하며, 음란한 마음을 가진 다소 부정적인 등장인물인 채를 주인으로 모시다가, 자신도 모르게 그와 동일시되어 가는 허무, 슬픔이 위와 같이 구체화된 반면, 〈태왕사신기〉에서의 흑주작은 그 의지와 관계없이 주작으로 자각할 때, 전생 중 한스러운 기억으로 먼저 깨어나면 흑주작으로, 좋은 기억으로 깨어나면 주작으로 된다는 운명이 구체화되어 있다는 점에서 그 표현에 있어서 현저한 차이가 있다.

판결

피고가 원고의 저작권을 침해하였음을 전제로 한 사건 청구는 이유가 없어 기각한다.

(3) 〈아이리스〉 판례 (2012가합86524)

전제

원고는 피고들의 지위 및 관계, 이 소설의 출판 시기와 유사 정도에 비추어 볼 때, 이 사건 드라마의 대본은 이 사건 소설에 의거하여 작성되었다고 주장하며, 이는 2차적 저작물 작성권 등 저작권 침해 행동에 해당한다. 이에 원고가 피고들의 저작권 침해로 입은 재산상 손해를 보상할 것과 정신적 손해에 대한 지연손해금의 지급을 요구한다.

의거관계

원고가 이 드라마가 방영되기 약 10년 전, 이 사건 소설을 출판하였고, 이 사건 소설 출판 무렵 전국을 대상으로 하는 『한국일보』, 『경향신문』과 같은 일간지에 이 소설의 지면 광고가 게재되었으며, 연예정보신문에 이 소설에 대한 소개 기사가 실리기도 하였다는 사실. 이 소설이 공공도서관, 대학 도서관 등 약 110여 곳에 비치되어 있는 사실은 인정된다. 그러나 이 소설은 초판 각 3천부만이 발행된 후 절판되었고, 이 사건 소설의 출판 시점과 드라마 대본의 집필 시점과는 상당한 시간 간격이 있고, 피고가 이 드라마 대본을 집필할 무렵에는 시중에서 판매되지 않아 구할 수 있는 방법이 제한되고 있다는 점, 드라마 제작 이전에 다른 매체로 제작되려는 시도가 보이지 않는 점 등으로 보아 소설에 접근할 상당한 가능성이 있었다고 인정하기 어렵다. 또한 원고는 피고가 표절 사실을 숨기기 위해 드라마 제작 과정에서 의도적으로 변경했다는 취지로 발언했으나, 드라마 제작 과정에서 초기 대본의 내용 일부를 변경하는 것은 이례적인 일이라 보기 어렵고, 피고들 측에서도 표절 사실을 감추기 위해 대본을 변경했다는 증거가 없는 점으로 보아 그 근거로 삼기 어렵다.

유사성

① 소설은 일본의 팽창주의에 대한 경계를 강조하면서 우리 스스로 한반도의 평화를 지키기 위해 노력해야 함을 주제로 삼고 있는 반면, 드라마는 통일을 방해하는 한국 또는 북한 내부의 세력에 대한 경계를 강조한다는 점에서 차이가 있다. 또한 시대적 배경에서도 소설은 1998년을 주된 시점으로 하는 반면 드라마는 방영 시기인 2009년도를 배경으로 하고 있다. 나아가 장소적 배경에서도 소설에서는 한국과 일본 외에도 많은 유럽 국가들의 주요 도시나 중국 대륙철도의 거점들이 핵심 장소로 등장하고 주인공의 이동 경로 또한 이를 따라가는 것과 달리, 드라마에서는 서울, 부다페스트, 아키타, 평양의 4장소를 중심으로 이루어진다는 점에서 차이가 있다.

② 소설은 핵을 둘러싼 각국의 세력 다툼을 바탕으로, 일본의 핵무장 시도를 남, 북한의 연합을 통해 저지하고자 하는 내용을 담고 있다. 그러나 드라마의 경우 주인공이 자신의 부모를 죽이고 자신까지 죽이려고 하는 집단의 실체를 알아가고, 그에 복수하는 과정에서 한국 내 전쟁 발발을 위한 테러 시도를 막아내는 과정을 주된 줄거리로 하고 있어 일치한다 보기 어렵다.

③ 소설이나 희곡의 주인공과 같은 어문적 캐릭터는 이름, 시각적 요소, 청각적 요소, 성격적 요소라는 4가지 요소로 구성된다. 그 구성요소의 일부가 유사한 점이 있다고 하더라도 유사하지 않은 다른 점이 있다면 이 또한 고려해야 한다.

㉠ 소설의 주인공인 해군 대위 L과 부모님의 죽음에 대한 의문을 풀고자 하는 드라마의 주인공 E는 군인이면서 정보 요원인 점, 뛰어난 두뇌의 소유자로 다국어 구사가 자유롭다는 점, 사격술이 뛰어난 점의 유사한 부분이 있지만 이는 첩보물의 주인공을 설정함에 있어 수반되는 전형적이고 표준적인 표현에 불과하다.

㉡ 북한의 최정예 요원이면서 다국어를 자유롭게 사용하는 소설의 M과 드라마의 S는 주인공과 공통의 목표를 이루기 위해 함께한다는 점에서 유사성이 있다. 그러나 위의 두 인물의 유사점은 첩보물의 등장인물, 특히 북한 측 남자 요원을 설정함에 있어 수반되는 전형적이고 표준적인 표현에 불과하다. 그리고 두 인물의 행적의 부분에서 S는 E와 처음부터 직접적으

로 대립하며, 둘이 협동전선을 구축하게 되는 계기가 다르고, M은 북한 측을 배신하는 행위까지는 이어지지 않는 반면 S는 노동당을 직접적으로 배신하는 데에까지 나아가는 점에서 그 세부적 내용도 차이가 크다.

ⓒ 북한 측의 20대 여성 요원, 남자 주인공과 함께 작전을 수행하고 그 과정에서 사랑하게 된다는 점, 당초 임무에 실패하고 북한의 어머니가 사망한다는 점에서 소설의 O와 드라마의 U는 유사한 지점이 존재한다. 그러나 위의 두 인물의 유사점은 첩보물의 등장인물, 특히 북한 측 남자 요원을 설정함에 있어 수반되는 전형적이고 표준적인 표현에 불과하다. 또한 O와 U는 각각 컴퓨터 공학박사와 호위부 요원으로서 주된 임무가 다르고, 서로의 애정 관계가 잠자리까지 발전하였는가의 여부 또한 다르며, O가 2권에서 사망하지만 U는 드라마 마지막 회에서까지 활동한다는 점 등 구체적 행동과 다른 등장인물들과의 관계에서 차이가 있다.

ⓔ 드라마에서 소설과는 달리 주인공 E의 NSS 동료이자 연인인 P라는 인물이 등장하는데, 드라마에서 핵심 인물로 등장하는 것과 다르게 소설에서는 위와 같은 성격의 등장인물을 찾기 어렵다. 원고는 주인공을 사랑하고 주인공과 외국의 호수가 주변 호텔에서 함께 하룻밤을 보낸다는 점 등에서 유사성을 주장하나, 위와 같은 사정만으로 유사한 인물이라고 보기는 어렵다.

ⓜ 마찬가지로 드라마에서는 E와 절친한 동료였으나 결국 대립하게 되는 Q라는 인물이 등장하는데, 이 인물은 P를 사랑하게 되면서 삼각관계를 구성하게 되고, NSS의 부국장을 따르다가 E와 적대하게 되고 결국 사망하게 되는 인물이다. 그러나 소설에서는 위와 같은 성격의 등장인물을 찾기

어렵고, 원고가 주장하는 정도의 유사성(주인공의 직장 동료이자 총격전 끝에 주인공의 품에서 사망)으로는 입증하기 어렵다.

㉻ 북한의 핵물리학자로 등장하는 AC와 Z, 주인공을 도와주고 주인공을 연모하게 되는 여성인 AD와 AE가 각각 유사하다고 주장하지만, 일부 유사한 부분이 있다 하더라도 위 인물들은 사건 소설과 드라마 상에서 다른 인물들과의 상호과정을 통해 사건의 전개과정과 밀접한 관련을 가진다고 보기도 어렵고, 차지하는 양적, 질적 비중이 높은 경우도 아니므로 유사성을 판단함에 있어 크게 고려할 요소는 아니다.

④ 사건의 전개과정은 유사성 판단에 있어서 중요한 비중을 차지하는 요소로서, 이야기 속에 등장하는 사건들의 내용이 유사하여야 하고, 그 사건들이 유사한 방법으로 배열, 조합되어야 한다. 구체성이 높은 전개과정의 유사성은 고려하여야 할 요소이지만, 구체성이 낮은 전개과정의 유사성만으로 곧바로 실질적 유사성이 인정되는 것은 아니다. 따라서 사건의 전개과정에서 나타나는 구체성과 다양성에 있어서 차이가 큰 경우는 유사한 점이 발견된다고 하더라도 실질적 유사성을 인정하기 어렵다.

㉠ 소설과 드라마 모두 분단된 남한과 북한을 배경으로 하여, 핵으로 위협하는 제 3의 적에 대해 남북한이 서로 연합 공조하는 첩보물이란 점에서 유사하다. 그러나 소설은 주인공인 L의 첩보 활약을 중심으로 ⓐ L의 첩보 활약상과 O와의 만남 및 동행, ⓑ O의 비극적 죽음과 핵미사일 개발에 얽힌 이야기, ⓒ L과 M의 합작와 한 일 잠수함 해전 및 일본 핵미사일 기지 침

투라는 3개의 주된 줄거리를 바탕으로 전개된다.

ⓒ 그러나 드라마는 ⓐ E의 어린 시절 및 E와 P의 사랑, ⓑ NSS에서 버림받은 E가 자신의 정체성을 깨닫는 과정, ⓒ E가 복수를 꿈꾸면서 북한의 테러집단에 들어가 활동하는 과정, ⓓ NSS에 침투하여 그곳에서 I의, 존재를 알고자 하는 E와 핵폭탄 기폭장치를 탈취하는 S, ⓔ I의 핵심 인물인 R이 서울 광화문에 핵폭탄을 터트려 정상회담을 방해하려는 이야기, ⓕ 핵폭탄을 터트리려는 I와 저지하려는 E의 대결과 Q의 죽음, ⓖ P의 정체에 대한 의문과 E의 비극적 죽음이라는 7개의 핵심적인 이야기를 바탕으로 진행되며, 이 이야기들이 순차적으로 진행되는 것이 아니라 몇 개의 스토리라인으로 형성되어 서로 얽혀 있고 교차하는 방식을 택했다. 즉, 드라마의 스토리 구성 방식이 소설에 비해 복잡하고 다층적인 구조를 가지고 있다.

ⓒ 드라마는 부모를 죽인 원수에 대한 복수라는 내적 감정이 주인공의 큰 동기가 되고, P에 대한 사랑이 불가분적 요소로 결합하여 핵심적인 요소로 작동하고 있으나, 소설에서는 주인공의 첩보 활동을 중심으로 이야기가 전개될 뿐, 주인공의 내적 감정이 구체적으로 드러나 있지 않고, 사랑 이야기가 차지하는 비중도 미미하다.

ⓔ 두 저작물 모두 핵에 의한 위협을 주된 소재로 하고 있다고 하더라도, 핵을 위협수단으로 삼는 것은 하나의 아이디어에 불과할 뿐만 아니라, 위협의 주체와 그 활동 방식에도 차이가 있다. 또한, 남북한이 서로 연합하여 제3의 세력에 대항한다는 사건 전개는 유사할지언정 첩보물에서 일반적으로 택할 수 있는 구성이라고 봄이 타당하다.

㉤ 그 밖에 소설과 드라마 사이의 포괄적, 비문언적 유사성에 관한 원고의 주장과 이에 대한 판단은 인정되지 않는다.

⑤ 부분적, 문언적 유사성은 두 저작물 사이에 작품 속의 특정한 행이나 절 또는 기타 세부적인 부분이 복제됨으로서 양 저작물 사이에 문장 대 문장으로 대칭되는 유사성이 인정되는 경우이나, 원고의 실질적 유사성에 대한 주장 중 4가지 요소를 제외한 부분은 구체적인 문언이나 문장 자체가 아닌 전개 내용을 문제 삼는 부분이고, 이는 문자적 또는 문언적으로 일치한다고 보기 어려움으로 원고의 주장에는 이유 없다.

판결

사건 소설과 드라마 사이에 유사성을 발견할 수 없고, 일부 유사성이 인정되는 부분이 있지만 이는 대부분 아이디어 영역에 속하거나 필수 장면에 해당하는 부분이다. 이는 저작권 침해의 객관적 요건인 실질적 유사성 요건이 충족되었다고 볼 수 없다. 이에 원고의 청구를 기각한다.

(4) 〈사랑비〉 판례 (2012카합1315)

전제

이 사건 드라마는 이 사건 영화와 비교할 때, 구체적인 줄거리, 사건의 전개과정, 등장인물 사이의 상호관계와 갈등구조가 동일하거나 유사하고, 이 사건 영화의 배경, 장면, 상황과 유사한 배경, 장면, 상황을 차용하였으므로, 이 사건 영화와 '비문자적, 포괄적 유사성'을 가지고 있다. 그런데 피신청인들은 이 사건 드라마를 제작, 방영, 판매, 제공함으로써 신청인의 이 사건 영화에 관한 성명표시권, 동일성유지권과 같은 저작인격권과, 2차적 저작물 작성권과 같은 저작재산권을 침해하고 있으므로, 그 침해 중지를 구한다.

유사성

이 사건 영화와 이 사건 드라마의 기본적인 줄거리와 인물 유형을 비교해 보면, 양 작품은 모두 남자주인공과 여자주인공 및 남자주인공의 친구가 삼각관계를 이루어 괴로워 하다가 남·여주인공이 결국 헤어지게 되고, 부모세대의 못다 이룬 사랑을 남자주인공의 아들과 여자주인공의 딸이 우연히 만나 결실을 맺게 된다는 구조를 갖추고 있어, 개괄적인 줄거리와 주요 인물 유형이 서로 유사하다. 그러나 이러한 추상적인 줄거리나 인물유형은 저작권법에 의하여 보호되지 않는 추상적인 아이디어의 영역에 속할 뿐, 저작권의 보호 대상이 되는 표현형식에 해당하지 않는다.

아울러 신청인이 양 작품에서의 유사 상황이라고 적시한 상황들의 경우 남녀 주인공이 등장하며 삼각관계를 이루는 것을 주제로 하는 저작물에서 흔히 사용되는 일반적이고 전형적인 표현이거나, 1960년대 혹은 1970년대 한국의 시대상을 담아내는 과정에서 수반되는 전형적인 삽화들로서 역시 추상적인 아이디어의 영역에 해당하며, 위 소재나 장면들이 드라마에서 차지하는 비중이 크지 않으므로 '포괄적, 비문자적 유사성'을 인정하기 어려우며, 구체적 장면 구성, 대사 표현 및 맥락 또한 다른 부분이 많아 실질적 유사성도 인정하기 어렵다.

기타

이 사건 드라마가 이 사건 영화에 관한 저작권을 침해한다고 하더라도, 이 사건 드라마는 이미 우리나라 공중파 채널을 통해 전 분량의 방영을 마친 작품으로서 해외 수출만을 남겨둔 상태이다. 신청인이 이 사건 드라마의 (재)방영, 해외수출 등으로 인하여 손해를 입는다면 이는 상당 부분 금전으로 전보 가능한 손해에 속한다고 여겨지고, 달리 신청인에게 이 사건 드라마의 방영, 수출(인도) 등을 금지하지 않으면 현저한 손해나 급박한 위험이 발생할 우려가 있다는 점에 대한 소명이 부족하다. 반면 피신청인의 경우, 이 사건 가처분을 통해 이 사건 드라마의 방영, 수출(인도) 등이 금지될 경우 회복이 어려운 상당한 손해를 입을 우려도 있다고 판단된다. 그렇기에 이 사건 가처분 신청은 이를 구할 그 보전의 필요성이 충분히 소명되었다고 보기도 어렵다.

의거관계

유사성이 인정되지 않음으로 고려할 필요가 없음.

판결

피보전권리 및 보전의 필요성에 대한 소명이 부족하므로 기각한다.

(5) 〈야왕〉 판례 (2013가합16788)

전제

피고는 방송작가의 저작권을 비롯한 제반 권익을 보호하고 방송문예의 향상과 발전을 위해 설립된 사단법인이고, 원고는 피고의 회원이다. 피고는 2013년 2월 6일 경 B로부터 이 사건 저작물이 선행 저작물에 대한 저작권을 침해하였다는 진정을 접수하였고, 이를 조사하기 위해 같은 해 3월 29일 위원회를 구성하였다. 같은 해 4월 1일부터 7월 2일까지 4차례의 회의를 거쳐, 7월 2일 사건의 저작물이 B의 저작권을 침해하였다는 내용의 최종 의견을 제시하였고, 이에 같은 해 8월 26일 상벌위원회를 개최하여 원고를 제명을 결의하고 30일 이사회를 통해 이를 의결하였다. 이에 원고는 징계절차의 위법성과 징계사유의 부존재를 이유로 징계권 남용과 명예훼손을 근거로 제명처분의 무효화와 손해배상을 청구하였다.

의거관계

B가 선행 저작물을 집필할 무렵에는 이 사건 드라마의 배우 캐스팅이 완료되어 있었고, 이에 따라 드라마 연출자뿐만 아니라 배우들 역시 선행 저

작물의 내용을 숙지하고 있었던 점. 원고도 이 사건 저작물을 집필하는 과정에서 연출자 등으로부터 선행 저작물의 내용을 대강이나마 전해 들어 알고 있었을 것으로 보이는 것과 이 사건 저작물에 원작 만화에는 없으나 선행 저작물에는 존재하는 구성, 도입부, 전개방식 및 인용 글귀 등이 발견되는 점을 고려할 때 의거관계는 인정된다.

유사성

ⓛ 이 사건 저작물과 선행 저작물은 모두 원작 만화와 다르게 남녀 주인공 사이에 딸이 있고, 그 딸이 여자 주인공의 실수로 죽게 되어 남자 주인공이 복수를 결심하는 것으로 이야기가 전개되는 점, 드라마 초반에 남녀 주인공이 총을 겨누다가 과거로 돌아가는 구도를 취하는 점, 드라마 제목이나 G의 글귀를 인용하는 형태가 동일하고, B가 이 사건 선행 저작물을 집필 한 이후에 원고가 곧바로 다른 드라마의 대본을 새로 집필하게 된 점을 더하여 보면 원고가 이 사건 대본을 집필함에 있어서 이 사건 선행 저작물에 나타난 아이디어를 이용한 것으로 보인다.

그러나 ㉠ 이야기의 구체적인 전개과정에 있어 상당한 차이가 있는 점, ㉡ 선행 대본 및 사건 대본 모두 남녀 주인공이 총을 매개로 갈등이 고조되고 있으나 사건의 발생 장소, 주인공의 대치 경위, 총을 겨누는 주체 및 과정, 그리고 발사된 이후의 사정 등 이야기의 구체적인 전개과정에 차이가 큰 점, ㉢ 총은 복수를 주제로 하는 작품에서 흔히 사용되는 소재이며, 두 작품에서 각각 복수의 수단과 위협의 수단으로 사용되어 의미가 다르다는 점에서 구체적 표현형식이 유사하다고 보기 어렵다.

② 어문 저작물 중 저작자의 사상 또는 감정을 창작적으로 표현한 부분이라고 볼 수 없는 단순한 제호는 저작물로서 보호받을 수 없다. 따라서 원고가 이 사건 선행 저작물의 제목을 그대로 사용한 것은 저작권 침해행위에 해당하지 않는다.

판결

피고가 원고에 대해서 한 제명처분은 무효임을 확인하되 원고의 나머지 청구는 기각한다. 소송비용 중 보조참가로 인한 부분은 피고가 부담하고, 나머지 소송비용 중 1/3은 원고가, 2/3은 피고가 각 부담한다.

(6) 〈선덕여왕〉 판례 (2013다8984)

전제

원심이 뮤지컬과 드라마의 대본에 대해 판결한 경우, 서역 사막에서의 고난, 금관의 꽃 또는 동로마 등 서역의 문화와 사상의 습득, 덕만공주와 미실의 정치적 대립구도, 덕만공주와 김유신의 애정관계, 미실 세력으로 인한 진평왕의 무력함과 같은 역사적 오류를 포함할 뿐만 아니라, 주제, 인물의 성격과 역할, 인물 사이의 관계, 줄거리, 구성 등에서 실질적인 유사성이 인정되었고, 이에 피고가 상고함.

의거관계

해당 사건 대본은 출판도, 저작권등록도 되지 아니하였고, 대본이 완성되기 전에 갈라쇼 형식으로 일부 내용이 공연되었을 뿐 전체 내용이 공연된 바는 없다. 언론보도 사실의 증명을 위한 증거들 중에서도 대본의 구체적인 내용을 알 수 있는 공연이 이루어졌음을 확인하기 어려운 이상, 피고들이 정상적인 방법으로 대본을 입수하거나 내용을 알기는 어렵다. 이 외에도 원고로부터 대본 내용을 제공받은 투자심사 대상자들의 경우, 이것이 피고들에게 유출되었음을 보여주는 증거는 없다. 기타 도서『크레이추얼 파워』나 이메일 발송 사실, 언론과의 인터뷰 등은 정황증거로 삼기에 부족하며, 시놉시스가 당초 기획안과 다르게 변경된 것 또한 사건 드라마 극본 완성 전에 피고가 이 대본에 접근할 수 있었음을 보여주는 정황이라고 파악하기 어렵다.

유사성

① 덕만의 서역 사막에서의 고난

사막은 이미 이전부터 극적 저작물에서 주인공의 고난을 상징하는 배경으로 사용되어 왔으므로, 덕만공주가 사막에서 고난을 겪는 장면이 나오는 것 자체는 이 사건 대본만의 특징이라고 보기 어렵고, 그 구체적인 내용

에도 차이가 크다.[12]

② 금관의 꽃 또는 동로마 등 서역의 문화나 사상의 습득

이 사건에서 금관의 꽃은 그 실체를 알 수 없는 상징적이고 추상적인 존재이면서 힘을 상징하는 어떤 것으로 나타나 있을 뿐이기에, 그 자체가 서역의 문화와 사상을 상징한다고 단정하기 어렵고, 사건 대본에는 사건 드라마에서 그리고 있는 첨성대 건축의 경위와 의미는 나타나지 않고 있다.

③ 덕만과 미실의 정치적 대립

뮤지컬 대본의 경우 미실은 단순히 마계에 사로잡혀 백성을 괴롭히고 나라를 어지럽히는 존재로 나올 뿐 정치 감각과 통찰력을 발휘하여 국사를 이끌어가는 정치가의 모습으로는 그려지지 않고 있다. 반대로 덕만공주가 사막에서 고난을 이기고 금관의 꽃을 얻어 신라로 돌아와 마계의 지배를 끊음으로써 미실 자신의 영혼을 구제해 주기를 바라는 인물로 나온다. 반면에 드라마의 미실은 진흥왕 치하에서 색공뿐만 아니라 군사적 공로를 통해 권력을 얻고 뛰어난 정치 감각과 통찰력을 가진, 합리적이고 이성에 입각하여 통치하며 대의를 중시하는 정치가로서 덕만공주가 역

---

12) 대본에서 덕만공주는 왕궁에서 공주로 자랐고, 어릴 때부터 여왕이 되고자 하는 꿈을 키우던 인물이었으며, 여왕이 되기 위해 미실과 제사 대결을 벌이다 마계(魔界)의 방해로 실패하여 서역의 사막으로 쫓겨 가게 된 것으로 설정되어 있는 반면에, 이 사건 드라마에서는 천명공주와 함께 덕만공주가 쌍둥이로 태어나자 '왕후가 쌍둥이를 출산하면 성골의 씨가 마른다'는 예언으로 인해 왕후가 폐비를 당할까 우려한 진평왕이 시녀 소화에게 덕만공주를 데리고 도망가도록 하였고, 이 때문에 덕만공주는 자신이 공주라는 사실도 모른 채 소화를 어머니로 알고 서역의 사막에서 자란 것으로 설정되어 있다.

량을 키우고 성장하는 데에 긍정적인 영향을 미치는 면도 많은 인물로 묘사된다.

나아가 두 사건에서 미실이 사망하는 과정도 다르다. 뮤지컬 대본에서 미실이 자신이 독을 발라둔 금관을 일부러 쓰고 자살한 것인지 아니면 금관을 가로채 쓰려다 죽음에 이르는 것인지 명확하게 나타나 있지는 아니한데, 근본적으로 자신의 의지가 아니라 마계에 사로잡혀 악행을 일삼으며 스스로가 괴물이 되었다고 여기고 있었고, 이러한 상황을 덕만공주가 대신 타개해주기를 바라는 마음도 가지고 있었던 인물이라는 점에서 근거한다. 반면에, 이 사건 드라마에서 미실이 자살을 선택한 것은 내전 확대로 신라의 영토가 타국에 침탈되는 사태를 방지하고자 하는 대의와 함께, 덕만공주와 끝까지 대립하여 내전을 지속함으로써 자신의 세력이 완전히 붕괴되는 위험을 감수하는 대신 자신의 사람들이 덕만공주의 치세에서도 숙청되지 않고 세력을 유지하다가 미실의 아들인 비담을 왕으로 만들도록 하려는 의도로 차이가 크다.

④ 덕만과 김유신의 애정관계

뮤지컬 대본과 드라마 대본이 독립적으로 작성되어 같은 결과에 이르렀을 가능성을 배제할 수 있을 정도로 유사한 부분이라고 보기 어렵다. 역사적으로 애정관계가 있었다고 유추하기 어려운 인물이더라도, 극 중 중요 인물이니만큼 이들 사이에 애정관계를 설정하는 것을 일반적으로 이루어질 수 있는 수준의 창작이며, 덕만공주와 김유신의 애정관계의 양상 및 전개과정에 큰 차이가 있다.[13]

⑤ 미실 세력에 의한 진평왕의 무력함

　진평왕이 미실에 의해 왕위에 오르게 되는 사건은 이미 필사본 『화랑세기』에 나타나 있는 것인 이상, 이를 받아들여 극적 작물을 작성할 경우 진평왕 즉위 후 미실 세력에 의해 왕권을 제약받는 것으로 묘사하는 정도는 다른 저작물에 의거하지 아니하더라도 충분히 가능한 수준의 창작으로 보인다. 나아가 이 사건 대본에서는 미실이 마계에 사로잡혀 마계의 힘으로 인간계에 해악을 끼치는 결과 인간계의 진평왕이 무력하게 묘사되고 있는 반면에, 이 사건 드라마에서는 진평왕이 애초에 미실 세력의 힘에 의하여 즉위하였고 이후에도 조정이 미실의 사람들로 채워져 있어 진평왕은 제대로 왕권을 행사하지 못하는 것으로 그려지고 있어, 이 사건 대본과 드라마에서 미실 세력이 진평왕을 무력하게 만드는 원천 자체가 다르다.

⑥ 주제, 인물의 성격과 역할, 인물 사이의 관계, 줄거리, 구성

　개별 요소들이 이 사건 대본만의 독특한 특징이라거나 이 사건 대본과 드라마가 독립적으로 작성되어 같은 결과에 이르렀을 가능성을 배제할 수 있을 정도로 현저히 유사한 부분이라고 보기 어려운 이상, 이 사건 대본과 드라마의 주제, 인물의 성격과 역할, 인물 사이의 관계, 줄거리, 구성 역시

---

13) 뮤지컬의 대본에서는 김유신이 덕만공주를 사모하였지만 스스로의 감정을 숨기고 충성심으로 승화시키는 모습으로 그려지나, 드라마의 덕만공주는 자신의 신분을 모르는 상태로 김유신의 낭도가 되어 고난을 겪다가 사랑하는 사이로 발전하게 된다. 그러나 언니인 천명공주의 죽음을 계기로 여왕이 되고자 결심하고 김유신과의 사랑을 포기하며, 김유신 또한 가문을 버리고 자신의 행복을 위해 사랑의 도피를 선택하려 하였지만 덕만공주의 강한 의지와 김유신의 성품에 의해 포기하고 신하로서 충성을 다하기로 마음을 바꾸는 것으로 그려진다.

양 작품 사이의 현저한 유사성을 인정할 수 있는 근거가 되기는 어렵다.

판결

피고들의 이 사건 대본에 대한 접근가능성이 인정되지 아니하고, 드라마와 대본 간 현저한 유사성이 인정되지도 않으므로, 두 저작물 사이에 의거관계가 있다고 볼 수 없다. 그러므로 나머지 상고이유에 관한 판단을 생략하고 원심판결을 파기하고 환송한다.

(7) 〈피리 부는 사나이〉 판례 (2016가합536768)

전제

원고는 2014년 D라는 제목의 만화 시나리오를 작성하여 2014년 7월 경 광주정보만화산업진흥원에서 주최하는 2014 창작 스토리 기획개발공모전에 출품하였다. 피고 C는 2015년 E라는 제목의 드라마 시나리오를 작성하였고, 2016년 같은 제목의 드라마를 제작하여 공급하였다. 원고는 피고가 원고의 승낙 없이 중요 소재, 인물 구도, 플롯과 줄거리의 구체적인 표현이 유사한 시나리오를 작성해 발표함으로서 원고의 인격권 및 저작물 작성권을 침해하였다. 이에 원고는 피고들을 상대로 저작재산권 침해로 인한 손해배상을 청구하고, 이 사건 공모전의 심사위원이었던 피고 C와 피고 회사에게 만화 시나리오를 위법하게 상업적으로 이용한 것에 대한 인격권 침해의 불법행위로 인한 손해배상을 청구한다.

의거관계

피고는 원고가 만화 시나리오를 출품한 공모전에 심사위원으로 위촉되어 해당 시나리오를 심사한 사실을 인정할 수 있다. 그러나 포괄적 비문언적 유사성이 인정되지 아니하고, 일부 유사하다고 볼 수 있는 부분도 같은 주제의 시나리오에서 흔히 등장하는 전형적 설정에 해당하거나 원전 동화에 기초한 것인 점, 전반적으로 부분적, 문언적 유사성이 인정되지 아니하고 일부 유사하다고 볼 수 있는 부분도 관용적 표현에 해당한다. 이에 위의 인정사실만으로 피고가 공모전의 심사위원으로서 만화 시나리오를 표절하였다거나 위법하게 이용하였다고 인정하기에 부족하고, 이를 인정할 증거 또한 없다.

유사성

① 두 시나리오는 사건의 기본골격이 유사하다고 볼 여지가 다음과 같이 존재한다.
㉠ 테러범이 부패한 권력자들에 의해 피해가 더 확대한 사고에 대한 복수를 시도하면서 갈등상황이 발생한다.
㉡ 테러범의 복수의 과정에서 권력자들의 과거에 저지른 악행이 드러내려고 하자, 권력자들이 이를 은폐하기 위한 조작을 시도하고, 이 과정

에서 서로 협력과 배신을 반복하며, 권력자의 자녀가 테러의 피해자로 등장한다.

ⓒ 테러범이 자신의 정체를 드러내는 방법이 피리 부는 소리를 내는 것이고, 주요인물 중 한명이 테러범으로 밝혀지며, 테러범이 노트북을 이용한 해킹으로 교통수단을 납치한다.

ⓔ 테러범에 대응하는 경찰들이 수뇌부와의 갈등을 겪으면서도 협력한다.

ⓜ 결말에서 시민들이 테러범의 언행을 통해 사회문제에 대한 새로운 의식을 가지고 행동하게 된다.

②그러나 두 시나리오의 유사성은 아이디어의 영역에 속하는 것이거나 포괄적, 비문언적 유사성을 인정하기에 부족하다.

㉠ 두 시나리오의 사건에서 테러범의 원한을 사게 된 대형사고가 상이하다.

ⓛ 권력자에 대한 복수가 소재인 작품에서 여론조작 시도는 흔히 등장하는 소재이다.

ⓒ 테러범의 공통되는 설정은 원전 동화를 참조했다고 볼 수 있다.

ⓔ 원고의 시나리오는 유해가스를 살포하는 단일한 사건인 반면, 피고의 시나리오는 수일에 걸쳐 서울 곳곳에서 다양한 인물을 이용해 발생시키는 다양한 사건이다.

ⓜ 원고의 시나리오에서 갈등구조는 생존에 필요한 방독면을 두고 다투는 승객들 사이의 갈등과 이를 정치적으로 이용하는 경찰 수뇌부, 테러를

저지하려는 일선 경찰과 국회의원, 테러범 사이의 갈등으로 나누어지는 반면, 피고의 시나리오에서는 테러와 관련해 다른 이해관계를 가지는 권력자, 언론사, 경찰 수뇌부, 협상전문가, 일선 경찰들의 복합적인 갈등과 긴장관계가 드러난다.

③ 원고가 실질적 유사성을 주장하는 부분 중 6가지 부분을 제외하고는 구체적인 문언이나 문장 자체가 아닌 그 전개 내용을 문제 삼는 부분이고 그에 대한 판단은 앞서 살펴본 바와 같다. 그리고 6가지 요소들 역시 모두 관용적인 표현으로서 독창성을 인정할 수 없거나(4항목), 원전 동화의 내용을 인용한 것이고, 그 표현방식이 상이하거나(1항목), 아이디어의 영역이라는 점(1항목)으로 보아 두 시나리오가 실질적으로 유사하다고 판단하기 어렵다.

판결

원고의 피고들에 대한 사건 청구는 이유 없으므로 모두 기각한다.

(8) 〈화유기〉 판례 (2018가합34230)

전제

원고는 2000년경부터 시나리오 작가로서 활동하면서 G를 모티브로 한 작품을 오랜 기간 구상해오다가 2015년 초 원고 저작물의 초고를 완성하고 이를 연재하였다. 그런데 그 후 피고들은 원고 저작물에 의거하여 원고 저작물과 유사한 피고들 저작물을 집필, 방영하였고, 원고가 그 원작자라는 점을 표시하지 않음으로서 저작권을 침해하였다. 이에 피고들은 원고 저작물의 이용허락을 받지 않은 부분에 대한 피해보상과 성명표시권 침해로 인한 정신적 고통에 의거하여 손해배상금과 위자료를 지급할 의무가 있다.

의거관계

원고의 저작물은 2015년 9월부터 6개월 동안 국내 1위의 포털사이트에 연재됨으로서 쉽게 접하고 내용을 확인할 수 있었다. 또한, 피고들이 저작물을 집필한 것은 원고 저작물의 연재가 끝나고 책으로 출간된 이후로서, 피고들이 이전부터 같은 소재를 기반으로 한 시나리오를 집필하고 있었다고 볼 증거가 없다. 피고들이 단시간 내에 드라마 시나리오를 집필하기 위해서 기존에 G를 기반으로 한 작품들에 대하여 사전조사 및 검토를 하였을 것으로 보이는데, 원고 저작물과 같이 최신작이라면 그랬을 여지가 더욱 크다. 마지막으로 양 저작물은 현대세계에 여자로 태어난 인물과 요괴의 운명적인 연애와 사랑이야기를 다루고 있다는 기본 소재와 기본 배경이 되는 연예계와 대중에 대한 설정들에서 비슷한 설정을 공유하고 있다. 이에 피고들 저작물은 원고 저작물에 의거하여 작성되었다고 추정할 수 있다.

유사성

피고들 저작물은 원고 저작물과 구체적인 표현이나 표현방식에 있어서 차이가 나고, 일부 유사한 부분이 있다고 해도 원작 G에서 유래되는 부분을 제외한 부분만 두고 볼 때에는 저작물 전체에서 유사 부분이 차지하는 질적, 양적 부분이 미미하다고 판단되므로 피고들 저작물이 원고 저작물과 실질적으로 유사하다고 인정할 수 없다.

① 양 저작물은 고대 신괴소설인 G를 현대극으로 재창조 하여, 요괴가 인간의 모습을 하고 살아가는 현대세계에서의 연애, 사랑이야기를 다룬 판타지로맨틱 물로서 동일한 소재를 다루고 있다. 그러나 소재 자체는 아이디어의 영역으로서 저작권법의 보호대상이 되지 않는다. 뿐만 아니라 고전소설의 재창조 과정에서 전형적이고 필수적으로 사용되는 남녀주인공 간 애정관계를 설정한 것이 원고만의 창작적인 소재라고 볼 수도 없다.

② 주인공이 현대세계에 여자로 태어나서 요괴인 남자주인공과 운명적인 사랑에 빠지게 된다는 설정은 유사하나, 이는 아이디어의 영역이다. 또한 원작 G에서도 주인공은 힘이 약하고 위험을 자초하기에 강한 요괴인 남자주인공으로부터 보호를 받아야 하는 인간으로 등장하는데, 이는 같은 원작을 지닌 다른 작품들에서도 여러 번 사용된 설정이다.

③ 양 저작물은 주인공이 피를 흘리면 'W'를 맡고 요괴들이 달려든다는

설정이 동일하지만, 이는 아이디어의 영역에 속할 뿐만 아니라 원작에서 도력을 가진 고승을 먹으면 불로장생할 수 있어 요괴들이 잡아먹으려 든다는 설정에서 차용한 부분이라는 점, 인간의 피 냄새에 요괴가 반응한다는 것이 흔히 사용되는 설정이라는 점에서 착안해 원고만의 창작이라고 보기 어렵다. 또한 양 저작물에는 요괴가 인간의 정기를 흡수하고 요괴가 연예계에 많이 있으며 공연장, 경기장에서 인간의 정기를 흡수한다는 내용이 있다. 그러나 이는 아이디어에 속하고 다른 요괴물에서도 전형적으로 사용되는 설정으로서 원고만의 창작이라고 보기도 어렵다. 이 외에 연예기획사 사장이 강한 요괴로 나온다는 것, 요괴들은 늙거나 죽지 않기 때문에 시간이 지나면 죽음을 위장해 인생을 갈아탄다는 점, 경찰 요괴가 등장한다는 점, 주인공 사이를 이간질하는 요괴가 등장한다는 점과 같은 공통점이 드러나지만 이 또한 아이디어 수준에 머문다.

④ 악당이 세상을 지배하기 위해 주인공과 맞선다던가, 악당의 계획을 막기 위해 주인공의 죽음이 필요하다는 설정은 아이디어에 불과하고 원고만의 창작이라고 볼 수도 없다. 또한 두 작품에서 이러한 과정에서의 구체적인 내용과 표현방식도 다르다.

⑤ 원고는 피고들 저작물에도 선력이 강한 친척이 주인공을 보호한다는 설정이 있음을 주장하나, 피고들 저작물에서는 주인공의 외할머니가 죽은 뒤 저승으로 떠나기 전 요괴로부터 어린 주인공을 한 번 지켜주는 내용이 있을 뿐 특별한 능력을 통해 수호자의 역할을 하는 사람은 등장하지 않는다. 아울러 이는 요괴물에서 흔히 볼 수 있는 설정에 불과하다. 또한 원고

저작물에서 요괴임을 알릴 것을 협박하면서 금품을 요구하는 행위, 전생과 관련된 이야기 모두 원고만의 창작이라고 보기 어렵고 구체적인 내용과 표현이 유사하다고 보기 어렵다.

⑥ 원고 저작물에서 주인공이 요괴를 퇴치하는 과정에서 사용하는 무기의 이름을 본 따 피고들이 요괴를 퇴치하는 무기의 이름을 명명했다고 주장한다. 그러나 이는 원작에서도 '말을 듣게 하기 위해 통증을 주는 도구'로 등장하고, '금강'은 불교에서도 자주 사용하는 용어이므로 원고만의 창작적인 표현이라고 보기 어려우며, 그 구체적인 활용도도 퇴치를 위한 무기와 족쇄라는 큰 차이가 있어 유사하다고 보기 어렵다. 마찬가지로 원고 저작물에서 등장하는 나비의 경우 원고 저작물에서는 힘을 발휘할 때 나타나는 설정이지만, 피고들 저작물에서는 주인공을 찾기 위해 요력으로 나비 한 마리를 만들어 낸다는 설정으로 그 설정과 효과에 차이가 있다.

판결

피고들 저작물은 원고 저작물에 의거해 작성된 것으로 추정되지만, 실질적 유사성이 인정되지 않기에 원고의 저작권을 침해하였다고 볼 수 없다. 원고의 피고들에 대한 청구는 이유 없으므로 이를 모두 기각한다.

제 3 장

표절 논란과 판단 기준 마련에 관한 전문가 의견

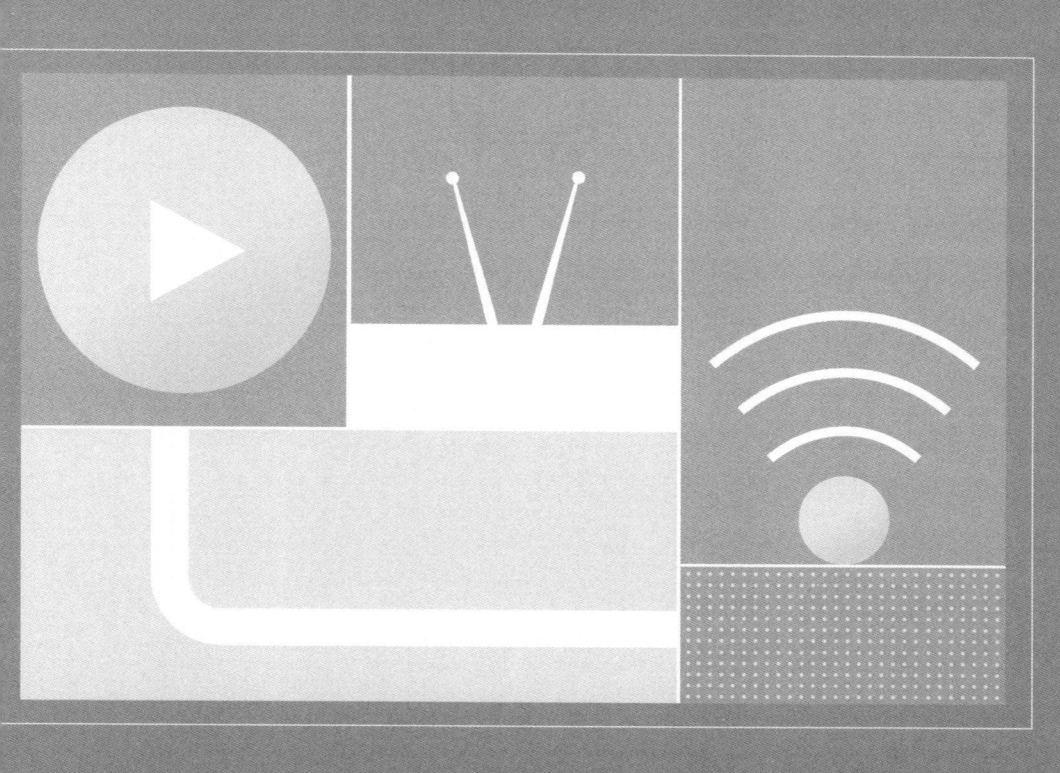

표절 논란과 판단 기준 마련에 관한 전문가 의견

한국 텔레비전드라마 제작에 관여하는 작가와 감독 그리고 연구자와 평론가를 대상으로 표절 관련 연구 취지[1]를 설명한 뒤 표절 논란 관련 내용 질문지를 보내고 서면으로 받은 답변서를 종합 정리하는 방식으로 의견을 수렴하였다. 질문 항목 별로 전문가[2]의 의견을 종합하여 분석한 결과는 아래와 같다.

---

1) 본 연구는 한국 텔레비전드라마의 표절 실태를 규명하고 극예술로서 텔레비전드라마의 표절 기준 모색을 목표로 합니다. 일반적으로 텔레비전드라마의 표절 여부를 판단하기는 쉽지 않습니다. 텔레비전드라마 기획의 핵심 요소인 소재와 에피소드 그리고 등장인물에서부터 제작 단계에서의 서사 구조와 영상 연출 등의 요소들이 상당 부분 관습적 표현에 해당하는 경우가 많기 때문입니다. 한국 영상산업의 규모가 커지면서 표절 논란이 끊이지 않는 것도 그래서입니다. 이에 본 연구에서는 한국 텔레비전드라마 표절 판단 기준으로 원용되는 저작권법의 핵심 원칙과 극예술로서 텔레비전드라마의 구성 요소에 대한 전문가 의견을 수렴하고자 합니다. 저작권법 전문가와 텔레비전드라마 제작인력과 연구자들의 표절에 대한 의견을 수렴하기 위한 문항은 다음과 같습니다. 전문가들은 한국 텔레비전드라마 표절 논쟁에 대한 생각을 간략하게 정리한 뒤, '저작권법'과 '텔레비전드라마 구성 요소'에 대한 의견을 가감 없이 서술해주시면 됩니다. 전문가의 의견은 무기명으로 연구에만 활용할 것임을 미리 밝힙니다.
2) 본 조사 보고서의 자문에 참여한 전문가는 텔레비전드라마 연구자와 평론가 그리고 제작자와 연출자들이다. 본 조사 보고서는 출판물로 공개하는 자료인 만큼, 개인 정보 보호 차원에서 의견 수렴에 참여한 전문가의 실명을 공개하지 않음을 밝혀둔다.

1) 표절 논란과 소송에 대한 의견

[문항 1]

한국 텔레비전드라마의 표절 논란과 소송이 끊이지 않고 있는 상황이다. 2001년 김수현 작가가 〈여우와 솜사탕〉이 인물 설정이나 대사, 사건 발단과 전개 등이 자신의 작품 〈사랑이 뭐길래〉와 유사하다고 소송을 제기한 이후, 〈태왕사신기〉〈선덕여왕〉〈아이리스〉〈사랑비〉〈야왕〉〈피리 부는 사나이〉〈푸른 바다의 전설〉〈화유기〉 등 많은 작품들이 표절 논란에 휩싸이면서 소송으로 이어졌지만 〈여우와 솜사탕〉만이 표절로 인정되고, 다른 작품들은 표절이 아니라는 판결을 받았다. 실질적 유사성 여부에 대한 엄격한 판단과 함께 소재와 설정 등의 아이디어 영역은 저작권 보호 대상이 될 수 없다는 점 때문이었다. 법적 판결과 별개로 전문가 입장에서 표절이라고 생각하는 작품이 있는가? 만약 있다면 그 이유는 무엇인가?

[문항 1 의견 종합]

텔레비전드라마 연구자들과 제작 관계자들이 등장인물의 '성별·연령·직업'이나 극적 상황과 대사 등의 유사성을 근거로 법적 판결과 별개로 표절이라고 생각하는 작품들은 적지 않은 것으로 나타났다.[3] 특히 일본의 텔레비전드라마나 만화의 주요 설정이나 장면 그리고 소품의 활용에

---

3) 불필요한 논란을 예방하는 차원에서 전문가들이 언급한 작품들의 제목을 공개하지 않음을 밝혀둔다.

서 유사한 점이 많은 것을 확인할 수 있었다. 또한 〈여우와 솜사탕〉처럼 구체적인 표현이나 대사가 같으면 표절이 분명하지만, "이야기의 소재나 구성 방식이나 스토리텔링 방식"만으로 표절 여부를 판단하기 어려운 점을 강조한 의견도 있었다. 표절 관련 논란이 끊이지 않는 것은 대중문화의 속성상 소재와 설정 자체의 독창성을 주장하기 힘들지만, 실질적으로 저작권의 보호 대상이 되기 어려운 현실 때문이라는 주장도 있다. 표절 관련 기준이 제대로 제시되지 않고, 그나마 제시된 기준에 대한 공감대 형성이 이루어지지 않아 표절 관련 논란이 끊이지 않는다는 것이다. 만약 극적 소재와 설정 발굴에 특정 창작자의 노력이 크게 개입되었고, 그 노력을 통해 처음 세상에 알려진 것이라면 저작권을 보호해야 한다는 의견도 있었다.

[문항 2]

저작권법은 표절 여부 인정을 엄격하게 제한하고 있는데, 이러한 법적 논리에 대해 어떻게 생각하는가?

[문항 2 의견 종합]

창작의 자유를 보장하는 차원에서 표절에 관한 "법적 적용은 보수적이어야 한다."는 의견의 일치를 확인할 수 있었다. 저작권법 총칙 제1장 제1조 "창작자의 권리를 보호하고, 공정한 이익을 사용하기 위해 만들어진 법"이라는 취지에 맞게 법 적용을 해야 한다는 것이다. 특히 법적 논리는 다분히 창작물에 대한 예술의 영역에서 많은 제한과 판단기준에 혼란을 줄 가능성이 많고, 저작권법의 의거의 입증에 대한 판단기준이 모호하며, 모방과 인용의 차이를 명확하게 구분하는 논리가 없는 것과 마찬가지이기 때문에 표절 관련 법 적용을 신중하게 보수적으로 해야 한다는 의견이다. 많은 작가들이 장르와 소재, 그리고 등장인물이 유사한 작품들을 동시다발적으로 기획하는 제작 현실을 고려해야 한다는 것이다. 주인공의 직업이 정해지면 스토리와 주제, 갈등 구조, 심지어 대사까지 정해지고, 메디컬 장르의 의사가 주인공이라면 병원 고위층 및 라이벌과의 대립 속에서도 휴머니즘을 보여주고, 법정 장르의 검사가 주인공이라면 내부의 고위층과 싸워가며 정의를 실천하는 방식으로 기획되는 제작 현실을 감안하여 표절에 관한 법 적용은 엄격하면서도 보수적이어야 한다는 의견이다.

[문항 3]

표절 여부에 대한 법적 인정이 상당히 엄격함에도 불구하고, 표절 소송이 끊임없이 제기되는 이유는 무엇이라고 생각하는가?

[문항 3 의견 종합]

다양한 유형의 이야기가 넘쳐나는 콘텐츠 범람의 시대에 텔레비전드라마 창작 과정에서 기존 다른 작품들과의 유사성을 정량적으로 측정하기 어려운 점을 악용[4]하는 분위기가 형성되면서 표절 관련 문제 제기가 끊이

---

[4] 텔레비전드라마의 경우 표절 여부에 대한 법적 인정 범위에서 판정내리기 어려운 점들이 존재한다. 캐릭터의 특성이나 유사한 서사 전략 등은 표절 법적 인정 범위를 교묘하게 피할 수 있는 점이다. 이러한 점은 다양한 플랫폼을 통해 활동하는 작가의 창작을 대형 기획사, 방송사에서 철저한 검토를 하지 않거나, 악용하는 사례로 이어지기도 한다.

지 않는다는 의견이 많았다. 이야기는 어떤 형태든 원형을 가질 수밖에 없는데, 어디서부터 어디까지를 '이야기의 원형'으로 인정할 수 있는가에 대한 사회적 합의가 이루어지지 않은 것도 주요 요인으로 보고 있다. 클래식이 사라지고 많은 매체들이 쏟아지면서 벌어지는 경쟁 때문에 과거에 인정받았던 작품들의 아이디어와 표현을 모방하면서 나타난 폐해라거나, 스넥컬처 위주의 대중서사물들이 급증하면서 유사한 작품들이 양산되면서 미학적 가치보다 상업적 가치가 우위에 놓이는 추세에서 비롯한 부작용이라는 의견도 있었다.

작가들의 경쟁의식만큼 심각한 피해의식을 원인으로 꼽기도 하는데, 이를 구체적으로 정리하면 다음과 같다. 창작자 입장에서 텔레비전드라마 대본은 본인만의 고유한 창작이라고 생각하는데, 본인이 쓴 작품과 비슷한 설정, 같은 직업군, 비슷한 대사가 나오면 표절을 의심할 수밖에 없다. 텔레비전드라마 대본은 편성 이전부터 채널의 책임 피디나 제작사의 기획 피디, 배우의 기획사로 전해지는 경우가 많다. 이처럼 텔레비전드라마 대본은 이미 제작 전부터 어떠한 경로로든 이미 제3자의 손에 들어가 있기 때문에 제작으로 이어지지 않은 상황에서 비슷한 작품이 제작되면 도용을 의심할 수밖에 없다. 공모전에 출품한 작품들도 마찬가지이다. 본인 작품은 탈락했는데, 비슷한 소재와 비슷한 주인공의 텔레비전드라마가 방송에 나오면, 도용당했다고 생각한다. 그래서 표절 소송을 제기하는 사례가 늘어나고 있다는 것이다.[5]

---

5) 분명한 표절(표현적인 것까지 담은 내용이나 상대방의 대본을 베꼈다는 구체적 정황이

한국저작권 위원회협회는 저작물 보호 요건으로 '아이디어' 자체가 아닌, 아이디어를 표현한 것을 보호한다는 지점을 강조한다.[6] 하지만 창작의 출발은 아이디어이다. 그 아이디어가 어떻게 제작-완성되느냐에 따라 흥행이 될 수도 있고, 안될 수도 있다. 1) 텔레비전드라마의 경우, 대표 작가 외에 팀으로 구성된 경우가 있다.(공동 집필 시스템) 팀에 따라 경우는 달라질 수 있지만, 통상적으로 메인 작가가 줄거리와 캐릭터를 짜면 팀 내 다른 작가들이 에피소드나 서브 플롯에 아이디어를 내고, 이를 참조하는 구조이다. 이때 작가들의 아이디어에는 자료 수집 과정에서 참조한 것들이 있을 수밖에 없다. 이 경우 메인 작가는 보지 못했지만, 팀 내의 작가가 참조했던 상황도 가능하다. 2) 최근 공모전에 지원한 작가지망생이 자신의 작품이 탈락된 이후 유사한 아이디어가 작품화 된 것에 이의 제기하는 사례가 늘고 있다. 법은 아이디어를 보호하지 않는데, 막상 아이디어로 시작하는 이들의 경우, 자신의 작품과 캐릭터, 줄거리, 이름이 비슷했을 때, 이의를 제기하는 상황이 생길 수밖에 없다. 산업물을 보호하는 법은 있지만 창작자를 보호하는 법이 부재하는 사법 현실에 대한 개선책 마련이 필요한 까닭이다.

있는 경우)의 사례를 빼고 보면 창작자가 가진 자신만의 고유한 아이디어라고 생각하는 배타성에서 표절 제기가 자주 일어난다. 특히 대중적인 성공작에 표절 제기가 나오는 건 이러한 배타성이 상대적 박탈감으로까지 이어지기 때문이다. 하지만 그것이 사실인지 아닌지는 별개의 문제다.

6) https://www.copyright.or.kr/information-materials/common-sense/knowledge-for-netizen/index.do

2) 저작권법의 핵심 원칙에 대한 의견

[문항 1] 의거관계

　모든 판례에서 기본적으로 피고가 원고의 작품을 직간접적으로 보거나 들어서 자신의 작품을 만드는 행위인 의거관계가 성립해야 하는데, 피고는 대부분 이러한 의거관계를 부정하기 때문에 의거관계 입증은 "알 수 있었다." 또는 "현저하게 유사한 상황" 정도로 인정된다. 이러한 의거관계의 성립을 근거로 표절 여부를 판단하는 것이 타당한가?

[문항 1 의견 종합]

　저작권법의 '의거관계'의 성립 자체가 모호하다는 의견이 지배적이었다. 의거관계는 진술에 의존하게 되는 부분이나 정황상 예측할 수 있는 부분이 클 수밖에 없다. 이 부분에 대해 감안하지 않는 것은 문제가 될 소지가 있으나 이를 적극적으로 판단의 기반으로 삼기보다는 참고의 요소로 삼는 것이 합당하다. 이야기는 아이디어 차원을 넘어 각 등장인물들의 성격과 그들 상호간의 상관관계, 대략적인 줄거리, 에피소드 등을 포함하고 있어 그 자체로 독자적인 저작물로 존재한다고 보고, 어떤 이야기가 실질적인 유사성이 인정된다면 바로 저작권 침해가 발생한 것으로 보아야 한다. 그것이 시나리오와 텔레비전드라마의 형태로 다음 단계의 저작물들을 예상하고 있다는 이유만으로 실질적 유사성 판단의 대상이 되지 않는다거나 판단 기준을 완화하여야 하는 의거관계의 성립만으로는 표절을 판단할 수 없다는 것이다.

양질의 콘텐츠가 무차별적으로 쏟아지는 상황에서 무의식적으로라도 특정 작품의 영향은 얼마든지 받을 수 있다. 오히려 입증하기 어려운 의거 관계의 문제를 따지기보다, 적어도 대중 앞에 선보이는 작품이라면 작가를 비롯한 제작 관련자들 스스로 검증의 절차를 가져야 한다. 원고의 작품 관련하여, 피고의 활동 영역이나 정보 접근 등을 입증할 수는 있겠지만, 피고가 인정하지 않을 경우 이를 판별하기 쉽지 않다. 이처럼 의거 관계 입증은 결국 피고자의 인정으로 인해 판단이 되는데, 의거 관계 외에 시간적 순서 등을 고려하고 상세히 입증하는 단계가 필요하다는 의견이 지배적이다.

[문항 2] 실질적 유사성

실질적 유사성의 검증 과정에서는 아이디어가 아닌, 창작의 표현 형태에 해당하는 것만을 가지고 대비하며, 표현형식이 아닌 사상이나 감정과 같은 요소들의 독창성이나 신규성은 고려하지 않는다. 이러한 실질적 유사성 검증 과정에 대해 어떻게 생각하는가?

[문항 2 의견 종합]

텔레비전드라마의 경우, 새로운 소재나 독특한 아이디어가 작품의 성격을 나타내는 경우가 있다. 어떤 대상, 사건을 바라보는 관점이나 시각에 따라, 작품의 성격이 결정되고, 작품성으로 연결되는 경우가 있기 때문이다. 표절 여부를 창작의 표현 형식으로만 판단한다면, 작가의 고유하고 독특한 생각, 관점 등은 쉽게 도용될 수 있는 가능성이 있다. 작품의 독특한 아이디어를 표현의 형태만 변형시킬 수 있기 때문이다. 하지만 이 사상, 감정, 관점 등이 표현 형식이라는 또 다른 창작 전략과 맞물리는 부분이기 때문에, 저작권법의 세 가지 원칙 중 가장 어려운 부분이다.

　텔레비전드라마가 완성되려면 배우의 연기, 연출의 해석과 표현력, 음악 미술 편집 등 많은 요소가 필요하다. 대본의 실질적 유사성만으로 검증하는 데 한계가 있다는 것이다. 물론 대중문화의 속성상, 소재·주제·사상·감정 등의 요소에서 전무후무한 독창성을 가려내기란 쉬운 일은 아니다. 그럼에도 불구하고 소재의 특수성이 인정되는 경우도 충분히 존재할 수 있다. 실질적 유사성 검증 과정에서 이러한 부분을 반영해야 한다. 예를 들면, 발굴하기 힘든 역사적 자료 등을 기반으로 밝혀지지 않았던 과거 어떤 시대나 인물의 행적을 복원한 작품이 있고, 그것을 기반으로 허락 없이 무언가를 재창작했다면 그것은 '실질적 유사성'에 의거하여 표절로 보아야 한다.

　하지만 사상이나 감정 등의 요소를 독자적인 것으로 볼 수 있을지 의문이라는 의견도 있었다. 현재 제작 환경에서 아이디어는 공유를 통해 발전하기도 하는 상황이기 때문에, 구체적인 표현 방식이나 형식의 유사성이 표절 여부를 입증하는 요소가 된다. 이는 곧 창작 과정에서 아이디가 중요한 만큼, '실질적 유사성' 여부를 판단하는 과정에서 아이디어를 배제할 수 없다는 것을 의미한다. 결론적으로 저작권법의 '실질적 유사성'은 표절 여부 판결에 필요한 항목들을 정량화할 수 있다는 점에서 매우 중요하다. 다만, 판단준거에서 문제가 되는 부분을 수정·보완하는 방향으로의 변화는 필요하고, 표절을 판단하는 종합적 준거 중 한 측면으로 제한해야 한다.

[문항 3] 포괄적 유사성

포괄적 유사성은 패턴화된 전개 과정, 구체적인 줄거리, 갈등 구조와 같은 상호관계와 대응 구조에 의해 그려지는 것인데, 아이디어인 주제를 다루는 데 있어서 전형적으로 수반되는 사건이나 배경에 해당하는 것이 아니라면 포괄적 유사성이 인정된다. 이러한 포괄적 유사성 판단 논리에 대해 어떻게 생각하는가?

[문항 3 의견 종합]

저작권법의 '포괄적 유사성'은 구체성이 떨어지기 때문에 모호하다는 의견이 지배적이다. 개별 의견들을 정리하면 다음과 같다. 첫째, 플롯이나 캐릭터 주제는 유형화가 가능할 만큼 일정부분 보편성을 담보하고 있다. 이 부분에 대한 강제 부분을 엄밀히 적용하기 보다는 파악할 수 있는 준거 항목을 보다 세분화시키고, 다양화시키는 동시에 양적으로 증가시킬 필요가 있고, 그래야 변별성을 담보할 수 있다. 둘째, 아이디어 자체는 저작권법에 의한 보호를 받을 수 없고, 나아가 어떠한 아이디어를 표현하는 데 실질적으로 한 가지 방법만 있거나, 하나 이상의 방법이 가능하다고 하더라도 기술적인 또는 개념적인 제약 때문에 표현방법에 한계가 있는 경우, 그러한 표현은 저작권법의 보호대상이 되지 아니하거나 그 제한된 표현을 그대로 모방한 경우에만 실질적으로 포괄적 유사성 판단에 해당한다. 셋째, 전형적인 사건이나 배경이 이외에도 인물의 특성, 행동이나 플롯 구성의 전략 등 표절 범위에 해당되는 부분을 엄밀하게 검토해야 할 필요가 있다. 텔레비전드라마의 다양성이 확대되어가는 현시점에서 줄거리, 갈등 구조 등 전형화된 부분만을 인정하는 것은 문제가 있다. 결론적으로 패턴화된 전개나 줄거리, 갈등 구조는 이미 무수히 많이 누적된 콘텐츠들을 재현하거나 재해석·재구성하는 과정에서 유사성이 전제될 수 있기 때문에 표절이라기보다 공유된 문화 자산으로 보는 것이 타당하다는 의견이다.

3) 저작권법의 유사성 판단 기준에 대한 의견

[문항 1] 문예물의 구성 요소 간의 유사성 여부 판결 기준

문언적·부분적 유사성과 비문언적·포괄적 유사성을 포괄하는 실질적 유사성에는 등장인물의 캐릭터와 관계 양상, 사건의 전개 등이 포함된다. 그러나 이러한 판결 기준은 극을 구성하는 6가지 요소가 유기적·인과적으로 결합되어 하나의 극을 완성한다는 구성의 원리를 배제하고 각 구성 요소 간의 단편적인 일치 여부로 유사성 여부를 판단하는 점에서 한계가 있다. 이러한 법적 논리에 대해 어떻게 생각하는가?

[문항 1 의견 종합]

문예물의 구성 요소 간의 유사성 여부 판결 기준에 대해서는 전문가들의 의견이 엇갈렸지만, 법리적으로 객관적 기준을 마련하는 것이 어렵다는 점에서는 일치했다. 단편적이고 부분적인 유사성으로 표절 여부를 판단할 수 없다는 의견은 다음과 같다. 첫째, 어떤 작품이 실질적으로 유사하다고 보려면, 그 사상이나 주제의 유사성만으로는 부족하고, 나아가 그 사상이나 주제가 구체화되는 사건의 구성 및 전개과정과 등장인물의 교차 등에 공통점이 명확한 유사성이 있는지 살펴보아야하므로 단편적인 일치 여부로 유사성을 판단하기 어렵다. 둘째, 인간의 왕래가 극히 어려웠던 과거(수백 수천 년 전)에도 사람이 사는 곳엔 비슷한 이야기, 신화 전설 민담이 존재했다. 이들은 서로 표절한 것이 아니라 인간사회의 자연스런 산물이다. 즉, 세상의 모든 이야기 혹은 창작물은 서로 비슷한 무언가를 공유하고 있고 그럴 수밖에 없다고 보는 것이 타당하다. 셋째, 단편적이라고 해도 유사성을 명백히 드러내는 대사가 상당한 양으로 반복되는 경우는 표절의 상당한 근거가 된다고 볼 수 있다. 하지만 이것은 상당한 부분에서 드러날 때 해당된다. 유기적 인과관계의 일치에 있어서도 도용당했다고 주장하는 작품이 기존에 존재하지 않았던 유일무이한 서사구조라는 전제가 있어야 된다. 넷째, 극작에 있어 이 요소들이 유기적으로 작용하는 것은 사실이나 학교의 문학수업이나, 작품 분석에 있어 1차적으로 이러한 부분들을 분리하여 분석하는 것을 감안할 때, 이 부분의 유기성에 중심을 두고 준거를 마련하기는 어렵다. 물론, 개별 요소의 유기적 전개 부분에 있어서의 유사성 부분이 일부 항목으로 추가되거나 보완될 수 있겠으나, 이를 비중 있는 준거로 설정하기에는 법리적으로 한계가 있다. 다섯째, 극을 구성하는 6가지 요소의 유기적, 인과적 결합 관계를 통해 표절여부를 판단하는 것이 정확하게 표절 여부를 판단하는 것이 될 수 있을 것이다. 하지만 현실적으로 6가지 요소의 결합 관계에 따른 유사성 여부를 판별하기 쉽지 않을 것이다. 결론적으로 정해진 사실 관계를 기계적으로 확인할 수 있는 일이 아니기에 단편적 일치 여부로 텔레비전드라마의 표절 여부를 판단할 수 없다. 다만, 플롯 · 성격 · 사고 · 시각장치 · 언어 · 노래 등의 요소가 따로 분리되지 않지만, 이미 완성된 작품을 보고나서 몇몇 요소를 뽑아내는 것도 가능하기 때문에 통합적인 부분으로만 판결하면 2차 가공자에게 유리할 수 있다. 따라서 각 구성 요소간의 일치도와 함께 작품 전체가 지향하는 방향성의 차이를 함께 고려할 필요가 있다.

[문항 2] 텔레비전드라마 표절 소송 과정의 저작권 판례

역사드라마 〈선덕여왕〉과 뮤지컬 공연대본 〈무궁화의 여왕〉의 2심 판결서에 따르면, 두 작품이 "주제와 전체적인 줄거리, 주요 등장인물의 성격과 역할, 주요 등장인물 사이의 대응 구도, 주요 사건의 전개 과정" 등에서 전체적·포괄적으로 유사하다는 점에서 실질적 유사성이 있는 것으로 보고 일부 표절이 있음을 인정하는 판결을 내린 바 있다. 〈선덕여왕〉의 표절 혐의 없음이라는 1심 판결과 달리, 2심 판결에서는 일부 표절 인정이라는 판결을 받았는데, 대법원에서는 혐의 없음으로 사건을 돌려보냈다. 1심과 2심 그리고 대법원의 판결이 달랐던 이유가 무엇이라고 생각하는가?

[문항 2 의견 종합]

특정 사건에 관해 1심과 2심 그리고 대법원의 판결이 달랐던 이유는 법원의 태도 차이라는 의견이 우세했다. 1심과 2심의 주장이 서로 달라지는 부분이 있었던 것으로는 보이지 않았는데, 이를 해석하는 데 2심의 법원이 보다 적극적으로 해석하고 표절의 기준을 적용한 것이라는 의견이다. 이와 관련하여 대법원의 판결이 합리적이었다는 의견을 구체적으로 적시하면 다음과 같다. 텔레비전드라마 〈선덕여왕〉을 두 팀의 작가가 스토리로 만든다고 가정할 때, 그들은 같은 문헌과 자료를 조사하고 참고할 것이다. 그렇다면, '선덕여왕'을 다룬 두 개의 작품에서 일대기와 갈등 구조 그리고 인과 관계가 같기 때문에 내용이 비슷해질 것이다. 따라서 〈선덕여왕〉의 경우처럼, 상업적으로 성공한 텔레비전드라마의 유명 작가에 대한, 신인 또는 무명작가의 억울함과 고통 호소에 감정적으로 기울어진다면, 2심과 같은 판결이 나올 수 있음을 염두에 두어야 한다.

이 사건에 다양한 이해관계가 얽혀있는 것을 전제한 의견도 있었다. 1심은 실질적 유사성과 접근 가능성이 부족하기에 표절 혐의 없음, 2심은 두 사안 모두 근거 있음에 대한 표절 있음을 선고 받았다. 2심은 포괄적 유사성에 대한 부분도 근거로 작용된 것이다. 하지만, 대법원 판결은 다시 접근 가능성이 적고, 우연한 일치로 해석하여 표절 아님으로 결정되었다. 두 작품은 역사적 소재를 취했다는 점, 장르가 다르다는 점을 인정하면서도 1심과 2심의 판결이 달랐다. 결국 유사성이 인정된 부분은 아이디어 차원이기에 최종적으로는 표절 혐의 없음이 되었다. 한편 이 사례는 대법원 판결 이후로도 또다시 소송이 진행되었다. 몇 번의 재판 이후에도 계속에서 소송이 진행된다는 점은 아직 해결되지 않은 지점들이 있기 때문이다.

'역사'라는 소재의 특수성을 감안해야 한다는 의견도 있었다. 이에 따르면, 실질적으로 존재하는 역사적 인물을 끌어와 이를 해석하는 부분에서 유사한 아이디어들이 사용될 수 있다. 또 역사적 인물은 캐릭터 성격이나 역할도 독자적인 아이디어라 보기가 애매한 부분이 있다. 하지만 역사적 사실 혹은 누구나 알고 있는 보편적인 과거의 이야기를 배경으로 창작물을 만들 때 반드시 포함되는 범용적인 유사성에 해당한다는 점을 고려해야 한다. 누구나 아는 역사적 인물, 개연성과 등장인물의 관계와 극적 상황 전개 과정이 유사하다고 하여 표절로 판단할 수 없다. 다만, 이 경우 창작물이 가진 고유의 존재양식 및 표현기법이 다르다는 걸 입증해야 한다.

4) 텔레비전드라마 표절 여부 판단을 위한 극적 요소에 관한 의견

[문항 1] 주제의식

주제의식은 장르적 특성을 결정지을 정도로 작품의 독창성에 영향을 미치는 중요한 극적 요소이기 때문에, 동일한 소재를 차용하여 이야기를 구성한다 할지라도 주제의식에 의해 작품의 의미와 형식을 달라질 수 있다는 점에서 텔레비전드라마의 실질적/포괄적 유사성(표절) 여부를 가름하는 기준이 될 수 있다. 이러한 견해에 대해 어떻게 생각하는가?

[문항 1 의견 종합]

주제의식은 작품의 독창성을 결정짓는 중요한 요소이지만, 표절 여부를 판단할 수 있는 독자적인 기준으로 삼기 어렵다는 의견이 대부분이다. 주제의식은 인물, 서사구조, 표현 형태 등이 결합하여 결정되는 것이기에, 주제의식만 따로 떼어놓고 유사성 여부를 가름하기 어렵기 때문이다. 텔레비전드라마의 주제의식을 지나치게 추상화 하다 보면, 거의 모든 텔레비전드라마들은 장르별로 동일한 주제를 갖기도 한다. 따라서 유사한 소재나 제재에 관한 작가의 관점이 어느 정도 다른지 확인하고, 소재와 주제의 결합 양상을 비교하여 표절 여부 판단에 참고하는 정도로 활용할 수 있다.

[문항 2] 등장인물

텔레비전드라마에서 등장인물 형상화와 등장인물 간의 구도는 작품 전체의 의미를 표상하는데 적극적으로 활용될 정도로 중요한 극적 요소로 등장인물의 특성과 역할은 그가 맺고 있는 다른 등장인물과의 지속적인 관계를 통해 명시되면서 주제의식을 구현하기 때문에 텔레비전드라마의 실질적/포괄적 유사성(표절) 여부를 가름하는 기준이 될 수 있다. 이러한 견해에 대해 어떻게 생각하는가?

[문항 2 의견 종합]

전문가들은 '등장인물'이 텔레비전드라마의 표절 여부를 판단하는 항목이 될 수 있다고 생각하였다. 다만, 최근의 웹 기반 콘텐츠와의 접점을 고려하여 등장인물의 형상화 및 관계 구도를 중심으로 정밀하게 기준을 마련해야 한다는 의견이 있었다. 등장인물은 모든 이야기의 '원형'이라고 생각하는 입장에서 구체적인 설정과 준거가 필요하고, 등장인물의 행위로 발생하는 사건의 유사성을 구체적으로 짚어보아야 한다는 것이다. 왜냐하면, 등장인물의 유사성 그 자체로는 표절에 해당한다고 볼 수 없으나, 구체성·독창성·복잡성을 가진 등장인물이거나, 다른 등장인물과의 상호 관계를 통해 사건의 전개과정과 밀접한 관련을 가지면서 보호되는 표현에 해당할 수 있고, 그 등장인물이 작품에서 차지하는 비중이 클수록 이를 차용하는 경우 실질적 유사성이 인정될 가능성이 높아지기 때문이다.

그러나 같은 극 양식이라 해도, 무대예술과 영상예술 또는 텔레비전드라마와 영화의 매체 차이를 고려할 필요가 있다는 의견도 있다. 관련 의견을 정리하면 다음과 같다. 등장인물은 모든 장르물에서 가장 눈에 띄는 구성요소이다. 등장인물의 성격은 그와 관계된 인물들을 통해 확인하는 것이 창작 기법에선 중요한 방식이라 할 수 있다. 하지만 창작 장르의 특성을 간과하면 이 비교가 단순하게 될 수 있다. 예를 들어 60분짜리 50부작 텔레비전드라마에 등장하는 인물들과 2시간짜리 공연물에 등장하는 인물들은 그 수나, 세세한 관계를 보여주는 에피소드의 양에서 차이가 날 수 밖에 없다. 즉 유사성이 있으나 다른 것이 많기 때문에 표절여부를 결정하는 데 등장인물만을 단순 비교하지 않고, 정량할 수 있는 기준이 필요하다.

등장인물은 작가와 연출자 그리고 배우가 함께 만들어간다는 점을 고려할 필요를 강조한 의견도 있었다. 예를 들어, 어느 텔레비전드라마의 등장인물이 실제 배우가 촬영 전에 ㄱ에서 ㄴ으로 바뀌면, 극본에 표현된 등장인물의 성격도 달라진다. 또한 스타급 배우일수록 본인의 해석을 작가와 연출자에게 요구한다. 스타급 배우는 작가, 연출과 함께 또 다른 작가의 역할을 하기 때문이다. 그래서 작가의 극본은 연출의 해석, 배우의 해석을 거쳐 다른 차원으로 넘어간다. 또한 배우들은 다른 배우의 명연기를 보며 연습하기도 하고, 작가나 감독이 그 배우처럼 연기하라고 요구하면서 등장인물 간의 유사성이 형성되기도 한다. 이처럼 극본 작업에서부터 연출과 연기 영역에서의 영향 관계를 유사성으로 판단하기는 어렵다.

[문항 3] 서사구조

텔레비전드라마를 구성하는 여섯 가지 요소들을 유기적으로 연결하는 플롯은 극적 집중과 몰입이라는 극적 효과를 높이기 위해 채택하는 전략적 질서로서, 플롯의 유형에 따라 작품의 주제와 장르를 파악할 수 있기에 텔레비전드라마의 실질적/포괄적 유사성(표절) 여부를 가름하는 기준이 될 수 있다. 이러한 견해에 대해 어떻게 생각하는가?

[문항 3 의견 종합]

서사구조는 작품의 변별성을 담보하는 항목이라는 관점과 오랜 세월 축적된 원형으로 유형화가 가능하기 때문에 변별성을 담보하기 어려운 항목이라는 의견이 대립하였다. 첫째, 표절 여부를 가름하는 기준이 될 수 있다는 의견은 다음과 같다. 역사적 배경, 신화적 소재, 영웅이라는 주제 등 아이디어의 영역에 속하는 요소를 공통으로 할 뿐, 그 등장인물이나 주변인물과의 관계 설정, 사건 전개 등 저작권에 의하여 보호받는 창작적인 표현형식에 있어서는 텔레비전드라마 이야기 사이에 내재하는 예술의 존재양식 및 표현기법의 차이를 감안하더라도 실질적으로 유사한 플롯은 그 위에 있는 뼈대와 정체성 같은 가장 중요한 이야기의 핵심이므로 중요한 기준이 된다. 또한, 텔레비전드라마에서 플롯은 작품의 성격을 드러내는 데 주요한 구성 요소임은 분명하지만, 한국 텔레비전드라마의 플롯 유형이 대체로 장르상 전형적 플롯 방식을 취하는 경우가 많은 점을 고려해야 한다. 플롯은 기본 유형에 따라 변형되기 때문에, 이 점에 대한 표절 여부를 판단하는 것이 쉽지 않지만, 장르적 관습에 따른 전형적 플롯이 아니라, 작품의 특성을 나타낼 수 있는 플롯 방식에 대해서는 유사성 여부를 판단할 필요가 있다. 둘째, 표절 여부를 판단하는 기준이 될 수 없다는 의견은 다음과 같다. 주인공의 직업과 핵심 갈등이 설정되면 플롯도 거기에 맞춰 진행되기 때문에 등장인물의 특수성을 고려해야 한다. 등장인물들의 특수한 개성에 의존해 진행되는 텔레비전드라마라면, 플롯 이상으로 인물과 인물의 관계 자체가 중요해질 수도 있다. 작품 감상 후 텔레비전드라마의 플롯보다 인물의 특성들이 주로 기억되는 경우도 많기 때문이다. 또한, 서사구조는 이미 다 만들어지고 공유되는 오픈소스(open source)로 유형화가 가능하다. 따라서 거시적인 틀이 아니라, 미시적인 전개와 구조에 대한 대입이 필요하다. 거시적 부분에 대한 판단 부분의 항목을 포함시키되, 표절 판단의 준거로 미시적 포커스 문항을 더 많이 포함시켜야한다는 것이다.

[문항 4] '주제의식 · 등장인물 · 서사구조' 외에 텔레비전드라마 표절 여부를 판단할 수 있는 극적 요소는 무엇이라고 생각하는가?

[문항 4 의견 종합]

전문가들은 "시공간의 세팅, 대사의 사용, 소품이나 분장, 조명과 카메라워크, 음향효과, 오브제 활용과 배치, 편집 등의 영상 미학" 등 연출적인 부분을 반드시 고려해야 한다고 의견을 모았다. 영상 연출 관련한 의견은 다음과 같다. 작가가 특정 작품을 베꼈는지, 얼마나 베꼈는지 정확히 확인할 수 있으면 표절 여부를 판단할 수 있다. 하지만 표절 의심 작품의 작가 본인, 또는 보조 작가나 연출가의 인정 없이는 표절 여부를 판단하기 어렵다. 연출자들이 특정 영화의 장면을 반복적으로 보면서 그대로 찍고 싶어 할 만큼, 미장센과 촬영 기법에 대한 오마주가 일반화되었지만, 그 누구도 이를 표절이라고 하지 않는다. 따라서 영상예술로서 텔레비전드라마의 시청각적 연출 항목을 고려하되, 오마주와 표절의 영역을 구분할 필요가 있다.

5) 저작권법과 텔레비전드라마 극적 요소의 상관성에 관한 의견

[문항 1] 표절 여부를 판단하는 과정에서 가장 중요하게 고려해야 하는 요소는 무엇이라고 생각하는가?

[문항 1 의견 종합]

'사건'의 발생과 전개로서 '플롯'의 유사성 여부가 중요하다. 이를 바탕으로 텔레비전드라마라는 창작물의 특성을 반영하여 개별 작품의 고유성을 밝힐 수 있는 접근 방법과 기준 마련이 필요하다. 또한 표절을 제기한 작품이 말하는 독창성이 무엇이고 배타성이 무엇인지를 명확히 해야 하고 그것과의 유사성이 있는지를 검토해야 한다.

[문항 2] 법적 소송이 아닌, 표절 논란이 제기된 상황에서 표절 여부를 판단하는데 법적 논리와 극적 요소가 충돌할 경우, 무엇을 기준으로 삼는 것이 타당하다고 생각하는가?

[문항 2 의견 종합]

　법치국가이기에 법적 논리가 우선되어야하지만, 모두가 수긍할 수 있을 정도의 합리적이고 타당한 법적 논리의 확립이 전제되어야 한다는 의견과 텔레비전드라마의 세계관이나 등장인물 그리고 서사구조와 같은 극적 요소를 우선해야 한다는 의견이 대립하였다. 만약, 두 가지 논리가 충돌한다면, 극적 요소를 기준으로 삼는 것이 좋을 것 같다는 중립적 의견도 있었다.

[문항 3] 극적 요소를 중심으로 표절 판단 기준을 마련한다면, 텔레비전드라마의 기획/제작 과정이나, 표절 논란이 제기되었을 때 도움이 될 수 있을 것이라고 생각하는가?

[문항 3 의견 종합]

　법적 논리보다 극적 요소 중심의 표절 판단 기준 마련이 필요하다는 의견이 지배적이었다. 특히 지적재산권에 대한 인식이 확대되었고, 이 부분에 대해 법적 근거를 기준으로 콘텐츠를 기획/제작하고 있음을 비추어본다면, 표절에 대한 부분도 이와 마찬가지로 큰 도움이 될 수 있을 것으로 기대한다는 의견이 많았다. 또한, 극적 요소를 중심으로 구체적이고 세밀한 표절 판단 기준을 마련한다면, 텔레비전드라마만의 특성을 반영할 수 있기 때문에, 기획이나 제작 과정, 표절 논란 문제에 있어서 중요한 역할을 할 수 있다는 것이다. 다만, 극적 요소가 비슷하다고 표절을 판단한다면 또 다른 문제들이 발생할 수 있다는 우려도 있기 때문에 이에 대한 보완책 마련이 필요하다는 의견도 있었다.

이상의 질문 외에 텔레비전드라마의 표절 판단 기준을 마련하는 과정에서 고려하거나 주의해야 할 사항에 관한 의견 가운데 '분리이론'을 적용해야 한다는 견해를 주목할 필요가 있다. 실질적 유사성의 판단 기준을 전제적인 관념이나 플롯, 느낌 등을 유사한지 따지는 외관 이론과 기본적으로 적용되어 있는 저작물에 관한 저작권법상 안에서 보호되지 않는 조항들을 뺀 나머지 부분을 대상으로 비교하는 방식으로 분리하여 판단하면 좀 더 합리적인 기준이 마련될 것이라는 의견이다. 또한, 표절 판단 기준이 하나의 규격화가 되어 다양성을 침해하는 결과에 이르지 않도록 주의해야 한다는 의견도 있었다. 텔레비전드라마의 표절 여부를 판단할 수 있는 기준이 세밀하게 마련된다면, 대형 기획사나 제작사 등에서 독점적 지위를 남용하여 표절에 관한 문제 제기 자체를 막을 수도 있기 때문이다. 이에 따라 텔레비전드라마 표절 문제가 창작자들에게 중요한 일이지만, 법적 판단보다는 대중들의 판단에 맡기는 편이 훨씬 효과적일 수 있다는 의견도 있었다. 표절 논란이 벌어지는 그 사안 자체가 창작자들 스스로 경각심을 갖게 만들 것이기 때문이다. 결론적으로 표절은 건강한 창작 활동을 방해하는 행위이기 때문에 엄격하게 책임을 물어야 하지만, 획일적인 표절 기준 때문에 부작용이 발생할 수 있음 또한 경계해야 한다는 의견으로 정리할 수 있었다.

부록

저작권 소송 판례 전문

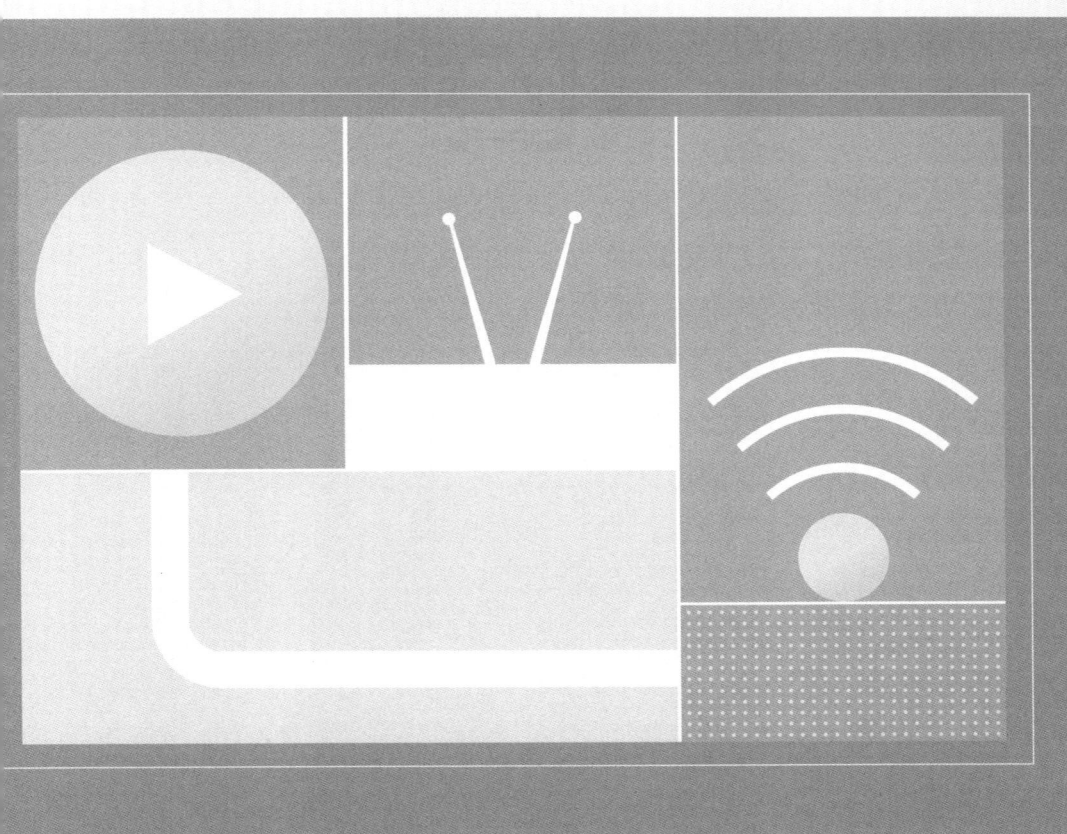

|1|
〈여우와 솜사탕〉

서울남부지방법원 제12민사부 2004. 3. 18. 판결, 2002가합4017 손해배상(기)

원고 : ○○○(필명 ○○○)
    ○○○ ○○○
소송대리인 : 법무법인 지평
담당변호사 : ○○○, ○○○
피고 1. 주식회사 ○○○○
    ○○ ○○○○ ○○○○
    대표이사 ○○○
  2. ○○
    ○○ ○○○○ ○○○○
  3. ○○○
    ○○ ○○○ ○○○
    피고들 소송대리인 법무법인 두우
    담당변호사 ○○○, ○○○, ○○○, ○○○, ○○○
변론종결 : 2004. 2. 16.

판결선고 : 2004. 3. 18.

주문

1. 피고들은 각자 원고에게 금 300,666,666원 및 이에 대한 2002. 4. 16.부터 2004. 3. 18.까지는 연 5%, 2004. 3. 19.부터 다 갚는 날까지는 연 20%의 각 비율에 의한 금원을 지급하라.
2. 원고의 나머지 청구를 기각한다.
3. 소송비용은 이를 10분하여 그 1은 피고들의, 나머지는 원고의 각 부담으로 한다.
4. 제1항은 가집행할 수 있다.

청구취지

원고에게, 피고 주식회사 ○○○○은 금 3,300,000,000원, 피고 ○○, ○○○은 위 피고와 연대하여 위 금원 중 각 금 600,000,000원 및 위 각 금원에 대하여 소장부본 최후송달일 다음날부터 다 갚는 날까지 연 20%의 비율에 의한 금원을 지급하라.

이 유

1. 기초사실

다음의 각 사실은 당사자 사이에 다툼이 없거나 갑 제1, 5, 6, 7, 9, 13, 14호증, 을 제1, 6호증의 각 기재, 이 법원의 사단법인 한국방송작가협회에 대한 사실조회 결과에 변론 전체의 취지를 종합하여 인정할 수 있다.

가. 원고는 1991. 11. 23.부터 1992. 5. 31.까지 피고 주식회사 ○○○○(이하 '피고 ○○○○'이라고 한다)이 제작, 방영한 TV 주말드라마 '사랑이 뭐길래'(이하 '이 사건 1드라마'라고 한다)의 대본(이하 '이 사건 1 대본'이라고 한다)을 집필한 이외에도 TV 장편드라마 '청춘의 덫', '사랑과 진실', '사랑과 야망', '불꽃', '배반의 장미' 등을 집필한 인기 드라마 작가이고, 피고 ○○은 피고 ○○○○이 2001. 10. 27.부터 2002. 4. 27.까지 제작, 방영한 주말드라마 '여우와 솜사탕'(회당 60분의 52회 분량의 드라마, 이하 '이 사건 2 드라마'라고 한다)을 기획, 연출한 피고 문화방송 드라마연출 담당직원이고, 피고 ○○○은 이 사건 2 드라마의 대본(이하 '이 사건 2 대본'이라고 한다)을 집필한 작가이다.

나. 이 사건 1 드라마는 당시 전국적으로 시청자들의 많은 인기를 얻었는데, 이에 힘입어 1992. 9.경 이 사건 1 대본은 5권의 책으로 출판되기도 하였다. 피고 ○○○은 1999. 1. 15.경부터 8회에 걸쳐 '12살 차이' 등 피고 ○○○○이 방영하는 단편드라마 '베스트 극장' 대본을 쓴 적은 있으나, 장

편 주말드라마는 이 사건 2 대본이 처음이었고, 피고 ○○은 1982년경 피고 문화방송에 입사하여 이 사건 2 드라마 이외에 '한지붕 세가족', '서울의 달' 등을 기획, 연출해 왔다.

다. 피고 ○○○은 위 '12살 차이'라는 단막극의 내용을 바탕으로 하여 '보고 싶은 얼굴'이라는 가제로 2000. 9.경 90회 분량의 장편드라마 대본을 작성하였고, 이 대본을 기초로 하여 2001년경부터 피고 ○○과의 논의를 통해 수정을 하여 가면서 2001년 가을에 방영될 이 사건 2드라마를 준비하게 되었다.

라. 이 사건 2 드라마는 그 방영 초기부터 이 사건 1 드라마를 표절한 것이라는 시비에 휘말리게 되었고, 사단법인 한국방송작가협회는 논란 끝에 2002. 4. 12. 위 협회 정관 규정에 따라 피고 ○○○을 제명처리하였다.

마. 원고는 사단법인 한국방송작가협회에 자신의 저작권을 신탁하였다가 2002. 5. 10.경 피고 ○○○○을 위해 집필한 모든 저작물에 대한 저작권의 신탁을 해지하였다.

2. 저작권 침해 여부

가. 이 사건 2 대본과 이 사건 2 드라마(이 사건 2 드라마는 이 사건 2 대본대로 제작된 것으로서 이를 합쳐 이하 이 사건 2 대본 및 드라마라고 한

다)가 이 사건 1 대본에 관한 원고의 저작권을 침해했다고 보기 위해서는 ① 주관적인 요건으로서 이 사건 2 대본 및 드라마가 이 사건 1 대본에 의거하여 그것을 이용했다고 하는 관계에 있어야 하고(의거관계), ② 객관적인 요건으로서 이 사건 1 대본과 이 사건 2 대본 및 드라마 사이에 실질적 유사성이 있어야 한다(실질적 유사성).

나. 의거관계

먼저 ① 피고 ○○○○이 이 사건 1 대본에 의하여 제작한 이 사건 1 드라마는 1991. 11. 23.부터 1992. 5. 31.까지 방송되었고, 당시 매우 높은 시청률을 기록하여 상당수의 시청자들이 이 사건 1 드라마의 내용을 알고 있었다는 점, ② 이 사건 1 대본은 방송극본으로서는 이례적으로 5권의 단행본으로 1992년경 출간까지 되었다는 점, ③ 피고 문화방송은 이 사건 1 드라마를 제작·방송하였고, 피고 ○○은 1982년경 피고 ○○○○에 입사하여 드라마 연출을 담당하고 있었으며, 피고 ○○○은 1999년경부터 피고 ○○○○에서 방영된 단편드라마의 대본을 쓴 적이 있는 작가로서 2001년경부터 피고 ○○과의 논의와 수정 과정을 통해 이 사건 2 드라마를 준비하였다는 점 등에 비추어 보면, 피고들은 원고가 쓴 이 사건 1 대본의 존재 및 그 내용을 충분히 알고 있었다고 보여지므로 그 접근성이 인정되고, 다음으로 갑 제3호증의 1 내지 38, 갑 제4호증의 각 기재, 이 법원의 검갑 제3호증에 대한 검증결과, 감정인 ○○○, ○○○의 각 감정결과를 종합하면, 이 사건 1 대본과 이 사건 2 대본 및 드라마 사이에는 별지 목록 기재와 같이 유사한 상황에서 우연의 일치라고 하기에는 너무나 일치하는 미적 특수표현으로서의 대사들이 공통적으로 분포되어 있어 그 현저한 유사성이 인정되므로, 이 사건 2 대본 및 드라마의 이 사건 1 대본에 대한 의거관계는 추인된다고 할 것이다.

다. 실질적 유사성
(1) 실질적 유사성에는 작품 속의 근본적인 본질 또는 구조를 복제함으로써 전체로서 포괄적인 유사성이 인정되는 경우(이른바 '포괄적, 비문자적 유사성' : comprehensive nonliteral similarity)와 작품속의 특정한 행이나 절 또는 기타 세부적인 부분이 복제됨으로써 양저작물 사이에 문장 대 문장으로 대칭되는 유사성이 인정되는 경우(이른바 '부분적, 문자적 유사성' : fragmented literal similarity)가 있다.
(2) 포괄적, 비문자적 유사성
(가) 이 사건 1, 2 대본과 같은 극적 저작물의 경우는 각 인물들이 설정된 배경하에서 만들어 내는 구체적인 사건들의 연속으로 이루어지고, 그 사건들은 일정한 패턴의 전개과정을 통해서 구체적인 줄거리로 파악되어 인물들의 갈등과 그 해결과정을 내용으로 하고 있으며, 인물들의 갈등과 해결과정은 인물들 성격의 상호관계와 그 대응구도에 의하여 그려지는 것인바, 이는 아이디어의 차원을 넘어 표현에 해당하는 부분으로서 이러한 부분들이 같거나 유사하다면, 그것이 아이디어 부분이라고 할 수 있는 주제 등을 다루는 데 있어 전형적으로 수반되는 사건이나 배경(필수 장면)에 해당하는 것이 아닌 한, 포괄적, 비문자적 유사성은 인정되어야 할 것이고, 그 전개과정이나 갈등의 해결과정에서의 구체적인 에피소드까지 같을 경

우 그 유사성을 인정하는데 더욱 용이하다 할 것이다.

(나) 구체적인 줄거리 및 사건의 전개과정(증거 : 갑 제2, 3호증, 을제1호증의 각 기재, 이 법원의 검갑 제3호증, 검을 제1호증에 대한 각 검증결과, 감정인 ○○○, ○○○의 각 감정결과, 감정인 ○○○, ○○○의 각 일부 감정결과) 1) 이 사건 1 대본이 사건 1 대본의 경우 기본적으로 남자주인공(대발)과 여자주인공(지은)의 사랑과 결혼을 둘러싼 두 집안의 이야기가 주된 줄거리인 가운데, 주변인물들의 사랑 이야기 등이 부수적으로 전개되는 형태이다. 주요 등장인물로서는 남녀 주인공 외에 대발의 집안은 아버지인 이사장과 어머니인 순자, 남자주인공의 여동생 성실이 있고, 지은의 집안은 아버지인 박이사와 어머니인 심애, 지은의 여동생 정은, 남동생 정섭, 기타 지은의 할머니 및 2명의 이모할머니가 있다. 가) 대발과 지은의 사랑 이야기 부분 아내가 세숫물을 데워 남편에게 대령하는 대발이네 아침풍경과 새벽녘 남편이 커피를 만들어 아내의 코에 대주어 잠을 깨우는 지은이네의 서로 다른 아침풍경에서 알 수 있듯이 전통적 가부장적인 성격의 집안인 대발이네와 이와는 대조적으로 민주적인 분위기의 지은이네. 이런 집안의 아들, 딸답게 대발은 바람둥이 기질이 다분히 있고 남성 우월주의에 빠져있는 소아과 레지던트이고, 지은은 명문법대 박사과정에 있는 도도한 아가씨이다. 지은은 대발을 오랜만에 동창회에서 만나서 대발에 반하게 되고 만남을 이어 오다가 대발이 다른 여자와 함께 있는 것을 목격하고 분노한 나머지 그 자리에서 결혼하자고 소리치면서 프로포즈를 하게 된다. 그러나 대발은 자유인처럼 살고 싶다고 하면서 결혼을 거절하고, 이에 지은은 유학준비를 하며 대발과의 관계를 정리하기 시작한다. 그

러자 대발은 웬지 아쉬운 마음이 들게 되고 결국 지은으로부터 지은이 결혼과 함께 공부를 포기하고 남자를 하늘로 떠받들어야 한다는 각서를 받고 결혼한다.

이 무렵 여고 동창생 사이인 순자와 심애는 순자가 인근으로 이사온 심애의 새집을 방문하면서 재회하게 되는데, 이들은 서로 다른 집안 분위기 때문인지 사이가 썩 좋지는 않다. 결국 대발과 지은은 각자의 집에 결혼 발표를 하게 되는데, 대발이네는 전반적으로 결혼을 찬성하는 입장이지만, 지은이네는 사정이 다르다. 지은의 아버지는 딸을 이해하고 결혼을 찬성하나, 어머니 심애는 딸에 대한 기대가 컸던 터라 공부를 포기하고 결혼하겠다는 딸의 결정을 무조건 반대하기 시작한다. 그러나, 우여곡절 끝에 일단 상견례날이 잡히게 되고 심애와 순자는 그제서야 서로의 아들, 딸인 줄 알게 되는데, 사돈이 될 것은 상상도 할 수 없는 일이었던 터라 그렇지 않아도 서로 눈엣가시였던 심애와 순자는 합심하여 이 결혼을 결사반대하고 나선다. 그러나 이사장과 박이사가 결혼날짜를 잡아 문제를 일단락 짓고 만다. 여전히 심애와 순자는 껄끄럽게 남아있는 가운데 혼수준비로 둘은 한바탕 싸우게 되고, 같은 여고 동창생 친구(정숙)의 악의 없는 행동으로 그 갈등이 더 커지기도 하지만, 그 싸움으로 인해 살아온 얘기들을 하게 되면서 서로를 조금씩 이해하게 된다. 또한 혼수준비 과정에서 순자는 근검절약 정신이 투철한 남편 이사장과도 과다한 혼수를 이유로 한바탕 다툼이 있게 된다. 대발은 이사장으로부터 지은이 아기를 낳은 후 계속 공부할 수 있도록 하는 내용의 각서를 받아내고, 두 사람은 결혼식을 치르고 경주로 신혼여행을 다녀온다.

신혼여행에서 돌아온 대발과 지은은 지은의 집에 들르게 되는데, 지은은 화해를 시도하는 심애에게 결혼과정에서 반대했던 일들에 대해서 섭섭함을 토로하고, 배신감에 사로잡힌 심애 앞에서 대발은 지은을 꾸짖으며 심애의 자존심을 세워 주기도 한다. 시집온 첫날 지은은 남자끼리 상석에 겸상하는 집안 분위기가 낯설기만 하다. 당돌하게 시아버지에게 시어머니와 겸상하실 것을 제안하고, 이사장은 의외로 순순히 이를 받아들인다. 또 여자는 치마만 입어야 한다는 시한버지의 지론에도 한마디 거들기 일쑤다. 지은은 순자가 보기에 시한폭탄 같은 존재였지만 신기하게도 이사장은 며느리의 말을 잘 받아들이고 집안 분위기가 차차 바뀌게 된다. 대발은 겉으로는 지은에게 큰소리 치지만 점점 집안일을 돕는 등 권위의식을 버리게 된다.

　오랜만에 대발과 지은은 지은의 친정을 방문하게 되는데, 지은의 여동생(정은)의 남편감으로 점찍어 둔 철진이 방문하자, 심애는 차별대우하듯이 철진에게만 신경을 써 주게 되고, 이에 화가 난 지은은 심애에게 강하게 화를 내고, 이를 말리던 대발마저 나중에는 심애에게 섭섭함을 표하고 처가를 나와 버린다. 이 일로 순자와 심애는 서로 다투기도 하지만, 심애는 대발에게 마음을 주는 시도를 하게 되고 더구나 대발이 시켜서 지은이 박이사와 심애에게 존댓말을 하게 되자 내심 기특해 하기도 한다.

　다) 기타 주변인물들의 이야기

　지은의 여동생인 정은은 독신주의자로 동네 아이들과 야구를 하러다니는 등 한번도 연애를 해본 적이 없는 아가씨다. 그러던 어느 날 유치원 때부터 친구였던 철진이 군대에서 제대해 정은을 찾아온다. 점점 정은에게 남자로 다가오던 철진은 병원에 계신 할아버지가 위독하셔서 몇 달 안에 결혼을 해야한다며 정은에게 결혼하자고 조른다. 그러나 정은은 철진을 한번도 남자로 생각해 본 적이 없을 뿐만 아니라 아버지(박이사)를 제외하고는 남자기피증까지 있어서 그 결혼제안을 받아들일 수 없었다. 심애는 철진이 정은의 짝으로 마음에 드는 터라 철진을 적극적으로 후원한다. 박이사는 정은의 남자기피증이 아빠를 너무 좋아하는데서 생겨난 것이라 판단하고 정은에게 쌀쌀하게 대하며 정신과 치료까지 권한다. 철진은 정은에게 변함없는 모습으로 대하지만 정은으로부터 몇번씩이나 치한 취급을 당한 후 단단히 마음이 돌아서버리고 만다.

그러자 정은은 영원히 자신만을 바라볼 줄 알았던 철진의 심경변화에 묘한 배신감을 느끼고 급기야 티격태격하는 과정에서 결혼상대로서 철진에 대한 확신을 키워간다. 결국 정은은 철진을 뒤에서 껴안는다든가 소파에서 함께 잠이 드는 등 증상이 놀랍게 호전되고 급기야 철진과의 결혼을 선언하기에 이른다.

한편 대발이네는 그 여동생인 성실과 아버지와의 관계가 하나의 스토리로 자리잡고 있다. 성실은 그간 이사장 몰래 모델학원에 등록하고 오디션까지 받았다. 결국 성실은 CF 촬영 제의를 받는다. 순자는 성실이 찍은 구두 CF가 행여 이사장의 눈에 띌까 매일같이 살얼음을 걷는 심정이다. 그러나 성실은 돌연 이사장에게 이실직고하게 되고, 모델을 '만천하에 공개적으로 인물 팔고 다니는' 일로 생각하는 아버지와 자신의 꿈을 포기할 수 없다는 딸이 완강하게 부딪치는 가운데 싸움은 점차 남자 대 여자의 구도로 발전한다. 성실은 가출을 단행하고 임시로 지은네 집에 기거하게 된다.

지은네의 세 할머니들은 집안의 대소사에 관여하며 재미있는 역할을 하는 조연들이다. 꼬장스런 첫째, 너그러운 둘째, 샘이 많은 막내 할머니들의 얘기들은 드라마 전체를 풍성하게 만든다. 지은이네의 경우 그 여동생 지은과 철진의 사랑 이야기가 후반 이후 비중 있게 다루어 진다.

2) 이 사건 2 대본 및 드라마

이 사건 2 대본 및 드라마의 경우 기본적으로 남자주인공(강철)과 여자주인공(선녀)의 사랑과 결혼을 둘러싼 두 집안의 이야기가 주된 줄거리인 가운데, 주변인물들의 사랑 이야기도 꽤나 비중있게 전개되는 형태이다. 주요 등장인물로는 남녀 주인공 이외에 강철의 집안은 아버지인 진석과 어머니인 말숙, 강철의 형 두철, 여동생 인화가 있고, 지은의 집안은 아버지인 국민과 어머니인 구자, 선녀의 언니 선혜, 선녀의 이모 구애가 있다.

가) 강철과 선녀의 사랑 이야기 부분

강철의 아버지 진석은 싱크대 공장을 경영하는 실속있는 부자로서 근검절약형 인물이고, 남성 우월의식의 전통적 가치관을 가진 인물이다. 반대로 선녀의 집안은 아버지 국민의 온화한 성격 탓에 집안 분위기가 자유롭고 민주적이다. 주인공을 보면, 강철은 광고회사 직원이고, 선녀는 한의대 졸업반이다. 선녀가 실습나간 병원에 강철의 아버지가 입원하게 되어 강철은 선녀를 처음 만나게 된다. 우연히 강철이 선녀의 다이어리를 줍게 되고 선녀는 잃어버린 다이어리 때문에 곤경에 처한다. 마침내 강철이 범인임을 알게 된 선녀, 냅다 강철을 때려버리고 그 인연으로 두 사람의 만남은 시작된다. 그러나 강철은 회사선배인 혜주와 양다리를 걸치고 선녀는 이를 알고 분노한다. 12살 차이라고 선녀를 어린아이 취급하던 강철은 점점 선녀에게 휘말려 들어가고, 더구나 이젠 입장이 바뀌어 선녀의 남자친구 주호를 보고 강철은 화를 내게 된다. 급기야 선녀는 강철에게 결혼을 제의하게 되고, 강철은 결혼은 구속이고, 자유인으로 살고 싶다고 하면서 처음에는 반대하지만 결국 선녀의 말을 따라 결혼하기로 한다.

한편, 여고 동창생 사이로 결혼 전 국민을 둘러싼 연적이기도 했던 구자와 말숙은, 말숙이 근처 새집을 지어 이사를 오게 되면서 재회하게 되는데, 과거 연적이었을 뿐만 아니라 삶의 모습도 차이가 나서 껄끄러운 관계이다. 강철과 선녀는 각자의 집에 결혼 발표를 하게 되는데, 강철의 집안에서는 결혼할 사람이 12살 아래이고 한의사라는 말에 '경사났네'를 외치고 환영하는 분위기이지만, 선녀의 집안은 아버지는 딸의 의견을 존중해 주려고 하나 구자를 포함한 나머지 식구들은 강철의 조건으로 보나, 선녀가 공부를 중단해야 한다는 점에서 보나 그 결혼을 찬성하지 않는다. 그러나 우여곡절 끝에 상견례날이 잡히게 되고, 진석의 주장으로 말숙네 집에서 상견례를 하게 되었는데 말숙네 대문 앞에서 구자는 기겁을 한다. 그제서야 강철이 말숙네 집 아들이었다는 사실을 알게 된 것이다. 구자는 몇 마디 나누다 말고 그냥 뛰쳐나오고 진석도 그런 행동에 심기가 불편하다. 그때부터 양쪽 집안 어머니들의 격렬한 반대가 시작된다. 더구나 구자는 강철이 말숙이 친구에게서 빌려 온 돈을 훔쳐다 증권에 털어 넣은 것을 알고는 더욱 반대한다. 선녀 또한 그 얘기를 듣고 강철에게 실망을 하고 두 사람은 크게 다툰다. 그러나, 헤어져 있으며 앓기 시작하는 두 사람. 선녀는 링겔을 맞고 눕게 되고 이를 알게 된 강철은 선녀를 찾아온다. 강철이 다녀간 뒤 선녀는 어머니의 눈을 피해 맨발로 이층 자기 방에서 뛰어

내려 말숙네 집으로 강철을 찾아간다. 말숙은 선녀의 진지한 태도에 마음이 풀어진다. 선녀는 진석의 손에 이끌려 집으로 돌아가고 강철은 앞으로 선녀를 계속해서 공부시키고 한의원도 차려주겠다고 큰소리치면서 진심으로 구자에게 호소한다. 드디어 구자의 마음이 흔들리고, 두 사람은 어렵게 결혼을 허락받는다.

그러나 결혼준비과정에서 말숙과 구자는 혼수 문제 등으로 갈등을 겪게 되고, 같은 여고 동창생인 친구(진숙)가 개입하면서 그 갈등이 더 커지고 싸우기까지 하지만, 이러한 과정에서 서로의 흉금을 터 놓게 되고 서로를 다소 이해하게 된다. 이 과정에서 말숙은 그의 남편과도 과다한 혼수 문제로 대립이 있게 된다. 결혼식 전날 구자는 선녀에게 화해를 시도하지만 선녀는 결혼과정에서 반대했던 일들에 대해서 섭섭함을 토로하게 되고, 구자는 배신감에 사로 잡히게 된다. 결혼 후 신혼여행지에서 선녀는 강철이 자신에게 보여준 이상형의 모습이 다이어리를 몰래 본 때문이라는 사실을 알게 되고, 이로 인하여 둘 사이에 기선제압을 위한 싸움이 일어나면서 선녀는 예정보다 먼저 서울로 올라와 버리고 강철도 뒤따라오게 된다. 이 일은 강철이 선녀에게 주도권을 빼앗기는 한 계기가 된다.

강철의 집에서 신혼생활을 시작하는 선녀는 '봉강철은 안선녀 봉이다'를 외치게 하는 등 강철을 휘어잡는다. 그리고 엄격한 집안 분위기에 낯설어하며 밥상 대신 식탁에서 식사할 것 등 때때로 진석에게 자신의 의견을 말하게 되는데, 이러한 선녀의 주장을 이사장이 일부 수용하기도 하면서 집안 분위기가 서서히 바뀌어 가기도 하지만, 이 과정에서 선녀는 윗동서인 여옥(두철의 처)과는 갈등을 겪기도 한다. 선녀는 강철의 재정상태가 좋지 않다는 걸 알고 공부를 포기하고 한의원에 취직을 하기로 결심하게 된다. 강철과 선녀는 처가를 방문하게 되는데, 선녀가 대학원 진학을 포기하였음을 알게 된 구자는 강철을 질책한다. 구자는 선녀의 언니(선혜)의 장래 남편감인 규태가 한의원을 차리는데 비용을 보태어 주겠다는 등의 말에 규태를 후대하게 되고, 이에 강철은 무기력감과 서운함에 처가를 나와 버리고, 선녀도 구자에게 화를 내고 강철을 뒤따라 나오는 일이 발생한다. 이후 강철은 진석에게 선녀의 재주를 썩히기 아깝다며 한의원을 차려주자고 설득하고, 선녀의 한의원은 손님이 없어 어려웠던 때를 슬기롭게 극복하고 번창하기 시작한다.

나) 기타 주변인물들의 이야기

강철네 집은 봉싱크를 운영하는 아버지 진석의 뜻대로 움직여 온 집안이다. 강철의 형 두철은 무능하고 낙천적인 사람으로 다니던 회사에서 승진이 되지 않자 봉싱크에 들어와 무위도식하게 되는데, 오래전부터 만나오던 봉싱크 경리 여옥이 집요하게 결혼을 재촉한다. 여옥의 속셈은 두철을 통해 장차 봉싱크의 안주인이 되는 것이다. 그러던 와중 여옥은 두철과의 관계를 진석에게 들키게 되었으나 결국 소원하던 결혼을 해 진석의 집으로 들어온다. 진석의 집에서 시집살이를 하면서 여자주인공 선녀와 동서간의 갈등이 있게 된다.

그러다 진석이 선녀에게 한의원을 차려주기로 결심하게 되고, 이에 여옥은 샘을 낸다. 진석에게 아들을 낳으면 자기도 상을 하나 내려달라고 청하고 이후 바로 임신기운을 보인다. 그러나 상상임신이었고 여옥은 실제로 임신할 때까지 집안 식구들에게 비밀로 할 것을 선녀에게 당부한다. 그날부터 여옥은 두철과 함께 임신작전에 들어가고, 선녀도 약을 지어주며 이를 도와준다. 이후 여옥은 실제로 임신을 하게 되고, 결국 소원대로 봉싱크 대리점을 내서 두철과 알뜰살뜰 살아간다. 아들을 낳아야 차려준다는 대리점이었는데 여옥은 딸을 낳고도 대리점을 받은 것이다. 이러한 상황에서 선녀와의 갈등도 차츰 완화되어 간다.

강철의 여동생 인화는 남편을 사별하고 친정에 와있다. 인화는 보험회사에 취직해 새로운 인생을 시작하던 중 어릴 적 짝꿍이었던 수교를 우연히 만난다. 수교는 오랫동안 인화를 생각해 왔고 우연히 인화를 만나게 되자 자신의 사랑을 확인한다. 그러나 인화는 자신의 처지 때문에 수교를 계속 만나는 것을 거부한다. 수교에겐 차마 자신이 결혼했었다는 것을 털어놓을 수가 없었기 때문이다. 인화는 결국 수교에게 결혼했었다는 말을 하고 충격을 받은 수교는 연락이 없다. 외로운 마음을 봉싱크의 직원인 상진에게 의지하는 인화. 그러나 한동안 연락이 없던 수교는 인화의 과거를 모두 감싸 안고 사랑할 것을 다짐하고 자신의 어머니에게 정식으로 인화를 소개한다. 그러나 그 자리에서 만난 인화와 수교의 엄마인 양자는 서로 잘 아는 사이로 바로 양자는 인화의 보험회사 소장이었다. 양자는 인화에게 수교에게 알리지 말고 조용히 헤어지라고 얘기하고, 인화는 그에 따라 수교에게 마음이 변했다고 한다. 그러나 변함없이 인화를 사랑하는 수교는 인화의 맘이 왜 변한건지 모른 채 마음 아파한다. 수교는 양자가 인화에게 자신과 헤어지라 했던 것을 알게 되고 엄마와 대립한다.

그리고 진석의 집으로 찾아와 인화와 결혼하게 해 달라고 한다. 양자의 반대를 무릅쓰고 캐나다로 떠나기로 한 두 사람. 그러나 인화는 떠나는 날 공항에 나타나지 않는다. 수교를 보내고 혼자 지내던 인화에게 캐나다에서 돌아온 수교의 전화가 오고, 둘은 다시 상봉하게 된다. 선녀의 이모이자 구자의 여동생인 구애는 선녀네 집에 함께 살고 있는데 결혼에 목마른 노처녀이다. 구애는 강철의 친구 영오에게 적극적인 사랑의 공세를 펼치기 시작한다. 한편 구애는 영오가 자신을 그저 강철의 이모님으로만 대하자 영오의 마음을 이끌어내기 위해 오피스텔에 찾아가 밥도 해주고 자신의 돈을 영오의 증권회사에 맡기는 등의 방법으로 구애를 한다. 그러나 영오의 마음은 쉽게 움직여지지 않았고, 더군다나 구애가 영오와 결혼한다면 영오를 이모부로 모셔야 하는 강철은 둘 사이를 격렬하게 반대하지만 선녀는 구애 편에 선다. 구애는 영오에게 자신과 결혼하면 강철의 짱노릇을 할 수 있다고 구슬려 결혼을 하자고 한다. 영오는 오래전부터 강철에게 눌려 지내왔던 터라 그 말에 귀가 솔깃하다. 그러나 강철은 역으로 영오를 주먹으로 위협하고 또 영오를 자기 짱으로 모셔주겠다고 한다. 영오는 강철의 협박과 달콤한 제의로 구애에게 결혼하지 않겠다고 선포한다. 구애는 상심하고 영오를 매정하게 대한다. 그러고 나자 영오의 맘이 조금씩 이상해진다. 허전한 마음을 가눌길 없는 영오는 강철에게 도전장을 내밀고 강철에게 승리를 거둔다. 그리고 당당해진 영오는 구애에게 정식으로 청혼하여 결혼하게 되고, 강철은 더 이상 반대할 명분을 찾지 못한다.

선녀의 언니 선혜는 좋은 조건의 남자를 만나 결혼하는 것이 꿈인 아가씨다. 선혜는 선녀, 강철의 상견례날 선녀의 몫으로 잡혀있던 선자리에 대타로 나가 규태를 만나고 그와의 관계가 진전된다. 규태는 봉싱크가 납품하는 혜린퍼니처 사장 아들이다. 규태는 강철과는 달리 조건에 있어서 구자의 마음에 쏙 들게 되고 구자는 규태와 선혜의 결혼을 적극 찬성하게 된다. 결국 선혜, 규태는 결혼을 하게 되지만 규태의 사업이 불안해 지면서 어려운 상황을 맞이하게 된다.

특히 이 사건 2대본 39회 이후부터는 강철과 선녀의 사랑 이야기는 거의 정리되고, 두철과 여옥, 수교와 인화, 구애와 영오, 선혜와 규태의 사랑 이야기가 비중 있게 다루어져 주된 흐름을 구성하고 있다.

3) 판 단

가) 이 사건 1 대본과 이 사건 2 대본 및 드라마 모두 남자주인공과 여자주인공의 사랑과 결혼을 둘러싼 두 집안의 이야기가 주된 줄거리라고 할 것인데, 이러한 주된 줄거리 부분은 소재로서 아이디어에 해당하는 부분이므로 이 부분이 유사하다고 하여 실질적 유사성이 있다고 보기는 어렵다.

나) 그러나 이 사건 1 대본과 이 사건 2 대본 및 드라마의 구체적인 줄거리나 사건의 전개과정을 보면 아래에서 보는 바와 같은 차이에도 불구하고 양자 사이에 실질적 유사성이 인정된다. 즉 ① 남녀 주인공이 만나게 된 계기에 있어서 이 사건 1 대본은 남녀 주인공은 서로 동창 사이로, 동창회에서 만나는 반면, 이 사건 2 대본 및 드라마는 남자 주인공이 병원에서 여자 주인공의 다이어리를 줍는 우연한 계기로 서로 만나게 된다는 점, ② 남녀 주인공의 결혼을 앞둔 양집안의 태도에 있어서 이 사건 1 대본은 남자 주인공 가족은 아버지만 빼고 모두 반대하는 입장이었고, 여

자 주인공 가족은 어머니를 제외한 모든 가족이 환영하는 분위기인 반면, 이 사건 2 대본 및 드라마는 남자 주인공 가족은 집안 모든 사람이 찬성하였으나, 여자 주인공 가족은 모두 여자 주인공을 정신병자 취급할 정도로 반대하는 분위기였다는 점, ③ 양가 어머니의 갈등의 원인에 있어, 이 사건 1 대본은 단순한 집안 환경의 차이가 갈등의 요소였으나, 이 사건 2 대본 및 드라마는 여자 주인공 아버지를 사이에 둔 과거의 연적으로 사랑하는 사람을 빼앗겼다고 생각하는 남자 주인공 어머니의 질투심으로 인한 갈등이 발현되었다는 점,

④ 결혼 전 남녀 주인공의 주된 갈등 원인에 있어서 이 사건 1 대본은 남녀 주인공이 동갑인 이유로 서로의 주도권 싸움이 치열하고 남자 주인공의 여자 문제(바람기)로 인하여 다투게 되나, 이 사건 2 대본 및 드라마는 남녀 주인공의 나이 차이(세대차) 극복과 남자 주인공의 무모한 주식투자로 인한 경제 문제가 갈등의 원인으로 되었다는 점, ⑤ 남녀 주인공이 결혼에 이르게 되는 시기에 있어서 이 사건 1 대본은 양가의 결혼 허락이 10회, 양집안 상견례가 13회, 결혼식을 올리는 시기가 19회인 반면, 이 사건 2 대본 및 드라마는 양가의 결혼 허락이 내려진 시기가 19회였고, 양집안의 상견례가 21회(상견례 장소도 호텔과 남자 주인공 집으로 서로 다르다), 결혼식을 올리는 시기는 31회라는점, ⑥ 남자 주인공의 결혼관에 있어서, 이 사건 1 대본은 남자 주인공이 여자 주인공에게 남자는 하늘이라는 각서를 쓰게 하고 결혼에 이르게 되지만, 이 사건 2 대본 및 드라마는 반대로 여자 주인공이 남자 주인공에게 "남자가 여자의 봉"이라고 외치게 만든다는 점, ⑦ 이 사건 1 대본은 남녀 주인공의 결혼 후 생활이 이야기

의 핵심적인 부분인 반면, 이 사건 2 대본 및 드라마는 주로 남녀 주인공의 결혼 이전의 이야기가 많은 비중을 차지하고 결혼 이후에는 오히려 주변 인물들의 이야기가 더 자세히 묘사되고 있다는 점, ⑧ 이 사건 1 대본은 가부장적 집안과 페미니스트적인 현대적인 집안의 대립을 그리고 있음에 비하여, 이 사건 2 대본 및 드라마는 이러한 양가의 대립 구조 이외에 아저씨 같은 386세대의 남자와 톡톡 튀는 발랄한 성격의 신세대 아가씨가 서로 다른 가치관과 세대차를 극복하고 화합해 가는 과정, 즉 12살 차이의 남녀가 서로를 길들여 가는 과정에 있다는 점 등에 있어서 차이점은 발견되나, 이 사건 2 대본 및 드라마의 1회부터 38회까지 사이의 남녀 주인공의 사랑이야기 부분에 있어, ① 가풍의 측면에서 남자주인공(대발, 강철)의 집안은 남성위주의 가부장적 분위기이며 여자주인공(지은, 선녀)의 집안은 여성위주의 개방적인 분위기라는 대조적 양상을 띠고 있고, 여자주인공은 모두 학력이 높고(지은은 명문대학 법대에서 석사학위를 받았고, 선녀는 한의대 졸업반이다) 여자 주인공측 집안에서 특히 어머니로부터 큰 기대를 받고 자라온 수재라는 점, ② 여자주인공이 남자주인공에게 먼저 청혼하지만, 남자주인공에게는 여자주인공 이외의 다른 여자친구도 있었으며 이 때문에 여자주인공과 마찰을 빚게 되고, 남자주인공은 처음에 결혼을 완강히 반대하며 자유인으로 살겠다고 하지만 결국에는 결혼을 받아들인다는 점, ③ 남자주인공과 여자주인공의 어머니들은 고교동창 사이로서 여자주인공네가 남자주인공네로 우연히 새집을 지어 이사를 오게 되면서 오랜만에 재회하게 되지만, 그들 사이는 껄끄러운 관계라는 점, ④ 여자주인공의 어머니는 장래가 유망한 자신의 딸이 공부를 중단해야 한다는 것 등의 이유로 결혼에 반대하고, 여자주인공의 아버지는 남자주인공을 마음에 들어하고 결혼을 적극 지원하며, 남자주인공의 집에서는 적극적으로 결혼에 찬성한다는 점, ⑤ 주인공 어머니들은 상견례장에서야 비로소 자신들이 서로 사돈이 될 사이라는 것을 알게 되고 결사적으로 결혼에 반대하고, 주인공 어머니들 사이의 갈등은 여고 동창생의 악의없는 행동으로 더욱 커진다는 점, ⑥ 우여곡절 끝에 결혼을 하기로 하지만 이번에는 주인공 어머니들은 혼수준비과정에서 실랑이를 벌이게 되고, 이 과정에서 남자주인공 아버지는 남자주인공 어머니에게 사치 운운하며 질책을 하게 되며, 결국 혼수를 줄이는 쪽으로 합의를 본다는 점, ⑦ 결혼식을 전후해서 여자주인공 어머니는 딸과의 화해를 시도하지만, 여자주인공은 결혼과정에서의 불만을 표출하면서 그 화해를 받아들이지 않고, 이로 인해 두 모녀의 갈등은 더 깊어 진다는 점, ⑧ 여자주인공이 남자주인공의 집안에 들어가 시집살이를 하게 되는데, 여자주인공이 남자주인공 집안의 보수적인 분위기를 바꾸자는 제안을 하게 되고, 시아버지는 며느리의 의견을 대부분 존중하고 변화를 허락한다는 점, ⑨ 양가의 어머니들은 서로 질투하던 관계였지만, 자녀들의 결혼 이후 서로를 이해하고, 동정을 하게 되면서 절친하게 마음을 터놓고 지내게 된다는 점, ⑩ 청혼은 여자 주인공이 먼저 했지만, 결혼 후에는 여자주인공이 주도권을 잡고 남자주인공에 대한 압박을 하면서 남자주인공이 여자주인공에게 상당히 길들여 진다는 점, ⑪ 처가에 들른 주인공 부부는 장모에게서 자신의 동서가 될 사람과의 차별을 경험하고 처갓집을 나와버리는 사태가 발생한다는 점, ⑫ 남자주인공의 어머니들은 결혼 이후로 집안에서 자신의 발언권을 강화하고자 노력한다는 점 등이 동일하거나 유사하게 전개되는 사실을 알 수 있는바, 이 부분은 구체적인 줄거리나 사건전개의 측면에서 포괄적, 비문자적 유사성이 인정되는 부분에 해당한다.

다) 피고들의 주장에 관한 판단

피고들은 소설이나 희곡과 같은 '가공적 저작물(fictional works)'에서 그 작품에 내재되어 있는 보호받지 못하는 아이디어가 전형적으로 예정하고 있는 사건들(전형적 장면, 필수장면)이라든가 등장인물의 성격타입 등과 같은 요소들에 대하여는 설사 그러한 요소들이 표현에 해당하는 것이라 하더라도 저작권의 보호를 받을 수가 없는 것인바(이른바 Scenes a Faire 이론), 위 나)항에서 유사하다고 지적되는 ① 내지 ⑫ 부분은 아이디어에 해당하는 것이거나 필수장면에 해당하는 것으로서 저작권법상 보호받지 못하는 것이므로 이 부분이 유사하다고 하여 실질적 유사성을 인정할 수는 없는 것이라고 주장하나, 위 내용들은 구체적인 줄거리에 해당하는 것으로서 아이디어 부분이라고 볼 수는 없고, 사실저작물, 역사저작물, 기술적(기능적) 저작물, 편집저작물과는 달리 극적 저작물의 경우는 일정한 소재나 주제 또는 추상적 줄거리에 대하여 표현방법이 매우 다양할 수 있다는 점에서 전형적인 필수장면에 해당한다고도 볼 수 없으므로 피고들의 이 부분 주장은 이유 없다.

라) 다만 기타 인물들을 둘러싼 줄거리나 전개과정은, 위에서 본 바와 같이 이 사건 1 대본은 정은과 철진의 사랑 이야기, 성실의 이야기 이외에 특별히 사건의 전개과정에 있어서 비중 있는 부분은 없지만, 이 사건 2 대본 및 드라마는 이 사건 1 대본에는 없는 두철과 여옥, 수교와 인화, 영오와 구

애, 규태와 선혜의 사랑이야기가 독립적인 부분으로 자리잡고 있다는 점에서 이 사건 1 대본과는 상당한 차이점을 보이고 있고, 특히 이 사건 2 대본 및 드라마의 39회 이후의 내용은 기타 인물들의 사랑 이야기를 중심으로 하고 있다는 점에서 이 부분에 있어서는 포괄적, 비문자적 유사성을 인정할 수는 없다고 할 것이다.

(다) 인물들의 갈등구조와 그 해소과정에서의 등장인물들의 상호관계의 구도(증거 : 갑 제2, 3호증, 을제1호증의 각 기재, 이 법원의 검갑 제3호증, 검을 제1호증에 대한 각 검증결과, 감정인 ○○○, ○○○의 각 감정결과, 감정인 ○○○, ○○○의 각 일부 감정결과)

1) 이 사건 1 대본 및 이 사건 2 대본 및 드라마 중, 남, 녀주인공의 사랑이야기를 둘러싼 양가 주요인물들의 성격 및 특성, 이들의 상호관계의 구도 이 사건 1 대본과 이 사건 2 대본 및 드라마 사이에는 등장하는 남, 녀 주인공, 남자주인공 부모, 여자주인공 부모들의 성격이 아래와 같이 대응되고, 이에 따른 이 사건 1 대본과 이 사건 2 대본 및 드라마 모두에 남자주인공과 여자주인공의 갈등, 남녀 주인공의 어머니들의 갈등, 여자주인공과 남자주인공 어머니의 갈등, 남자주인공과 여자주인공 어머니의 갈등, 여자주인공과 그 어머니의 갈등, 남자주인공 아버지와 어머니의 갈등의 구조가 서로 대응하며, 그 갈등의 내용 또한 구체적인 줄거리나 전개과정에 있어 서로 상당 부분 대응된다

가) 남자주인공의 아버지(이사장, 진석) : ① 제왕적 가부장의 표상이며, 근검절약 정신이 투철하여 구두쇠로 불린다. ② 부인과 딸에게 엄격하고 구속적이지만 아들에게는 자유방임적이다. ③ 며느리를 위하는 마음이 각

별하고, 극본의 후반부에 며느리의 영향으로 부인에게 친절해진다. ④ 중소기업의 사장으로서 겉보기보다 내실이 튼튼한 알부자이다.

　나) 남자주인공의 어머니(순자, 말숙) : ① 부잣집 고명딸로 태어나 고등학교 때도 집안이 부유하고 학력이 좋은 편이었으나 가난한 남자에게 시집간 이후로 현재의 신세를 한탄하고 심애(구자)에 대해 질투심을 느낀다. ② 아들에게 집착하는 편이다. ③ 남편의 권위에 순종하는 편이지만 동시에 그에 대한 불만도 가지고 있고 남편이 고성을 지르거나 화내는 것에 항상 마음 조아리며 사는 신세를 한탄한다. ④ 근검절약 정신에 있어서는 남편에게 길들여져 있으나 약간의 사치에 대한 열망도 가지고 있다. ⑤ 다소 주책이 없고 빈정거리기를 좋아하는 경향이 있다.

　다) 여자주인공의 아버지(박이사, 국민) : ① 가정적이고 현대적인 가장이다. ② 구박받는 남자주인공 사위를 감싸주고 좋아한다. ③ 부인을 위하는 마음이 지극한 공처가 스타일이다.

　라) 여자주인공의 어머니(심애, 구자) : ① 고등학교 때는 평범했지만 현재는 남에게 기죽지 않고 살만큼의 부를 지녔다. ② 주인공의 딸에 대해서는 기대가 크고 페미니스트적인 사고방식을 가지고 있다. ③ 주인공 외 다른 딸에 대해서는 보수적이고 조건 좋은 남편 만나 시집가는 것을 매우 중요하게 생각한다. ④ 조건이 좋은 사위와 그렇지 않은 사위에 대한 차별이 심하다.

　마) 남자주인공(대발, 강철) : ① 어머니의 사랑을 많이 받고, 자유인으로 살아가는 인생에 대한 동경이 있다. ② 욱하는 성질과 허풍이 심하며, 능글맞은 점이 공통된다. ③ 외모가 준수해서 여자들로부터 인기가 좋고,

결혼 전 여러 여자를 사귄다. ④ 여자주인공과 결혼할 생각이 없었으나 결국 결혼하게 된다. ⑤ 아내에게 겉으로는 엄격하지만 실은 공처가로서 부드러운 면이 있다. ⑥ 부인이 계속 공부하는 것을 인정해주고 도와준다.

바) 여자주인공(지은, 선녀) : ① 어려서부터 수재로서 명문대학을 졸업한 엘리트 여성이다. ② 어머니의 공부에 관한 전폭적인 지원을 받고 커다란 기대를 받아왔다. ③ 자기의견이 확실하지만 고지식한 면이 있고 당차다. ④ 자기 일이 자기 뜻대로 되지 않으면 잘 울고 남편(혼전 남자주인공)을 때리기도 한다. ⑤ 시집에서 잘 적응하고 시아버지와의 관계가 돈독하며 의외로 애교를 잘 부린다.

2) 기타 주변인물들의 성격 및 특성, 이들의 상호관계의 구도 이 사건 1 대본에서는 주된 줄거리 상의 인물 이외에 여자주인공 동생 정은, 남자주인공 여동생 성실 등이 등장하고, 이 사건 2 대본 및 드라마에서는 여자주인공 이모 구애, 여자주인공 언니 선혜, 남자주인공 형 두철, 남자주인공 여동생 인화 등이 등장하는바, 이들의 드라마상 갈등의 구체적인 내용과 특성이 두 대본 사이에는 많은 차이를 보인다.

즉, ① 이 사건 1 대본의 여자 주인공 동생 정은은 남자 기피증이 있고, 가족들의 노력에 의해 그 증상이 치유되면서 철진과 사랑을 하게 되는 인물임에 반해, 이 사건 2 대본 및 드라마의 여자주인공 언니 선혜는 남자의 조건을 보고 결혼을 한 여성으로서 조건을 전혀 고려하지 않고 사랑만을 보고 결혼한 여자주인공의 결혼생활과 비교되는 인물이고, ② 이 사건 1 대본의 남자주인공의 여동생 성실은 대책 없이 탤런트를 지망하고 아버지에게 반발심을 가진 철없는 동생으로서 집안에서 오빠만 위해주는 것에 불만을 갖고 있고, 남녀차별적인 가족관계를 강조해서 표현하기 위한 부수적인 인물이었음에 비해, 이 사건 2 대본 및 드라마의 남자주인공 여동생 인화는 과부이고 순종적인 여성으로서 오빠를 극진히 위하고 아버지에게 순종적인 인물이면서, 나중에 첫사랑의 남자인 수교와 사랑을 이루는 중요하고 독립적인 역할을 하고 있는 인물이고, 이 사건 2 대본 및 드라마의 남자주인공 형 두철은 무능한 직장인으로 아버지의 사업을 이어 받으려고 애를 쓰는 인물로 등장하면서 여옥과 별도의 사랑이야기를 만들어 가는 독립적인 인물이며(여옥과 여자주인공의 동서 간의 갈등도 이 사건 2 대본 및 드라마만의 독립적인 갈등관계의 설정이다), ③ 이 사건 2 대본 및 드라마의 여주인공의 이모 구애는 남자 주인공의 친구 영오와 나이차이 및 조카사위의 친구라는 관습을 극복하고 커플로 맺어지는 인물이다.

3) 판 단

가) 등장인물들 각자의 캐릭터는 저작권법의 보호대상에 해당한다고 보기 어려우나, 사건의 전개는 등장인물들 각자의 캐릭터 상호간의 갈등의 표출과 그 해소과정이라고 볼 수 있다는 점에서 등장인물들의 갈등의 구체적인 내용이나 그 조합은 저작권법의 보호대상이 된다고 할 것이다. 그런데 위에서 본 바와 같이 주요 등장인물들 상호간의 갈등구조나 그 조합이 이 사건 1 대본과 이 사건 2 대본 및 드라마 사이에 상당할 정도로 동일하거나 유사하고 그 갈등의 내용이 구체적인 줄거리나 사건의 전개과정을 통하여 볼 때 양자가 상당 부분 대응된다는 점에서 이 부분에 있어 이 사건 1 대본과 이 사건 2 대본 및 드라마 사이의 비문자적, 포괄적 유사성을 인정할 수 있다.

나) 다만 ① 남자 주인공의 아버지는, 이 사건 1 대본의 경우, 가부장적 권위 및 남성우월주의자의 대명사로 남자 주인공 못지 않은 중요한 역할이었고 따라서 일반적인 아버지의 모습보다 그 특징이 훨씬 과장된 캐릭터였는데, 이 사건 2 대본 및 드라마에서는, 자수성가한 구두쇠이고 건강염려증 환자로서 겉으로는 아버지로서의 권위를 지키고자 노력하기는 하나 오히려 아내에게 꾸지람을 듣고 철없는 모습을 보이기도 하는 코믹한 캐릭터로 가부장적 권위 및 남성우월주의자의 대명사와는 전혀 다른 특징을 가지고 있고, 고전적 가치관을 가지고 있으면서도 현대적 사고를 지닌 가족들로부터 부권의 도전을 받는 이 시대 보편적 아버지의 모습을 그리고 있고, ② 남자주인공을 비교해 보면, 이 사건 1 드라마의 경우는, 가부장적인 부친의 성격을 그대로 닮은 남성우월적이고 권위적인 인물이었으나, 이 사건 2 대본 및 드라마의 경우는, 터프하고 배짱이 좋기는 하나 나이값을 못하는 철부지에 좌충우돌하는 성격으로 여자에게는 한없이 부드러운 인물이며 아버지의 권위에 도전하는 캐릭터이며, ③ 여자주인공을 비교해 보면, 이 사건 1 대본의 경우는, 박사과정에 있던 성숙하고 나이가 든 여성(동갑)이었던 반면, 이 사건 2 대본 및 드라마의 경우는, 결혼 후에도 공부를 포기하지 않고 계속하려는 의지가 있고 남자 주인공보다 무려 12살이 어린 나이로 당차고 발랄한 아가씨로 그려져 있고, ④ 남자주인공의 어머니의 캐릭터를 비교하면, 이 사건 1 대본의 경우, 남편 앞에서 무조건 설설 기고 뒤돌아서 투정을 부리는 전통적인 남존여비 사상에 스스로 젖어있는 어머니이지만, 이 사건 2 대본 및 드라마의 경우는 알게 모르게 남편 앞에서 큰소리도 지르고 상황을 이용하여 자기 주장을 실현시

키기도 하는 어찌보면 남편을 꼭 잡고 사는 현명한 아내라는 점이 부각되며, ⑤ 여자주인공 어머니를 비교하면, 이 사건 1 대본의 경우는 전형적인 두 할머니를 극진히 모시면서 집안 일에 완벽한 가정주부의 모습이었고, 남편과 서로 존대를 하는 부드럽고 여성적인 어머니였음에 반해, 이 사건 2 대본 및 드라마의 경우는 집안의 대소사에 대하여 혼자서 해결하는 여장부로서의 역할을 하는 캐릭터로 그려지는 사실은 인정되나 이러한 차이점은 기본적으로 위 1)의 가) 내지 바)항에서 본 바와 같은 성격적 특성과 갈등관계의 구조를 토대로 위와 같은 새로운 면을 가미시켰다고 보여지는 점에서 앞서 인정한 유사성을 멸각시키지 아니한다.

다) 기타 주변인물들의 경우는 이 사건 2 대본 및 드라마가 좀더 복잡한 인간관계를 표현하고 있고, 이 사건 1 대본에는 존재하지 않는 내용들이 독립적인 줄거리를 형성하는 갈등관계의 한 축을 담당하고 있다는 점에서(특히 이런 특성은 이 사건 2 대본 및 드라마의 39회 이후부터 두드러지게 나타난다), 이 부분은 이 사건 1대본과 유사성을 지녔다고 보기 어렵다고 할 것이다.

(라) 구체적인 에피소드의 동일성(증거 : 갑 제2, 3호증의 각 기재, 이 법원의 검갑 제3호증에 대한 각 검증결과, 감정인 ○○○, ○○○의 각 감정결과) 이 사건 1 대본과 이 사건 2 대본 및 드라마의 인물 간 상호관계로 나타나는 사건의 전개과정에서 구체적인 에피소드의 면에서도 다음과 같은 동일성이 있다. 즉, ① 남자주인공의 어머니는 여자주인공의 어머니의 새집에 놀러가서 약간은 부러워하고 질투를 느끼면서 국수주의적 발언을 하는 장면(「1 대본」 1회, 「2 대본 및 드라마」 1회), ② 여자주인공은

남자주인공을 만나러 가서 남자주인공을 만나러 온 다른 여자에게 자신이 남자주인공과 결혼할 사람이라면서 쫓아버리는 장면(「1 대본」 1회, 「2 대본 및 드라마」 4회), ③ 여자주인공은 남자주인공에게 청혼을 먼저 하나 잘 되지 않자 집에 와서 울어버리는 장면(「1 대본」 2회, 「2 대본 및 드라마」 9회), ④ 여자주인공의 청혼을 받은 남자는 처음에는 완강하게 결혼을 거부하는 장면(「1 대본」 6회, 「2 대본 및 드라마」 13회), ⑤ 여자주인공 둘 다 갑자기 집안에 결혼을 선언하고 그 엄마와 다투는 장면(「1 대본」 7회, 「2 대본 및 드라마」 15회), ⑥ 여자주인공이 결혼 전에 남자주인공에서 순결서약을 해달라고 말하는 장면(「1 대본」 9회, 「2 대본 및 드라마」 15회), ⑦ 남자주인공이 여자주인공의 아버지에게 호감을 사며 친해지는 장면(「1 대본」 11회, 「2 대본 및 드라마」 18회), ⑧ 남자주인공이 여자주인공에게 전화로 노래를 불러주고, 그 노래를 들은 여자주인공의 어머니는 어이없어 하는 장면(「1 대본」 8회, 「2 대본 및 드라마」 16회), ⑨ 양가의 어머니는 상견례 당일 비로소 자신들이 서로 사돈이 될 사이라는 것을 알고 결혼을 적극 반대하는 장면(「1 대본」 13회, 「2 대본 및 드라마」 20회), ⑩ 여자주인공은 시집갈 때 혼수를 적게 가지고 간다고 말해서 어머니와 갈등을 겪는 장면(「1 대본」 17회, 「2 대본 및 드라마」 30회), ⑪ 양가의 어머니는 결혼식 전날 대화를 통해서 서로의 마음을 이해하고 잠정적으로 화해하게 되는 장면(「1 대본」 17회, 「2 대본 및 드라마」 31회), ⑫ 양가의 어머니가 고등학교 동창생 친구와 함께 혼수를 보러 다니는 장면(「1 대본」 18회, 「2 대본 및 드라마」 30회), ⑬ 결혼식 후에 양가의 어머니가 다시 한 번 서로에게 섭섭함을 느끼는 장면(「1대본」 19회, 「2 대본 및 드라마」 32회), ⑭ 남자주인공의 아버지가 혼수가 너무 많다고 화를 내는 장면(「1 대본」 20회, 「2 대본 및 드라마」 31회), ⑮ 여자주인공은 시아버지에게 식사할 때의 문제점을 건의하고 시아버지는 이를 받아들이는 장면(「1 대본」 20회, 「2 대본 및 드라마」 35회), ⑯ 결혼 후 처가를 방문한 날, 남자주인공은 장모와의 갈등 때문에 처갓집을 뛰쳐나오고 여자주인공도 남편을 따라 나와 버리는 장면(「1 대본」 23회, 「2 대본 및 드라마」 37회), ⑰ 그 외 신혼 후 화기애애한 분위기의 적당한 시점에 각각 신부의 젖가슴이 엉터리가 아니었다는 말을 한다거나, 양쪽 집안 공히 손자를 보는 시점을 계기로 며느리가 학업을 계속하게 해주겠다는 묵계가 아버지와 아들 사이에 이루어 진다거나, 남자주인공 집 마당에 매달아놓은 샌드백에 아버지들이 부딪힌다거나, 신혼시절 남녀주인공들이 서로간에 다툴 일이 생기면 밤중에 잠옷에 코트만 걸치고 한쪽은 운동장으로, 한쪽은 가까운 공터로 나간다거나, 남자주인공 어머니들이 골치 아플 때 넥타이 등으로 머리 띠를 두른다거나, 남편이 무서워 임기응변 또는 거짓말로 자식 변명하는 남자주인공의 어머니의 모습 등의 장면이 동일하거나 유사한 방식으로 표현되고 있다.

(3) 부분적, 문자적 유사성(증거 : 갑 제2, 3호증의 각 기재, 이 법원의 검 갑 제3호증에 대한 각 검증결과, 감정인 ○○○, ○○○의 감정결과)

이 사건 2 대본 및 드라마에는 별지목록 기재와 같이 이 사건 1 대본과 비슷한 상황에서 동일하거나 거의 유사한 대사가 등장하는 예가 발견됨으로써(동일 또는 유사한 대사는 이 사건 2 대본 및 드라마 36회까지 발견되고 39회부터는 발견되지 아니한다) 부분적, 문자적 유사성이 인정된다.

(4) 소결론

이상에서 살핀 바와 같이 이 사건 2 대본 및 드라마는 적어도 1회부터 38회까지는 그 주된 흐름인 남, 녀 주인공과 그 가족간의 이야기 부분이 이 사건1 대본의 해당 부분과 포괄적, 비문자적 유사성 및 부분적, 문자적 유사성이 인정되므로 그 범위내에서는 이 사건 2 대본 및 드라마는 이 사건 1 대본에 관한 원고의 저작권을 침해한 것으로 판단된다(원고의 이 사건 2 대본 및 드라마의 39회부터 52회까지분도 원고의 저작권을 침해하였다는 주장은 이를 인정할 증거가 없으므로 받아들이지 아니한다).

라. 피고들의 귀책사유

앞서 본 2.의 나.항 기재에서 인정된 사실관계, 이 사건 2 드라마가 그 방영 초기부터 이 사건 1 드라마를 표절한 것이라는 시비에 휘말리게 되었던 사정, 위에서 본 저작권 침해 내용 등에 비추어 보면, 피고 ○○○이 위와 같이 이 사건 1 대본에 관한 원고의 저작권을 침해한 것에 대하여 고의 또는 과실의 귀책사유가 충분히 인정되고, 피고 ○○○○과 ○○은 적어도 이 사건 2 드라마를 제작 방영함에 있어 이 사건 2 대본 및 드라마의 저작권 침해 여부에 관한 주의의무를 위반한 귀책사유가 인정되므로 (피고 ○○○○은 저작권 침해에 대한 직접 책임과 피고 ○○에 대한 사용자 책임을 아울러 부담한다) 피고들은 각자 (원고가 구하는 바에 따라 이 사건 2 대본 및 드라마가 일체로서 이 사건 1 대본에 관한 원고의 저작권을 침해한 것으로 본다) 원고에게 위 저작권 침해로 인하여 원고가 입은 손해를 배상할 책임이 있다.

3. 손해배상의 액수에 관한 판단

가. 재산적 손해

(1) 원고는 저작권법 제93조 제2항에 의하여 저직권을 침해한 피고들에 대하여 그 침해에 의하여 자기가 받은 손해의 배상을 청구하는 경우에 그 권리의 행사로 통상 받을 수 있는 금액에 상당하는 액을 그 손해배상을 청구할 수 있다고 할 것인바, 원고가 그 권리의 행사로 통상 얻을 수 있는 금액에 상당한 액이란 침해자가 저작물의 사용허락을 받았더라면 사용대가로 지급하였을 객관적으로 상당한 금액을 말하는 것이다.

그런데 갑 제10 내지 12호증, 갑 제15 내지 19호증의 각 기재에 의하면 ① 원고는 1998년말경 주식회사 ○○○○과의 '청춘의 덫' 드라마(60분물 24회)에 대한 리메이크 작품계약에서 원작사용료 30,000,000원, 원고료 회당 16,584,660원을 지급받은 사실, ② 2000년경 주식회사 ○○○○의 주말 드라마 '불꽃'(60분물 32회)에 대한 ○○○○○○과의 작품계약에서 회당 1,800만원을 지급받은 사실, ③ 2003. 3.경 ○○○○○○○과 '모래성'(60분물 24회)이라는 가제로 회당 2,000만원의 리메이크 계약을 체결하였다가 위 계약을 '완전한 사랑'(70분물 24회)이라는 오리지널 극본 집필계약으로 변경하면서 회당 23,333,000원을 지급받기로 한 사실(위 2,000만원에서 23,333,000원으로 증액된 것은 당초 60분물에서 70분물 드라마로 변경되었기 때문이다), ④ 통상 드라마 극본 리메이크 계약에서 원작사용료를 별도로 지급하는 사례는 없으며 다만 작가에 따라 원작사용료라는 명목으로 보너스로서의 금액을 일부 지급하기도 한다는 사실을 각 인정할 수 있는

바, 위 인정사실에 의하면, 리메이크 작품에서의 원작사용료 명목의 금원은 실질적으로 원고료의 일부로서의 의미를 가지고 있고, 리메이크 작품이나 오리지널 작품이나 그 집필자에게 지급되는 금액은 거의 동일한 정도이며, 원고의 경우 2001년경을 전후하여 이 사건 2 드라마와 같은 60분물 주말드라마를 집필할 경우 극본료로 회당 금 19,000,000원 정도(위 ②의 18,000,000원과 ③의 20,000,000원의 평균가격)를 받을 수 있었음을 알 수 있는데, 이 금액은 원고가 직접 작품을 집필했을 경우의 금액으로서, 그와 같은 리메이크 작품은 원작을 이용하는 부분에다 새롭게 창작한 부분이 가미되어야 하고, 또한 상당한 시간과 노력이 실제 투여되어야 작품이 완성된다는 점, 앞서 본 바와 같이 이 사건 2 대본 및 드라마가 이 사건 1 대본에 의거하면서도 구체적인 줄거리의 전개과정, 등장인물 상호관계의 구도에 있어서 적지 않은 새로운 부분이 추가되어 있을 뿐만 아니라 이 사건 2 대본 및 드라마만에 독특한 부분이 상당 정도 인정되는 점 등을 종합하면 원작사용에 대한 부분은 원고가 직접 작품을 집필할 경우 받을 수 있는 금액의 3분의 1 정도로 평가함이 상당하고, 특별한 사정이 없는 한 위 원작사용에 대한 금액 정도가 원고가 타인에게 이 사건 1 대본의 사용 허락을 하고 사용대가로 지급받았을 객관적 금액이 된다고 봄이 상당하다. 따라서 원고가 피고들의 위 저작권 침해로 입은 재산적 손해는 이 사건2 대본 및 드라마의 1회부터 38회까지분에 해당하는 금 240,666,666원(=19,000,000원 X 1/3 X 38회)이 된다고 할 것이다.

(2) 원고는 저작권법 제93조 제1항에 의한 손해 추정액으로서 피고들이 얻었을 이익을 원고의 재산상 손해라고 주장하면서 피고 ○○○이 이 사

건2 드라마를 제작 방영하면서 얻은 광고수익 14,882,400,000원 중 피고 ○○○○에 대하여는 30억원, 피고 ○○, ○○○에 대하여는 각 3억원의 배상을 구하고 있으나, 피고 ○○○○은 주말드라마 상영시간대에 저작권 침해가 없는 다른 드라마를 상영하였다 하더라도 유사한 액수의 광고수익을 얻었을 것이라는 점에 비추어 볼 때 원고 주장의 광고수익은 피고들의 저작권 침해와 인과관계가 있는 이익액이라고 보기 어렵고 달리 이를 인정할 증거가 없으며, 을 제10 내지 11호증의 각 기재에 의하면, 피고 ○○○은 1999. 11. 4. 피고 ○○○○과 연속극 50-60분물 기준 150회 집필조건으로 집필전속계약을 체결하고 75,000,000원을 지급받은 사실, 피고 ○○○은 피고 ○○○○으로부터 이 사건 2 대본의 원고료로 금 70,789,781원을 지급받은 사실을 각 인정할 수 있으므로 피고 ○○○의 위 저작권 침해 부분에 해당하는 이익액은 70,730,993원 {=(75,000,000원×52/150 + 70,789,781원) × 38/52}에 그친다고 할 것이고, 또한 피고 ○○의 이익액에 대하여는 을 제12호증의 기재만으로는 그 이익액을 산정하기에 부족하고 달리 이를 인정할 증거가 없으므로 결국 원고가 구하는 바에 따라 손해액이 보다 많이 산정되는 위 (1)의 손해계산 방식에 따른다.

(3) 또한 원고는 피고들의 위 저작권 침해행위로 인하여 원고가 이 사건 1 대본의 리메이크작품 등의 2차적 저작물을 집필할 수 없게 되는 손해를 입었음을 전제로 이 사건 1대본의 리메이크 대본을 직접 집필할 경우를 상정하여 그 회당 원고료인 2,000만원을 기초로 계산한 손해액을 주장하고 있으나 이를 인정할 만한 증거가 없으므로 원고의 이 부분 주장은 받아들이지 아니한다.

나. 정신적 손해

피고들의 저작권 침해행위로 인하여 원고가 정신적인 충격을 받았음은 경험칙상 인정된다 할 것이고, 갑 제5호증의 1 내지 59, 갑 제9호증의 1 내지 5, 을 제6호증의 각 기재 및 변론 전체의 취지에 의하면, 원고의 항의에 대하여 피고들은 이 사건 2드라마를 계속 추진하였고, 원고가 후배들의 새로운 창작과 시도를 억누르고 부당하게 방해하거나 중단시키려는 시도라고 폄하하는 내용의 글이 인터넷 게시판에 올려지기도 하였으며, 이러한 상황에서 원고가 돈을 노리고 소송을 제기한 것이라는 등의 글들이 게재되기도 한 사실을 인정할 수 있는바, 이러한 과정에서 원고가 받았을 정신적 고통도 충분히 짐작할 수 있다고 할 것이다.

이러한 원고의 정신적 고통에 대하여 피고들은 금전으로나마 위자할 필요가 있다고 할 것인바 원고의 국내에서의 작가로서의 명성, 피고들의 침해의 정도, 재산적 손해의 회복 정도, 기타 변론에 나타난 제반사정을 종합하면 그 위자료는 금 60,000,000원으로 정함이 상당하다.

4. 결 론

그렇다면, 피고들은 각자 원고에게 금 300,666,666원(재산상 손해 240,666,666원 + 위자료 60,000,000원) 및 이에 대하여 원고가 구하는 바에 따라 이 사건 소장이 피고들에게 모두 송달된 다음날인 2002. 4. 16.부터 피고들이 이행의무의 존부 및 범위에 관하여 항쟁함이 상당한 이 판결 선고일인 2004. 3. 18.까지는 민법이 정한 연 5%, 2004. 3. 19.부터 다 갚는 날까지는 소송촉진등에관한특례법이 정한 연 20%의 각 비율에 의한 지연손해금을 지급할 의무가 있다고 할 것이므로, 원고의 피고들에 대한 이 사건 청구는 위 인정범위 내에서 이유 있어 이를 인용하고 나머지 청구는 이유 없어 이를 기각하기로 하여 주문과 같이 판결한다.

재판장 판사 ○○○
판사 ○○○
판사 ○○○

|2|
〈태왕사신기〉

서울중앙지방법원

제8민사부

판결

사건	2006나16757 손해배상(지)
원고, 항소인	○○○
피고, 피항소인	○○○
제1심 판결	서울중앙지방법원 2006. 6. 30. 선고 2005가단197078 판결
변론종결	2007. 3. 16.
판결선고	2007. 7. 13.

주 문

1. 원고의 항소를 기각한다.
2. 항소비용은 원고가 부담한다.

청구취지 및 항소취지

제1심 판결을 취소한다. 피고는 원고에게 금 50,000,000원 및 이에 대하여 이 사건 소장 부본 송달 다음날부터 다 갚는 날까지 연 20%의 비율에 의한 금원을 지급하라.

이 유

1. 원고의 만화 '바람의 나라' 집필과 피고의 시놉시스 '태왕사신기'의 발표

다음 각 사실은 당사자 사이에 다툼이 없거나, 갑 제1, 6, 18호증(가지번호 있는 것은 각 가지번호 포함, 이하 같다)의 각 기재에 변론 전체의 취지를 보태어 인정할 수 있다.

가. 원고는 'ㅁㅁ'이라는 필명의 만화작가로서, 1992년경부터 '바람의 나라'라는 제호의 만화를 저작하여 출판하였고, 피고는 '모래시계', '여명의 눈동자' 등을 쓴 드라마 작가로서, '태왕사신기'라는 제목의 드라마 시놉시스(synopsis)를 집필하여 2004. 9. 14. 서울 소공동 롯데호텔에서 제작발표회를 하였다.

나. 원고의 만화 '바람의 나라'(이하 '바람의 나라'라고만 한다)는 고구려 시대, 그중에서 특히 제3대 대무신왕(재위 18-44, 휘(諱) 무휼(無恤), 이하 '무휼'이라고만 한다) 시대를 배경으로 하며, 의인화된 사신수(四神獸)[1]가

---
[1] 고구려 고분벽화인 사신도에 나타난 동물형상을 한 현무, 청룡, 백호, 주작이다.

자신이 선택한 왕을 중심으로 부도(符都)[2]를 지향한다는 내용으로 그 줄거리는 별지 제1목록 기재와 같다.

라. 한편, 피고의 드라마 시놉시스 '태왕사신기'(이하 '태왕사신기'라고만 한다)는 고구려 제19대 광개토대왕(재위 391-413, 이름은 담덕(談德), 생존 시의 칭호는 영락대왕(永樂大王), 이하 '담덕'이라고만 한다) 시대를 배경으로 하여, 주인공인 담덕이, 진정한 주군을 찾아 그 주군과 함께 오래전에 떠났던 고향땅 신시(神市)[3]를 다시 찾기 위해 노력하는 사신(四神)[4]의 도움을 받으면서, 이 세상의 중심에 있는 것으로 알려진 단군의 나무를 찾아 그 땅에 도읍을 정하고 강한 나라를 만들기 위해 노력해 나가는 과정을 그린 작품으로 그 줄거리는 별지 제2목록 기재와 같다.

2. 원고의 주장

원고는, 피고가 원고의 승낙 없이 원고의 저작물인 바람의 나라에 의거하여 태왕사신기를 작성하였고, 양 작품 사이에 부분적·문언적 유사성은 없다고 하더라도, 바람의 나라의 근본적인 본질 또는 구조인, '사신을 의인화하여 누군가의 수호신으로 설정하고, 각각의 사신 캐릭터들에 대하여 작가만의 독창적이고 개성적인 특성을 부여함으로써 구체적이고 독특하게 개발된 캐릭터와 그 캐릭터들의 상관관계를 통해 부도 또는 신시를 지향한

---

[2] 부도의 개념에 관하여는 양 저작물의 실질적 유사성 판단 부분(제10면)에서 본다.
[3] 신시의 개념에 관하여는 양 저작물의 실질적 유사성 판단부분(제10면)에서 본다.
[4] 고구려 고분벽화인 사신도에 나타난 사방위신으로 현무, 청룡, 백호, 주작이다.

다는 이야기 패턴(전개방식) 및 기타 에피소드' 등을 차용하여, 원고의 바람의 나라와 포괄적·비문언적 유사성이 있는 태왕사신기를 발표함으로써 원고가 바람의 나라에 대하여 가지는 저작인격권 중 성명표시권 및 동일성 유지권과 저작재산권인 2차적 저작물 작성권을 침해하였으므로, 피고는 원고에게 이에 대한 손해를 배상할 의무가 있다고 주장한다.

3. 판 단

가. 이 사건 만화의 저작권자

위 인정사실에 의하면 원고는 바람의 나라를 창작하였고, 이는 예술의 범위에 속하는 창작물로서 저작권법에 의하여 보호받을 가치가 있는 창작성을 갖추었다고 할 것이므로, 원고는 바람의 나라의 저작권자로서 저작인격권 및 저작재산권을 갖는다고 할 것이다.

나. 의거관계 인정 여부

피고가 원고의 바람의 나라에 대한 저작권을 침해하였다고 하기 위하여는 우선 주관적 요건으로서 피고가 원고의 바람의 나라에 의거하여 태왕사신기를 제작하였어야 한다. 이러한 의거관계는 ① 이를 입증할 직접증거에 의하여 인정될 수도 있고, 직접증거가 없거나 부족한 경우라도 ② 피고가 원고의 만화에 대한 접근 기회, 즉 원고의 만화를 볼 상당한 가능성이 있었음이 인정되면 추인될 수 있다 할 것이다.

그러므로 살피건대, 이 사건에서 위 ①과 같이 의거 관계를 인정할 직접증거는 없으나, 갑 제4호증, 갑 제16호증의 각 기재 및 변론 전체의 취지에 의하면, 원고의 저작물인 바람의 나라는 1992년부터 '댕기'라는 잡지에 연재되기 시작하여, 1998년부터 2004년경까지 22권의 단행본으로 발간되었고, 2001년에는 서울예술단에서 뮤지컬로 공연되었으며, 2004. 3.경에는 소설로 발간되는 등 만화 및 소설의 영역에 있어서 저명성과 광범위한 배포성을 가지고 있어 피고로서도 이를 보거나 접할 구체적인 접근 기회를 가졌다고 봄이 상당하므로 이로써 의거관계가 추인된다고 할 것이다.

다. 실질적 유사성 인정 여부
(1) 실질적 유사성의 판단 범위

다음으로, 피고의 저작권 침해가 인정되기 위해서는 객관적 요건으로 두 저작물 사이에 실질적 유사성이 인정되어야 한다. 그런데 저작권의 보호대상은 학문과 예술에 관하여 사람의 정신적 노력에 의하여 얻어진 사상 또는 감정을 말, 문자, 음, 색 등에 의하여 구체적으로 외부에 표현한 창작적인 표현형식이고, 표현되어 있는 내용 즉 아이디어나 이론 등의 사상 및 감정 그 자체는 설사 그것이 독창성, 신규성이 있다 하더라도 원칙적으로 저작권 보호대상이 되지 않는 것이므로, 저작권의 침해 여부를 가리기 위하여 두 저작물 사이에 실질적인 유사성이 있는가의 여부를 판단함에 있어서도 창작적인 표현형식에 해당하는 것만을 가지고 대비하여야 할 것이다.

(2) 부분적·문언적 유사성과 포괄적·비문언적 유사성

원고는 피고가 바람의 나라의 근본적인 본질 또는 구조를 복제하였으므로 양 저작물에 포괄적·비문언적으로 유사성이 있다고 주장하고, 피고는 양 저작물은 모두 고구려시대에 관한 역사적 사실에 삼국사기, 단군신화 등의 신화적 요소를 가미하여 창작된 역사저작물로 일정한 소재나 주제 또는 추상적 줄거리에 있어서 표현방법이 한정적일 수밖에 없는데, 만일 포괄적·비문언적 유사성이 인정된다고 하여 저작권 침해가 된다면, 공유에 속하는 역사적, 신화적 소재를 원고의 전유에 남겨두게 되는 결과가 되어 부당하다고 주장한다.

살피건대, 어문저작물에 있어서 서로 다른 두 가지 형태의 유사성을 생각해 볼 수 있는데, 하나는 부분적·문언적 유사성이고 다른 하나는 포괄적·비문언적 유사성인바, 전자는 원고의 저작물 속의 특정한 행이나 절 또는 기타 세부적인 부분이 피고의 저작물에 복제된 경우를 말함에 비해, 후자는 피고가 원고의 저작물 속의 근본적인 본질 또는 구조를 복제함으로써 원·피고의 저작물 사이에 비록 문장 대 문장으로 대응되는 유사성은 없어도 전체적으로 포괄적인 유사성이 있다고 할 수 있는 경우를 말하는바, 위 두 가지 유사성 중 어느 하나가 있는 경우에는 실질적 유사성이 있는 경우에 해당한다고 할 것이다.

이 사건의 경우 원·피고의 저작물에 부분적·문언적 유사성을 찾아보기 어려울 뿐만 아니라 양 저작물이 그 분량이나, 종류, 형태가 상이함에 비추어 부분적·문언적 유사성보다는 포괄적·비문언적 유사성이 있는지에 관하여 살펴보아야 하고, 포괄적·비문언적 유사성을 검토한다고 하더라도 역사나 신화 등 이른바 '공중의 영역'에 속하는 부분은 저작권에 의하여 보호되지 않는 아이디어에 해당하는 것으로 그 판단의 대상에서 제외한다면, 역사적, 신화적 소재를 원고의 전유에 남겨두게 되는 결과를 초래하지는 않는다 할 것이다.

(3) 만화와 시놉시스 사이의 실질적 유사성 비교의 가부

피고는, 원고의 바람의 나라는 이미 22권의 단행본으로 출간된 완전한 형태의 만화저작물임에 비해, 피고의 태왕사신기는 '태왕사신기' 드라마의 제작 발표회에서 투자 유치를 위해 앞으로 피고가 저술할 드라마 시나리오의 대략적인 개요를 간단하게 정리하여 참석자들에게 배포한 시놉시스로서, 그 자체가 최종적이고 만족적인 어문저작물로 보기 어려운 면이 있으므로 실질적 유사성을 인정하기 어렵거나, 유사성 판단의 기준이 더욱 엄격하게 적용되어야 한다고 주장한다.

그러나, 갑 제1호증의 기재에 의하면 태왕사신기는 A4 용지 35매에 걸쳐 작성된 것으로서 단순한 아이디어 차원을 넘어 각 등장인물들의 성격과 그들 상호 간의 상관관계, 대략적인 줄거리, 에피소드 등을 포함하고 있어 그 자체로 독자적인 완성된 저작물로 존재한다고 판단되고, 피고의 시놉시스가 바람의 나라와 실질적인 유사성이 인정된다면, 바로 원고에 대한 저작권 침해가 인정되는 것이고, 그것이 시나리오, 드라마의 형태로 다음 단계의 저작물들을 예상하고 있다는 이유만으로 실질적 유사성 판단의 대상이 되지 않는다거나, 판단기준을 완화하여야 한다는 근거가 없다고 할 것이다.

(4) 소재, 주제 등에 있어서의 실질적 유사성 판단

(가) 원고는 원·피고의 저작물이 바람의 나라의 근본적인 본질 또는 구

조인, 사신을 의인화하여 누군가의 수호신으로 설정하고, 각각의 사신 캐릭터들에 대하여 작가만의 독창적이고 개성적인 특성을 부여함으로써 구체적이고 독특하게 개발된 캐릭터와 그 캐릭터들의 상관관계를 통해 부도 또는 신시를 지향한다는 이야기가 실질적으로 유사하다고 주장하는바, 별지 목록 기재 각 줄거리에 의하면 원·피고의 저작물은 '고구려를 배경으로 하여 고구려의 고분벽화인 사신도에서 발견되는 사신 또는 사수를 의인화하여 주인공 등의 수호신으로 설정하고, 주인공이 사신의 도움을 받아 부도 또는 신시라는 목표를 추구한다는 점'에서 그 역사적 배경, 소재 및 주제, 표현기법 등을 공통으로 한 결과 전체적인 관념이나 느낌에 있어서 유사성이 감지된다. 그런데 위와 같은 유사성이 저작권에 의하여 보호되지 않는 아이디어를 공통으로 한 데서 비롯된 것이라면 양 저작물은 실질적으로 유사하다고 볼 수 없는바, 이하에서는 위 공통된 요소들이 저작권에 의하여 보호되는 구체적인 창작적 표현형식에 해당되는지 여부에 관하여 살펴보기로 한다.

아래에서 보게 될 각 사실은 갑 제1 내지 3호증, 갑 제6호증, 갑 제18호증, 을 제1 내지 13호증, 을 제14, 16호증의 각 기재에 변론 전체의 취지를 보태어 인정할 수 있다.

(나) 사신개념의 사용

원·피고의 저작물은 고구려 고분벽화인 사신도(四神圖) 또는 사수도(四獸圖)[5]의 현무, 주작, 청룡, 백호를 소재로 삼아 주요한 등장인물로 형

---

[5] 사신도 또는 사수도는 천상(天象)과 음양오행설을 도화적으로 표현한 회화로 고구려 고분에서 많이 발견된 벽화인데, 각 동물의 형상을 한 사방위신, 즉 북쪽에는 뱀과 거북의 모

상화하였다는 점에서 유사하나, 이는 누구나 이용할 수 있는 공공의 지적 자산이므로, 피고가 사신을 작품의 소재로 삼은 것 자체만으로 원고의 저작권을 침해한다고 볼 수 없다.

(다) 사신의 의인화

원·피고의 저작물은 사신 또는 사신수가 의인화되어 있다는 점이 유사하나, 의인법이란 인간 이외의 사물이나 추상 개념에 인격적인 요소를 부여해서 표현하는 수사법으로 어문저작물에 있어서 일반적으로 사용되는 표현형식으로 공유되어야 할 아이디어에 해당한다 할 것이고, 원고의 작품 이외에도 사신을 의인화한 만화로 1992년부터 일본에서 단행본으로 출간된 와타세 유유의 '환상게임', 시노하라 치에의 '푸른 봉인' 등이 있는 점에 비추면, 사신에 의인법을 적용한 것이 원고만의 독창적인 표현으로 보호되어야 한다고 보기 어려울 뿐만 아니라, 바람의 나라에서는 사신수 중 현무와 청룡은 그들이 수호하는 주인과 이체(異體)로 존재하며 그를 위해서 싸우는 장면에서는 사신도의 현무, 청룡과 유사한 동물의 형상으로 변하여 초인적인 힘을 발휘하지만, 평상시에는 인간의 형상을 갖추고 있고, 자의식을 갖고 단독으로 행동하거나 말하기도 하며, 사랑을 하기도 하는 등 의인화되어 있는데, 백호와 주작은 전투 장면에서만 호랑이, 새의 형상으로 화하여 수호수로서의 이미지를 드러낼 뿐 주인과 이체로서 등장하거나 의인화되어 있지 않은 반면, 태왕사신기에서 사신은 동물로서의 속성

양을 한 현무, 남쪽에는 새 모양의 주작, 동쪽에는 용의 모양인 청룡, 서쪽에는 호랑이 모양의 백호가 각 중앙의 황룡을 받들고 있는 그림이다.

은 전혀 나타나 있지 않고, 사방을 지키는 수호신으로서의 이미지가 부각되어 있으며, 그들이 원래 사신이라는 것을 자각하지 못한 채 여러 차례 인간으로 환생하며 이 땅에 살아오는데, 때가 되어 담덕을 주군으로 모시는 사신으로서의 자각이 이루어진 후에도 인간과 같이 말을 하고, 행동하며, 사랑을 하기도 하는 등 의인화되어 있다는 점에서 그 의인화의 방법이 확연히 구별된다.

(라) 사신의 수호신으로서의 설정

원고의 바람의 나라에서 사신수 중 현무는 암현무 '무파', 수현무 '사구'로서 부여의 대소왕을, 청룡 '하얀사녀'는 주인공인 고구려의 무휼을, 백호는 고구려 상장군인 괴유를, 주작은 무휼의 누이인 세류를, 또 다른 주작은 부여의 왕자 용을 각 수호하는 수호수로, 이외에 봉황, 난새 등이 다른 등장인물들의 수호수로 등장하는데, 주인들이 위험에 처하거나, 전투를 할 때 나타나서 함께 싸우면서 그 주인들을 수호하는 역할을 하는 반면, 피고의 태왕사신기에서 사신은 고조선 시대에서부터 이 땅에 존재하였는데, 사신 모두가 처음에는 단군을, 다음 고구려 건국 때는 주몽을, 현생에서는 담덕을 주군으로 삼아 그를 수호하며 그의 목표를 이루기 위해 돕는 역할을 하는바, 양 작품은 사신 또는 사신수가 누군가를 수호하는 수호신 또는 수호수로 설정되어 있다는 점에서 유사하다.

그러나 아이디어 자체는 저작권법에 의한 보호를 받을 수 없고, 나아가 어떠한 아이디어를 표현하는데 실질적으로 한 가지 방법만 있거나, 하나 이상의 방법이 가능하다고 하더라도 기술적인 또는 개념적인 제약 때문에 표현방법에 한계가 있는 경우에는 그러한 표현은 저작권법의 보호대상이 되지 아니하거나 그 제한된 표현을 그대로 모방한 경우에만 실질적으로 유사하다고 할 것인데, 사신이 본래 사방을 지키는 수호신이라는 개념에서 출발하고 있으며, 이러한 사신의 개념 본질적 요소 때문에 사신을 작품의 소재로 사용하면서 누군가를 수호하는 수호신으로 설정한 표현은 제한된 표현방법 중 하나로서 저작권법의 보호대상이 되지 아니하고, 바람의 나라에서 각 신수는 자신이 선택한 각 주인인 개인을 수호하고, 대립되는 주인의 신수들은 서로 싸우거나 죽이기도 하는 역할로, 태왕사신기에서 각 사신은 1명의 주군을 수호하는데, 단군, 주몽, 담덕으로 대표되는 우리나라를 공동으로 수호하는 역할로 설정되어 있다는 점에서 피고가 그 제한된 표현을 그대로 모방하였다고 볼 수도 없다.

(마) 부도, 신시의 유사성

원고는, 원고가 대무신왕 당시 고구려 영토와 대무신왕이 영토확장을 했던 경로 등 역사적 사실로부터 대무신왕이 옛 고조선 영토인 신시와 신시의 법을 회복한다는 주몽의 '다물(多勿)' 이념을 계승하여 신시를 되찾기 위해 노력하였다는 것을 추론해 내고 이를 표현하기 위해 부도를 '신시'와 같은 의미로 사용하였는바, 피고는 광개토대왕 시대에는 이미 위 지역이 회복되었음에도 불구하고, 그러한 역사적 사실을 무시한 채, 만연히 담덕이 주몽의 다물이념을 계승하여 신시를 회복하고자 노력하였다고 단정하고, 이를 표현하기 위해 '신시'를 작품에 차용하였는바, 이는 피고가 바람의 나라에서 원고가 쓴 '부도'의 위와 같은 표현적 의미를 베껴 '신시'로 대체하면서 시대적 배경만 광개토대왕 시대로 옮긴 결과라고 주장한다.

우선, '부도'는 신라 박제상의 '부도지'에 의하면 파미르 고원 너머에 위치한 마고성으로 단군(임검씨)이 잃어버린 마고성의 현실 재현을 위하여 건설한 신시를 의미하는 것이고, '신시'는 일반적으로 신단수 아래 환웅이 열었다는 신시로 정의되거나, '환단고기'[6]에 의하면 단군조선 이전에 존재하던 배달국의 문명도시인 '신시' 등을 의미하는바, 둘 다 인류 문화의 공통유산인 고대문헌이나 신화에서 유래하는 것으로 공유의 영역에 속하므로 이와 같은 소재는 저작권에 의하여 보호되지 않는 아이디어에 속한다.

나아가 피고가 신시를 작품에 도입함에 있어 바람의 나라에서 원고가 부도를 통하여 표현하고자 하였던 의미를 모방하였다는 점에 관하여 살피건대, 위 신시의 유래에 비추어 신시는 반드시 특정한 지역이라기보다는 고토회복의 목표나 파라다이스 등 상징적 의미로 사용될 수 있고, 주몽의 다물이념 또한 구체적 지역의 회복이라기보다는 잃어버린 옛 땅의 회복이라는 의미로 누구나 사용할 수 있는 아이디어에 해당한다고 할 것이고, 신시는 일반적으로 삼국유사(三國遺事)에 나오는 환웅천왕이 태백산 신단수(神壇樹) 아래 인간 3000명을 거느리고 세운 도시이며 고조선의 건국지라고 정의되나, 그 구체적인 지역에 관하여 역사학자들 사이에 여러 가지 견해가 있어 어느 곳이라고 단정하기 어려운 점, 태왕사신기에서 신시는 '대륙의 중앙, 고향땅 신시, 단군의 나무가 있는 곳' 등으로 추상적으로 표현되어 있어 구체적으로 어느 지역인지는 나타나 있지 않은 점, 태왕사신기는 고구려 영토가 상당히 축소되어 있던 무휼의 어린시절부터 이야기가 시작되는 점 등을 고려하면, 광개토대왕 시대의 영토 등 역사적 사실을 바

---

6) 1911년 계연수가 저술한 한국 고대에 관한 사서

탕으로 하더라도 피고가 신시의 회복을 소재로 사용한 것이 명백한 오류에 해당하여 원고의 표현을 모방한 것이라고 추인하기도 어려워 위 주장은 이유 없다.

(바) 주인공이 사신의 도움을 받아 부도, 신시를 지향하는 줄거리의 유사성

앞서 본 바와 같이 원·피고의 저작물은 주인공이 사신의 도움을 받아 신시 또는 부도를 지향한다는 점에서 양 작품의 주제 또는 전체적인 줄거리가 유사하다. 그러나 어문저작물에 있어서 사상이나 주제는 일반적으로 구체성이 없어 저작권법에 의하여 보호되는 표현의 영역에 포함된다고 보기 어려우므로 양 저작물이 실질적으로 유사하다고 보려면, 그 사상이나 주제의 유사성만으로는 부족하고, 나아가 그 사상이나 주제가 구체화되는 사건의 구성 및 전개과정과 등장인물의 교차 등에 공통점이 있어야 한다 할 것이다. 이 사건의 경우, 주인공이 사신의 도움을 받아 부도나 신시를 지향하는 줄거리는 양 작품에 관한 가장 일반·추상적인 골격 내지 형태로서 양 작품의 주제에 해당한다고 할 것인데, 그 요소가 되는 '사신', '사신의 의인화나 수호신로의 설정', '부도'나 '신시'라는 소재나 표현기법이 공유의 영역에 속하는 것임은 앞서 본 바와 같으므로, 이를 제외한 나머지 공통된 요소는 '주인공 또는 훌륭한 지도자가 주위의 충성스러운 보필자, 조력자의 도움을 받아 그 이상을 추구한다'는 주제 또는 줄거리만이 남는바, 이는 수많은 영웅담에서 나오는 일반적이고 전형적인 주제 또는 줄거리로서 구체성이 결여되어 있으므로 만인이 공유하여야 할 것으로서, 이를 저작권법에 의하여 보호되는 표현의 영역 안에 포함시키기는 어렵다 할 것이므

로 이러한 공통점만으로 양 저작물이 실질적으로 유사하다고 볼 수 없다.

(5) 사신 캐릭터들 사이의 개별적인 유사성

(가) 원고의 주장 및 판단의 기초

원고는, 원고가 바람의 나라에서 의인화된 사신 등 여러 등장인물에 대하여 원고만의 독창적이고 개성적인 특성을 부여함으로써 구체적이고 독특하게 개발된 등장인물과 피고 작품에서의 사신들의 개별적인 캐릭터가 실질적으로 유사하다고 주장한다. 살피건대, 소설 등 문학작품에 있어서의 등장인물은 그 자체로는 저작권에 의하여 보호되는 표현에 해당한다고 볼 수 없으나, 구체성, 독창성, 복잡성을 가진 등장인물이거나, 다른 등장인물과의 상호과정을 통해 사건의 전개과정과 밀접한 관련을 가지면서 보호되는 표현에 해당할 수 있고, 그 등장인물이 작품에서 차지하는 비중이 클수록 이를 차용하는 경우 실질적 유사성이 인정될 가능성이 높아진다. 따라서 아래에서는 원고가 주장하는 등장인물 간의 유사성에 대하여 우선, 유사성이 인정되는지(이하 '1단계 유사성'이라고 한다), 다음, 그 등장인물의 특징이 구체성, 독창성, 복잡성이 인정되거나, 다른 등장인물들 간의 상호과정을 통해 사건의 전개과정과 밀접한 관련을 가지면서 표현으로 보호되는 것에 관한 유사성인지, 마지막으로 그 표현 사이에 실질적 유사성이 인정되는지에 관하여 차례로 검토하여야 할 것인바, 아래에서 인정하는 각 사실은 갑 제1호증, 갑 제6, 18호증, 을 제7, 14, 23, 24, 25호증의 각 기재에 변론 전체의 취지를 보태어 인정할 수 있다.

(나) 현무 캐릭터의 유사성 판단

원고는, 먼저 바람의 나라의 현무와 태왕사신기의 현무는 나이가 많다는 점, 나라를 넘어 이동하고 지혜가 뛰어나며 하늘에서 두 개의 별을 보고 예언이나 계시를 얻는다는 점 등에서 유사점이 인정된다고 주장한다.

살피건대, 바람의 나라의 현무는 주인공 무휼과 적대적 관계에 있는 부여의 왕 대소의 수호수인 암현무 '무파'와 수현무 '사구'로서 수시로 고구려로 와서 무휼을 곤경에 빠지게 하거나, 끊임없이 싸우는 신수이고, 요괴의 모습으로 표현되며, 특히 사 구는 '하늘이 허락한 천년을 곱으로 더 살며 이 땅의 살아 있는 신'이 되는 것이 그의 목표이며, 그 목표를 위해 대소가 자신의 대를 잇게 하려는 용을 없애려고 공격하기도 하는 인물로 묘사되는 반면, 태왕사신기의 현무 '주안'은 사신 중 가장 먼저 사신임을 자각하고, 주군을 찾아 남아있는 사신들을 자각시키기 위해 떠돌아다니며, 담덕과 죽음의 길을 함께 하는 다른 사신들과 달리 사신 중 가장 끝까지 살아남아, 담덕의 사후 무덤에 사신의 영을 불러모으는 역할을 하고, 병법, 천문 등에 능한 지혜로운 인물로 묘사되는바, 두 인물의 전체적인 캐릭터에 관하여 보통 관찰자의 입장에서 볼 때 1단계 유사성조차 인정된다고 보기 어렵다. 다만, 두 개의 별을 보고 예언이나 계시를 얻는다는 유사점에 관하여 살피건대, 바람의 나라에서 현무 사구는 하늘의 별에 빗대어 부여의 운명에 대하여 예견하는바, '하늘의 큰 별이 지고, 숱한 희생의 잔별들이 지면 이윽고 규룡(奎星 : 이십팔수의 열다섯번째 별자리로 부여의 형제들을 말한다) 이 반룡(蟠龍: 아직 승천하지 아니하고 땅에 서려있는 용, 실성이며 여기서는 부여의 왕자 용이다)을 죽일 것이다'라고 말한다는 점(바람의 나라 제22권)과 태왕사신기에서 현무 주안이 두 개의 별을 보고, 담덕과 수의 탄생을 예지한다는 점 사이에 일견 유사성이 인정되나, 천기를 읽는 인물은, 영웅담에서는 흔히 사건의 발생이나 결말 등에 관한 복선이 예지자의 예언 등의 형태로 나타나는 점, 두 작품이 점성술과 천문학이 발달된 고구려를 시대적 배경으로 하는 점에 비추어 구체성이 결여된 일반적인 등장인물로 아이디어의 영역에 속하는 것이어서 피고가 그 구체적인 표현을 베끼지 않는 한 원고의 저작권을 침해하는 것이라 할 수 없는바, 바람의 나라에서 현무 사구는 '부여의 대소왕이 죽으면, 그 형제들이 부여의 왕자 용을 죽일 것이다'는 의미로, 태왕사신기에서는 현무 주안은 주군이 될 가능성이 있는 두 사람인 담덕과 백제의 아신왕 수(須)의 탄생을 예언하는 것으로 그 구체적인 내용과 표현형식에 있어서 차이가 있다.

(다) 청룡 캐릭터의 혼성모방

원고는 태왕사신기의 청룡 '처로'는 먼 옛날 소서노를 남몰래 사랑했을지도 모를 인물로 깊은 산속에서 혼자 은거하고, 스스로 시력을 포기하고 잠을 자고, 자연과 말이 통한다는 점에서 바람의 나라에서 세류를 오랫동안 지켜보면서 망설이는 사랑을 하고, 오랜 잠을 자는 백호 '괴유'와, 주인의 심리상태에 따라 눈이 멀기도 하는 청룡 '하얀사녀'와, 산짐승, 나무들과 이야기가 통하는 천녀 '가희'와 그 특징이 유사한바, 이는 피고가 원고의 위 캐릭터들을 혼성모방한 결과라고 주장한다.

살피건대, 먼저 태왕사신기의 청룡 처로와 바람의 나라의 백호 괴유와의 유사성에 관하여 보건대, 태왕사신기의 청룡 처로가 소서노를 남몰래 사랑하는 점이 바람의 나라에서 백호 괴유가 세류에 대하여 망설이는 사랑을 한다는 점과 유사한 측면이 있으나, 자신의 마음을 표현하지 못하고 오랫동안 망설이는 사랑을 하는 등장인물은 수많은 문학작품에서 나타나는 것으로 구체성이 결여되어 있으며, 의인화된 사신 중의 한 명이 그런 사랑을 한다고 해서 원고만의 독창성 있는 표현으로 저작권에 의하여 보호된다고 할 수 없다 할 것이다. 또한, 태왕사신기에서 청룡 철로가 오랜 잠에 빠지게 된다는 점은 청룡 처로의 특징으로 나타나 있지 않아(다만, '고조선을 세울 때 단군 왕검과 함께 있던 세 수호신이 이후 오랫동안 이 땅에 머물며 마땅한 주군을 만나지 못하면 긴 잠을 자며 때를 기다리다가, 주몽을 만나 다시 자각을 하게 된 청룡, 백호, 현무의 현신이다'라는 이야기가 있으나, 이는 청룡 처로만의 특징을 묘사한 것이라고 볼 수 없다), 바람의 나라의 백호 괴유가 오랜 잠에 빠진다는 특징과 유사성이 인정되지 아니하므로 이를 전제로 한 주장은 더 나아가 살필 필요 없이 이유 없다.

다음, 태왕사신기의 청룡 처로와 바람의 나라의 청룡 하안사녀와의 유사성에 관하여 보건대, 두 작품에서 청룡이라는 등장인물이 시력을 잃는다는 점이 유사하나, 원고의 바람의 나라에서 청룡 하안사녀는 주인인 무휼이 부여의 현무와 싸우다가 눈을 다치자 청룡 하안사녀도 눈이 멀었다는 이야기가 나오는 반면(바람의 나라에서는 하안 사녀가 시력을 상실하였다는 점에 관하여 직접적으로 묘사되어 있지 않으나, 무녀인 해오녀가 "마마의 청룡은 눈 멀었어요"라고 말하는 대사(제9권), 무휼의 "눈 먼 나의 용아"라는 독백(제21권) 등으로보터 위 사실이 추측된다), 태왕사신기에서의 청룡 처로는 자신에게 상처를 주는 세상이 싫어서 스스로 시력을 닫고 지내는 것으로서 청룡의 눈이 멀게 된 원인이 다르고, 바람의 나라에서는 주인과 신수 사이의 심리적 동일성을 나타내기 위한, 태왕사신기에서는 세상과의 단절이나, 포기, 은둔 등을 표현하기 위한 상징적 도구로 위와 같은 특징이 쓰였다는 점에서 그 의미도 달라 실질적으로 유사하다고 볼 수 없다.

마지막으로 태왕사신기의 청룡 처로와 바람의 나라의 천녀 가희와의 유사성에 관하여 살피건대, 양 작품에서 위 등장인물들이 동식물과 말이 통한다는 점은 유사하나, 그리스 신화에 등장하는 님프, 우리나라 구전설화 중 '새소리를 알아듣는 남자', '쥐 소리를 알아듣는 며느리', 존 로날드 로웰 톨킨의 소설 '반지의 제왕'의 엘프족과 같이 많은 이야기에서 동식물 등 자연과 말이 통하는 사람이 흔히 등장하는바, 이러한 전형적인 등장인물은 누구나 떠올릴 수 있는 아이디어에 불과하고 원고만의 독창적인 개성이 나타난다고 볼 수 없으므로, 이러한 아이디어의 유사성만으로 양 저작물이 실질적으로 유사하다고 볼 수 없다.

따라서 피고가 태왕사신기의 청룡 처로를 원고의 바람의 나라의 백호 괴유, 청룡 하안사녀, 천녀 가희의 캐릭터들을 혼성 모방하여 만든 것이라는 원고의 주장은 피고의 청룡 처로와 원고의 위 세 등장인물의 어느 하나와의 전체적인 유사성이 감지되지 않을 뿐 아니라, 등장인물들의 개별적인 특성 하나하나를 놓고 보더라도, 위와 같이 그 1단계 유사성이 인정되지 아니하거나, 1단계 유사성이 인정되는 부분은 일반적이고, 단순하며, 전형적인 캐릭터로서 저작권법에 의하여 보호되지 않는 아이디어에 해당하는 부분에 국한될 뿐, 나아가 표현에 있어서는 실질적 유사성이 인정되지 아니하므로, 더 나아가 살필 필요 없이 이유 없다.

(라) 백호 캐릭터의 유사성 판단

원고는 태왕사신기의 백호 모두루는 ① 몰락한 가문의 아들이고, ② 자신이 아끼던 서천왕의 둘째 아들 돌고가 그 형의 시기를 받아 역적으로 몰려 죽어버리자, ③ 인간에게 염증을 느끼고 깊은 잠에 들었다는 점, ④ 못생긴 과부지만 현명하고 용감한 여자와 결혼한다는 점에서 바람의 나라에서 부여에 의하여 멸문된 은씨 집안의 아들로서, 존경하던 해명태자가 아버지인 유리왕의 미움을 받아 유리왕의 명으로 자결하는 것을 보고, 깊은 잠에 빠지게 되며, 과부지만 용감하고 현명한 세류의 연인이 되는 백호 괴유와 유사하다고 주장한다.

살피건대, ①②의 점이 유사하다고 하더라도, 몰락한 가문 출신의 인물이 섬기는 왕 또는 가장 친한 친구 등이 권력싸움 등으로 희생을 당하고, 그것이 그 인물의 행동에 대한 모티브가 되는 것은 무협지나, 의(義), 충(忠)을 주제로 하는 많은 영웅담에서 전형적으로 나타나므로, 누구나 공유할 수 있는 아이디어에 해당한다고 할 것이고, ③ 사신 중 하나가 오랜 잠에 빠진다는 특징은, 동물의 겨울잠 등으로부터 누구나 생각해 낼 수 있고, 이미 동화 '잠자는 숲 속의 미녀', 버지니아울프의 소설 '올란도' 등 많은 작품에서 망각, 죽음, 영원한 시간 등을 상징하는 소재로 쓰였으므로, 독창성, 구체성, 복잡성을 가졌다고 볼 수 없어 그 자체로는 아이디어에 해당하여 저작권의 보호 대상이 되지 아니한다고 할 것이다. 그런데 원고의 바람의 나라의 백호 괴유는 해명태자로부터 숨을 멎는 법을 배웠는데, 은곡의 숲으로 세류를 찾으러 온 무휼을 구하기 위하여 요괴 자목과 싸우다 기를 빼앗겨 죽음의 상태로 들어가나 깊은 숲 속에서 잠을 자면서 숨을 멎는 법을 통하여 재생의 시간을 갖다가 자신의 목표인 부여왕 대소를 치게 되는 때에 생명을 얻어 일어나, 부여왕 대소를 죽이고, 부여전이 끝난 지 얼마 되지 않아 죽게 되는바, 백호 괴유의 잠은 위와 같이 재생의 시간, 어떤 목적을 달성하기 위한 생명의 연장이라는 복잡하고 구체적이며 독창적인 특징을 가진다 할 것이므로, 피고가 이러한 부분까지 차용하였다면 실질적인 유사성이 인정된다고 할 것이나, 피고의 태왕사신기에서는 전생의 백호가 인간에게 염증을 느껴 오랜 잠에 빠진다는 것으로 바람의 나라에서 백호 괴유의 잠이라는 원고의 독창적인 표현을 모방한 것이 아닐 뿐 아니라, 태왕사신기에서 깊은 잠에 빠진다는 것은 생리적, 물리적 의미의 잠에 빠진다는 의미가 아니라 오랫동안 사신으로서의 자각을 하지 아니한 채 여러 생을 살아간다는 의미로 해석될 수 있어 실질적으로 유사하다고 보기 어렵다. 또한 ④ 태왕사신기에서 현생의 백호 모두루는 '수많은 미녀들을 돌같이 보고, 못생긴 과부지만 용감하고 현명한 여자와 결혼하며, 평생 아내와 담덕과 군대를 똑같이 사랑했다고 자부한다'고 묘사되는 반면, 바람의 나라에서 백호 괴유는 용감하고, 새를 부리는 신기가 있는 세류 공주에게 처음부터 마음이 끌리나, 자신은 하늘로부터 목숨을 빌어 사는 것이라서, 즉 대소왕을 죽이기 위한 목표를 위해 숨을 멎는 법을 통해 목숨을 연장할 뿐, 그 목표를 이루고 나면 죽을 운명임을 알기에 이승에서의 인연을 만들지 않기 위해 세류에게 정을 주지 않으려 하다가, 자신을 위해서 주작을 희생시킨 세류에게 결국 사랑을 고백하게 되고, 대소왕을 죽이고 나서 자신도 곧 죽게 된다. 그렇다면, 세류가 용감하고, 과부라는 점{세류는 어렸을 때 날개 달린 기산의 천인(天人)과 혼인하나, 그가 세류의 사랑을 받지 못하고 인간의 시간을 견디지 못하여 너무 빨리 늙어버려 혼인한 지 한 달도 안되어 죽어버린다}을 고려하더라도, 백호 괴유가 세류의 연인이 된다는 점에 있어서 위 모두루의 특징과 1단계 유사성이 있다고 보이지 아니하므로, 이 부분에 관한 주장은 더 나아가 살필 필요 없이 이유 없다.

(마) 주작 캐릭터의 혼성모방에 관한 판단

원고는 태왕사신기의 주작 수지니는 침몰당한 명문가 출신이라는 점, 어린시절을 궁에서 보내고 쾌활한 성격을 가진 점, 현무에게 죽임을 당할 뻔 한다는 점에서 바람의 나라에서 부여의 주작인 용과, ① 유일한 여성이라는 점, ② 어린 시절부터 떠돌며 지냈다는 점, ③ 사랑하는 두 남자 사이에서 갈등하게 되며, ④ 형제국 간의 전쟁을 막으려 노력한 점에서 바람의 나라의 세류와 유사한바, 이는 피고가 용과 세류의 캐릭터를 혼성모방한 결과라고 주장한다. 먼저, 수지니와 용 사이의 유사점에 관하여 살피건대, 바람의 나라에서 부여의 용은 부여의 왕자로 어렸을 때 부모를 잃고 누나 '연'마저 고구려 무휼의 차비(次妃)로 정략결혼을 떠나면서 할아버지인 대소왕의 막내 동생 '충구'의 보호를 받으며 자라는데 궁궐의 법도에 얽매이지 않고, 버릇이 없고 제멋대로인 아이로 표현되고, 연이 무휼의 버림을 받아 죽었다고 생각하여 무휼에 대하여 분노를 품고 있는 인물이며, 부여의 현무 사구로부터 용이 부여의 왕위를 물려받게 되면 자신의 꿈에 방해가 될 것으로 판단되어 공격을 당하는 반면, 태왕사신기의 주작 수지니는 백제 진사왕에 의해 가문이 몰락하면서 현무 주안으로부터 구출되어 주안과 함께 떠돌다 보니, 백제의 왕자 수의 스승이 된 주안을 따라 어린 시절을 궁궐에서 생활하게 되나, 궁궐의 법도에 얽매이지 않고 장난을 잘 쳐 호롱불처럼 주위를 환하게 하는 성격인데 나중에 세상을 어지럽히는 흑 주작으로 자각하여 현무 주안으로부터 죽임을 당할 뻔 하는바, 양자의 성격이나 특징이 전혀 유사하다고 보이지 아니하고, 현무로부터 죽임을 당할 뻔 한다는 설정 그 자체는 유사하나, 그 사건에 이르는 동기나 과정, 의미가 달라 실질적으로 유사하다고 볼 수 없다.

다음, 수지니와 세류 사이의 유사점에 관하여 보건대, ① 태왕사신기에서 주작인 수지니가 사신 중 유일한 여성이라는 사실은 인정되나, 바람의 나라에서 주작은 세류의 남편이었던 기산의 천인이 화한 것으로 그 속성은 남성이라고 볼 수 있는 점, 다른 사신수 중 암현무 무파, 청룡 하얀사녀도 여성이라는 점에서 바람의 나라에서 주작이 사신수 중 유일한 여성임을 전제로 한 원고의 주장은 이유 없고, ② 어린 시절부터 떠돌며 지낸다는 점은 유사하나, 한 곳에 머물러 살지 않고 떠도는 등장인물이 구체적이고 독창적인 인물유형에 해당되어 표현으로 보호된다고 보기 어렵고, 설사 사신 중 주작 또는 주작이 주인으로 섬기는 사람이 그러한 특징을 공통으로 한다는 점에 대하여 원고가 보호를 구하는 것이어서 표현에 해당된다고 보더라도 태왕사신기에서 고아인 수지니는 진정한 주군을 찾아 떠도는 현무 주안으로부터 딸처럼 보살핌을 받으면서 자라기 때문에 주안과 함께 백제, 고구려를 떠돌게 된 반면, 바람의 나라에서 세류는 고구려의 공주이므로 궁에서 살아야 함에도 불구하고, 새를 다루는 신기가 있어 아버지인 유리왕의 미움을 받아, 어린 시절부터 궁에 머무르지 못하고 세상을 방황하게 되는바, 그 동기나 의미가 확연하게 달라 실질적으로 유사하다고 볼 수 없다. 또한 ③ 수지니는 담덕과 수를, 세류는 괴유와 무휼을 사랑하여 두 남자 사이에서 갈등하게 된다는 점이 유사하나, 사랑하거나, 사랑받는 두 남자 사이에서 갈등하는, 소위 삼각관계에 놓이는 여주인공은 수많은 문학작품에서 볼 수 있는 전형적인 인물유형으로 저작권으로 보호되는 표현이라고 볼 수 없어 더 나아가 살필 필요 없고, 위 ④의 점은 태왕사신기에서 주작 수지니는 백제와 관련을 맺고 있는 전생의 소서노로서, 또는 주안의 가르침을 받아 고구려와 백제가 형제국임을 인식하여 백제와 고구려 사이의 전쟁을 막기 위해 백제와 싸우려는 담덕을 설득하는 반면, 바람의 나라에서 세류가 두 나라 사이의 전쟁을 막으려 한다는 특징은 찾아볼 수 없어 이 점에서 유사성이 있다는 원고의 주장은 더 나아가 살필 필요 없이 이유 없다(다만, 바람의 나라의 세류가 무휼의 신수인 청룡과 무휼의 아들 호동의 신수인 봉황 사이에 살(煞)이 있어, 무휼이 봉황을 죽인다면 호동의 목숨에 위험이 따를 염려가 있어, 봉황의 존재를 숨기려 하거나 부자간의 싸움을 막으려 한다는 에피소드가 나오나, 이것만으로 태왕사신기의 수지니가 두 나라 사이의 싸움을 막으려 노력한다는 점과 유사하다고 보기 부족하다).

(6) 캐릭터 사이의 상관관계를 통한 이야기전개, 에피소드 등에 있어서의 유사성

(가) 원고의 주장

원고는, 설사 위 등장인물들이 그 자체로서 저작권법의 독자적인 보호를 받기 어렵다 하더라도 다른 등장인물들과의 상관관계를 맺으며 전개되는 이야기나 에피소드, 즉 무휼과 마로, 담덕과 모두루의 상관관계를 통해 나타난 주인공이 심복을 얻는 과정 및 그 심복이 나중에 죽음에 이르는 과정에 관한 이야기 전개, 흑주작과 난새와 관련된 에피소드, 양 작품 모두 외세와의 전쟁이 아닌 민족 내부의 전쟁을 다루고 있는 점, 주인공의 적국은 주인공이 사랑하는 여자와 관련되어 있다는 캐릭터들 사이의 상관관계, 주

인공이 결국 부도나 신시에 이르지 못하고 죽게 된다는 비극적 결말 등이 유사하다고 주장하므로, 이에 관하여 본다. 아래에서 인정하는 각 사실은 갑 제1, 7, 18호증, 을 제4, 11, 26호증의 각 기재에 변론 전체의 취지를 보태어 인정할 수 있다.

(나) 주인공이 심복을 얻는 과정 및 그 심복들이 죽음에 이르는 과정의 유사성 판단

원고의 바람의 나라에서 주인공인 무휼은 누나인 세류를 찾으러 갔다가 숨어 사는 마로와 해명태자의 군사를 만나게 되고, 마로는 원래 해명태자의 생전에 그를 왕으로 모시던 자로서 처음에는 해명이 아닌 무휼의 휘하에 들어가는 것에 대하여 갈등하고, 무휼을 직접 공격하는 등 거부하지만 결국 그를 따르게 되어, 나중에 고구려 장수로 부여와의 전쟁에 나가 위험에 빠진 세류를 구하기도 하고, 그 전쟁에서 전사하게 되나 끝까지 해명을 잊지 못하고, 해명을 부르면서 죽게 된다.

한편, 피고의 태왕사신기에서 주인공인 담덕은 좋은 철(鐵)을 찾아 나섰다가 백두산 근처의 철광에서 백호 모두루를 만나게 되고, 모두루는 처음에는 담덕에 대하여 철을 강탈하려는 귀족으로 오해하고, 거부감을 가졌으나, 곧 그에게 반하게 되어, 담덕과 의기투합하여 담덕과 함께 강한 철기부대를 만들어내고, 전장을 누비다가 담덕을 구하기 위해 목숨을 잃게 된다. 양 저작물에서 주인공이 심복을 얻는 과정 및 그 심복이 죽음에 이르는 과정이 실질적으로 유사한지에 관하여 살피건대, 사건의 전개과정이 아이디어와 표현 중 어느 것에 해당하는가 하는 것은 그 전개과정이 얼마나 구체적으로 표현되어 있는가에 따라 결정되는바, 양 작품은 주인공이 낯선

장소에서 우연한 기회에 자신에게 거부감이나 적개심을 가진 자를 만나는데, 그가 곧 주인공의 심복이 되고, 심복은 전장에서 주인공을 구출하는 등으로 주인공보다 먼저 죽음에 이르게 되는 점은 유사하나, 이는 '엑스칼리버7)'와 같은 영웅담이나 전쟁을 소재로 하는 작품들의 보편적인 사건전개에 불과하므로 아이디어에 해당하고, 이를 기반으로 한 구체적이고 세부적인 줄거리가 표현에 해당한다고 할 것인바, 그러한 표현에 있어서는 마로는 끝까지 해명을 잊지 못하나 모두루는 담덕의 진정한 심복이 되는 점, 마로는 무휼에게 해명의 부대를 제공하나, 모두루는 담덕과 함께 철기부대를 만드는 점, 마로와 달리 모두루는 담덕을 직접 구하려는 과정에서 전사하는 점에 있어서 차이점을 보이고 있으므로, 단지 아이디어만의 공통성이 존재할 뿐 표현에 있어서의 실질적 유사성이 존재하지 않는다.

(다) 흑주작과 난새 이야기의 유사성 판단

원고의 바람의 나라에서 신수 중 하나로 나오는 난새 '아사'는 부여의 유민이자 점복사인 채의 신수로 여성과 남성으로 둘이 존재하는데, 아사는 호동의 신수인 봉황에게 자신도 '처음에는 봉황의 알에서 깨어났으나, 허무를 배우고 자신을 잃어 난새가 되었다. 허무하고, 갈등하고, 고민하며 살아가다가 그 갈등이 난새를 둘로 나누었으나, 그 어느 것도 진짜가 없고 거짓 왕을 섬기며 거짓 생을 살다간다'고 말한다.

한편, 피고의 태왕사신기에서는 전생에 소서노였던 수지니가 전생의 기억 가운데 한스러운 기억으로 먼저 깨어나면 세상을 불태우는 흑주작이 되

---

7) 아더왕의 전설을 바탕으로 만들어진 영화. 1981년 제작. 존 부어맨 감독

는데, 수지니는 한때 흑주작으로 자각하였다가, 현무 주안에게 죽임을 당할 뻔하기도 한다. 살피건대, 두 작품에서 난새나 흑주작의 상징이나 의미에 있어서 다소 유사한 측면이 있으나, 이는 같은 능력이나 힘이 어떻게 쓰이느냐에 따라 주작, 봉황과 같이 긍정적으로도, 흑주작, 난새와 같이 부정적으로도 쓰일 수 있다는 아이디어의 공통성에서 유래할 뿐, 구체적인 표현방식이나, 분위기에 있어서는 바람의 나라에서 난새는 처음에는 봉황의 알에서 깨어나나 허무하고, 광폭하며, 음란한 마음을 가진 다소 부정적인 등장인물인 채를 주인으로 모시다가, 자신도 모르게 그와 동일시되어 가는 허무, 슬픔이 위와 같이 구체화된 반면, 태왕사신기에서의 흑주작은 그 의지와 관계없이 주작으로 자각할 때, 전생 중 한스러운 기억으로 먼저 깨어나면 흑주작으로, 좋은 기억으로 깨어나면 주작으로 된다는 운명이 구체화되어 있다는 점에서 그 표현에 있어서 현저한 차이가 있다.

(라) 외세와의 전쟁이 아닌 점, 주인공이 사랑하는 여자와 관련된 나라와 전쟁을 하게 된다는 에피소드의 유사성 판단

바람의 나라는 외세와의 전쟁이 아닌 고구려와 부여 사이의 전쟁이 주요한 소재로 쓰이고, 주인공 무휼의 적국인 부여는 무휼이 평생 연모하는 차비 연의 모국이라는 점에서 피고의 태왕사신기가 외세와의 전쟁이 아닌 고구려와 백제 사이의 전쟁을 주요한 소재로 삼고 있으며, 주인공 담덕의 적국인 백제는 담덕이 사랑하는 수지니와 연관되어 있다는 점에서 유사하다. 그러나, 부여와 고구려, 백제와 고구려 등 외세가 아닌 민족 내부의 전쟁은 우리나라의 역사적 사실로서 누구나 소재로 쓸 수 있는 공유의 영역에 속하는 것이고, 주인공이 사랑하는 여자와 관련된 나라와 싸워야 한다

는 상황에서 딜레마에 빠진다는 이야기는 삼국사기의 '낙랑공주와 호동왕자' 이야기, 오페라 '아이다', 영화 '쉬리' 등 남녀 간의 애절한 사랑을 주제로 하는 많은 작품의 모티브로서 공공의 지적 자산이므로, 피고가 이를 사용하였다고 하여 원고의 저작권을 침해하는 것이라고 볼 수 없다.

(마) 결말에 있어서의 동일성 판단

원고는 두 작품 모두 주인공이 부도나 신시를 회복하지 못하고 죽는다는 비극적 결말에 있어서 실질적으로 유사하다고 주장하나, 바람의 나라는 미완성의 작품으로, 현재까지 출간된 제22권까지는 무휼이 추구하는 목표인 부도를 되찾는지 여부가 나타나지 않은 반면, 태왕사신기에서 담덕은 서른아홉에 이루지 못한 단군조선의 꿈을 안고 죽는다는 결말이 나타나 있어 이 점에서 유사하다고 볼 수 없고, 설사 바람의 나라에서 무휼의 독백 등에서 부도가 '이루지 못할 꿈' 등으로 표현되어 비극적 결말이 암시되어 있음을 전제로 양 저작물의 결말이 유사하다고 보더라도, 주인공이 대업을 이루지 못하고 죽음을 맞이하는 비극적 결말은 수많은 문학작품에 나오는 전형적인 플롯으로서 원고만이 전유할 수 있는 표현에 해당한다고 볼 수 없다 할 것이다.

(7) 소결론

그렇다면, 원·피고의 저작물은 고구려라는 역사적 배경, 사신, 부도, 신시라는 신화적 소재, 영토확장이나, 국가적 이상의 추구라는 주제 등 아이디어의 영역에 속하는 요소를 공통으로 할 뿐, 그 등장인물이나 주변인물과의 관계설정, 사건전개 등 저작권에 의하여 보호받는 창작적인 표현형식에 있어서는 만화와 드라마 시놉시스 사이에 내재하는 예술의 존재양식 및 표현기법의 차이를 감안하더라도 실질적으로 유사하지 아니하므로, 피고가 원고의 바람의 나라에 대한 저작권을 침해하였다고 볼 수 없다.

4. 결론

따라서 피고가 원고의 저작권을 침해하였음을 전제로 한 원고의 이 사건 청구는 이유 없어 이를 기각할 것인바, 이와 결론을 같이한 제1심 판결은 정당하므로, 원고의 항소를 기각하기로 하여 주문과 같이 판결한다.

재판장 판사 ○○○_____

판사 ○○○_____

판사 ○○○_____

별지 1.

바

고구려 2대 왕인 유리왕의 셋째 아들 무휼은 주위의 강국에 의해 놀림받는 자신의 나라 고구려에 대한 연민과 일이 있을 때마다 자식들을 희생시키는 유약한 아버지에 대한 실망 등으로 자신만의 생각을 어린 시절부터 키우고 있었다. 한편, 고구려를 눈엣가시처럼 여기던 부여의 왕 대소는 유리왕에게 여러 가지 무리한 조건을 내세워 국가의 체면을 손상케 하는데 유리왕은 그에 맞서지 못하고 두 왕자(부여는 고구려의 도절 태자를 인질로 보내라고 요구하였는데, 그 후 도절은 원인불명으로 죽게 된다. 한편, 해명태자는 부여의 사신을 모욕하였다는 등의 이유로 유리왕의 미움을 받고, 유리왕의 명에 의하여 자결한다)를 희생시킨다. 그리고 대소의 모욕은 다시 시작되는데, 이에 무휼은 거짓 왕명을 전하여 대소를 진노시키고 부여의 침공을 유발시킨다. 이에 유리왕은 아들의 희생으로 다시금 나라를 지켜보려고 10세의 무휼을 학반령싸움에 내보내지만 이번에는 고구려가 승리한다. 그에 왕은 무휼을 태자로 책봉하고 정략결혼의 일환으로 대소왕의 막내 동생, 충구의 손녀인 연을 무휼의 차비(次妃)로 들이게 된다. 학반령싸움 이후 대소는 무휼이 범상치 않음을 느끼고 그를 해치울 계획을

짜, 자신의 신수인 수현무 사구와 암현무 무파를 고구려에 잠입시킨다. 둘의 계획은 신기(神氣)가 갖추어지지 않은 상태에서 무휼을 제거해 버리고자 하는 것이었고, 그들의 공격에 역부족으로 죽음을 맞이할 뻔했던 무휼은 고구려의 상장군이며 백호를 신수로 두고 있는 괴유의 도움으로 위기를 벗어나나 결국 동생 여진을 잃고 만다. 그 뒤로도 아버지의 냉담과 끈질긴 부여 자객들의 공격은 이어져 결국 두곡에서 무휼은 두 눈을 다치게 되고 두고온 연을 대소의 현무 사구에게 잃게 된다. 그러나 현무 무파 역시 무휼의 누이인 세류와 백호 괴유, 그리고 승천한 무휼의 신수 청룡의 공격으로 인해 죽게 되고, 남은 현무 사구는 복수할 마음을 다진다. 그 싸움과 함께 신기를 완성하고 난 무휼은 유리왕이 죽자 곧이어 왕위를 물려받아 대무신왕이 된다. 한편, 유리왕의 후궁 영채 역시도 유리왕의 총애를 업고 권세를 누리려 하다가 자신도 모르는 사이 주변에 존재했던 현무 무파에게 부상을 입어 추한 모습이 되고 만다.

　대무신왕 3년, 부여의 왕 대소는 머리는 하나이고, 몸뚱이는 둘인 까마귀를 고구려에 보내어 합병에 대한 야망을 비춘다. 이에 고구려는 오히려 고구려와 부여의 전쟁을 경고하고, 그에 부여에서는 무휼에 대한 피습을 위해 부여의 밀정 흑귀사조가 일을 벌이기 시작한다. 그러한 사이 무휼과 연의 아들인 호동에게는 신조(神鳥)인 봉황이 따라붙고 세류에게는 괴유에 대한 감정이 싹트게 된다. 그에 반해 무휼은 왕위에 오른 후 날이 갈수록 부도에 이르기 위한 야망을 위해 사사로운 감정에 있어서는 차갑게 식기만 하여, 세류는 그가 걱정이 된다. 한편, 두곡에 숨어 살던 영채는 흑귀사조로부터 밀약을 받아 상처를 치료한 후 성왕의 구신(舊臣) 배극과 더불어 새로운 미래를 꿈꾸기 위해 이지를 영채의 조카딸로 가장하여 무휼의 원비로 들이게 한다. 죽은 왕자 해명으로부터 생명을 보장받아 생을 유지하고 있는 괴유는 죽은 동생이었던 천녀 가희와 재회하게 된다. 가희는 죽은 것들을 살려내는 신술의 소유자로서, 괴유를 사랑하는 그녀는 괴유를 찾아나선 세류를 질투하여 그를 공격하게 된다. 그로 인해 심하게 다친 세류는, 해명의 부하였으나 지금은 해명의 군사들과 산채에서 숨어 사는 마로에 의해 구조된다. 오래도록 돌아오지 않는 세류를 찾으러 나선 무휼은 적곡에서 해명의 구신들(해명을 따르던 무리 중 일부는 명림의 숲에서 숨어 살다가 왕명을 받은 군사들에 의하여 모두 교수형을 당하여 저승으로 떠나지 못하고 명림의 나무들로 살고 있다)과 싸우고, 괴유는 무휼을 습격하는 명림의 귀신들을 제거하려다가 자목(원래 나무 속에 살던 큰 지네였는데, 해명의 구신들의 피를 먹고 둔갑하였다)으로부터 공격을 받아 다치는데, 해명의 군사들에게 구해진 그는 세류와의 만남을 갖게 되나, 곧 사라져서 깊은 산 속에서 오랜 잠에 빠지게 된다. 한편, 해명을 잊지 못하는 마로는 무휼의 휘하에 들어가는 것을 망설이고 갈등하게 되는데, 자기보다 약한 자는 자신의 왕이 될 수 없다는 생각에 세류를 찾으러 온 무휼을 향해 다짜고짜 창을 휘두르는데, 무휼이 이를 막아내자, 마로는 무휼에게 무휼이 부여를 침공할 때, 해명의 군사들과 함께 출정할 것을 약속한다. 한편, 호동은 아버지의 무관심에 가슴이 아프다. 그래서 신조인 봉황과의 관계가 더 깊어지는데, 봉황은 무휼과 상극인바, 이를 눈치챈 무휼은 봉황을 제거하려 하나 실패하고, 호동은 계속 마음을 다쳐간다. 고구려의 또 다른 인접국인 낙랑에서는 왕자 운이 밀정으로서 고구려를 돌고 있다. 그는 계모인

선우를 사랑했던 일로 반쯤은 미쳐 세상을 떠돌고 있다. 한편, 이지는 무휼의 관심을 끌기 위해 여러 가지 일을 벌이지만 무휼은 전쟁 이외에는 관심이 없고 이지를 냉대한다. 그에 이지는 점점 더 마음이 독해져 가게 된다. 한편 무휼은 부여 정벌의 첫 단계로 두곡의 부여 세력인 배극을 참하고, 이에 영채의 걱정은 더 심해진다. 전쟁 준비의 마무리에 들어서자 세류는 무휼이 자기의 군사로부터 신뢰받지 못하고 죽은 해명의 그림자 뒤에 있음을 걱정한다. 그로 인해 무휼은 점점 더 고독해진다.[8]

대무신왕 5년, 무휼은 청룡으로 완전히 승천한 자신의 신수와, 백호 괴유, 마로와 해명태자의 군사들, 무녀인 해오녀의 오라비인 장군 연주, 주작을 신수로 하는 세류, 배극을 치고 얻은 사병들을 규합하여 부여전에 나선다. 부여는 대소왕에게 후사가 없어 왕권을 두고 형제간의 내부 갈등이 심해지고 있었는데, 그 형제들은 전쟁 중에도 후일 갈사왕이 되는 충구의 손자이며 연의 동생인 용을 죽이려 한다. 현무 사구도 용을 죽이려 하나, 그때 용이 주작의 화신임을 나타낸다. 전쟁에서 괴유는 대소왕을 죽이고, 무휼은 용을 죽이나, 전쟁의 막바지에 부여의 형제들이 최후의 궐기를 하자 고구려는 수적 열세를 감당하지 못하고 결국 패퇴할 수밖에 없게 된다. 그 과정에서 마로가 전사하고, 세류의 주작은 괴유를 구하고 신기를 날리며 영원히 사라진다.

부여전 이후 백호 괴유가 죽고 왕은 그를 위해 사당을 짓는다. 사랑하는

---

8) 이상은 바람의 나라 제8권에 수록된 '지금까지의 줄거리'를 그대로 옮겨 수정을 가한 것이다.

백호를 영원히 잃게 된 천녀 가희는 그 증오를 세류에게 퍼붓는다. 원비 이지는 차츰 무휼의 신수인 청룡이 사실은 무휼의 정부(情婦)일지도 모른다고 생각하고, 왕이 두곡으로 사냥을 나가 궁을 비운 어느 날 예전에 죽은 흑귀사조의 묵은 피를 수놓은 청룡에 발라, 무휼의 신수인 청룡을 해하려고 청룡이 있는 비류수로 보내고, 청룡을 해치려는 위 계획을 위해 부여의 유민이자 점복사이며 난새인 아사를 신수로 두고 있는 채를 궁으로 불러들인다. 갑작스런 비로 두곡에서 밤을 지내던 무휼은 청룡의 위험을 느끼고 서둘러 비류수로 달려가고, 청룡은 가짜 청룡의 공격으로 깊은 상처를 입고 한동안 비류수에서 미쳐 날뛴다. 이에 무휼은 이지를 추궁하러 국내성으로 달려오는데, 그동안 궁에서는 왕제 해색주(후의 민중왕), 호동, 호동의 신수 봉황이 난새와 싸우고 있다. 무휼이 도착하자, 채는 무휼을 공격하는데, 오히려 무휼에게 치명상을 입자, 난새는 싸움을 멈추고, 자신의 주인인 채를 안아 낙랑으로 몸을 피한다. 이후 무휼은 아버지와의 살 때문에 사랑하던 봉황을 버리나, 이들은 나중에 다시 만나게 된다.

 세류가 다시 궁으로 돌아오나, 무휼은 세류에게 떠났다 돌아오고, 또 언제 떠날 것이냐고 질책하며, 세류는 어린 시절의 따뜻한 마음을 가진 무휼이 아닌 차갑게 변한 왕의 얼굴을 가진 무휼에 대하여 안타까워하며 다시 궁을 떠난다. 무휼은 늘 조선과 배달과 환국을 지나 부도에 고구려의 깃발을 꽂겠다고 다짐하나, 해색주와 호동은 피를 흘리며 정복하는 부도가 아닌 현실의 사람들의 마음속에 있는 부도를 꿈꾸기에 이들과 갈등하게 된다. 나라가 안정되어 가지만, 비류에 있는 동명왕의 구신들이 극성을 떨자 무휼은 호동에게 힘을 길러주기 위해 그 해결을 맡기고, 호동은 그들을 축출하나, 이로 인해 비류부와 호동의 사이는 대립하게 된다. 대무신왕 14년, 낙랑은 북으로는 고구려를 치고, 남으로는 삼한과 백제 등을 통합하고자 하는 야심 만만한 최리가 집권 중이다. 한편, 고구려도 한과의 일전을 준비하면서 낙랑을 먼저 복속하고자 한다. 따라서 무휼은 최리의 정략적인 청혼을 받아들여 호동을 최리의 딸 사비와 결혼시킨다.

별지 2.

태왕사신기

프롤로그

　먼 옛날 단군왕검이 신단수 아래 고조선을 세울 때 그와 함께 있던 세 수호신(풍백, 우사, 운사)은 그 후로 오랫동안 이 땅에 머물며 때마다 주군을 찾아 함께 하거나 마땅한 주군을 만나지 못하면 긴 잠을 자며 때를 기다리다가, 주몽을 만나 청룡, 백호, 현무로 자각을 하게 되었는데, 주몽이 그의 뛰어남을 질투하여 그를 죽이려 하는 금와의 일곱 아들을 피해 부여에서 도망갈 때 주몽과 함께 하였다. 주몽이 위 세 친구와 함께 엄호수를 건너 졸본부여에 이르렀을 때 사신 중 마지막 한 명인 주작을 만나게 되는 바, 그때 주작은 소서노였으니, 먼 옛날 단군왕검을 사랑했던 웅씨녀가 환생을 거듭하여 태어난 모습이기도 했다.

　주몽은 네 수호신의 도움을 받아 고구려를 세우고, 고대강국을 만들었는데, 주몽과 사랑하여 혼인한 소서노는 이후 주몽의 부여시절 아들 유리왕이 찾아오자, 그녀의 두 아들 온조와 비류를 데리고 남하하여 백제를 세웠다. 그러나 세월이 흘러 사신을 기억할 수 없는 시대가 되고, 아버지의 나라 고구려, 어머니의 나라 백제, 즉 형제국의 후손들은 이를 잊고 전쟁을 시작하게 된다.

이야기 시작

떠돌이 문사 주안은 혼자 이 시대에 자각한 사신 중 하나 현무이다. 그는 사신을 자각시킬 수 있는 사신의 중심, 오행의 가운데, 땅의 군주를 찾고, 나머지 동료들도 찾아 주군과 함께 오래전에 떠났던 고향땅 신시를 찾아 그 땅에 배달의 기를 꽂을 수 있다면 비로소 환생의 고리를 끊고 환국으로 올라갈 수 있다고 생각한다.

주안은 비슷한 시기에 두 개의 별이 하늘에 자리잡는 것을 보는데, 그 중 하나는 백제의 아신왕이 되는 수(須)의 탄생을, 다른 하나는 고구려의 광개토대왕이 되는 담덕의 탄생을 예시한 것이었다. 주안은 수와 담덕 중 누가 사신의 주군감인지를 눈여겨본다.

백호는 전생에서 고구려 13대 서천왕의 아들 시우로 태어났는데, 백호가 아끼던 서천왕의 둘째아들 돌고가 그 형 상부의 시기를 받아 역적으로 몰려 죽어버리자 인간에게 염증을 느끼고 깊은 잠에 든 이후 스스로 자각을 봉해버렸다. 청룡은 하늘조차 모르게 소서노를 사랑하여 계속 백제 땅에서 태어나 살고 있었다. 한편, 주작은 소서노의 이름으로 백제 땅에서 쓸쓸히 운명한 다음부터 한 번도 자각한 적이 없었다.

주안은 길을 떠도는 와중에 고아 소녀 수지니를 만나게 되는데, 주작의 그림자를 느끼게 된다. 그는 주작이 깨어났을 때 무엇을 먼저 기억할지, 주몽과 함께 말달리며 웃던 소서노일지, 가슴에 한스러운 기억을 품고 태어날지 궁금해하면서, '한을 품어 깨어나는 주작은 흑주작이 된다는데, 흑주작은 세상을 불태우고 스스로도 태워 다시 죽는다던데….'라고 생각한다.

주안은 수지니를 데리고 백제의 수를 찾아가 그의 스승이 되고, 수지니와 함께 백제의 궁궐에 살게 된다. 수지니는 궁궐의 법도에 얽매이지 않고, 언제나 장난을 잘 치며 주위를 환하게 하는 성품이다. 한편, 수는 지혜가 뛰어나나 나중에 권모술수로 흐르게 되고, 수지니를 사랑하면서도 가주작(假朱雀) 해오녀와 정략결혼을 하자 주안은 실망하여 수지니를 데리고 떠나는데, 그 후 고구려의 변방에서 기거하다가 담덕을 만나게 된다.

담덕은 수와 달리 수지니가 주작인지 따위에 관심이 없고, 있는 그대로의 수지니를 좋아해 주었고, 수지니도 그를 좋아하게 된다. 담덕은 처음에는 사신을 찾아 단군의 땅으로 돌아가야 한다는 주안의 갈망을 이해하지 못하나, 왕위와 함께 사방에 둘러싸인 적들도 물려받은 후 강해지자고, 주안의 말대로 이 세상의 중심에 단군의 나무가 있다고 하니, 그 나무를 찾아 그 땅에 도읍을 정하자고 마음먹는다.

담덕은 강한 무기를 만들 수 있는 철을 찾아 나섰다가 백두산 근처의 철광에서 백호 모두루를 만난다. 모두루는 몰락한 가문의 아들로 태어났는데, 철광촌에서 자라나 가장 훌륭한 철을 만들어내는 제련법을 개발하고 있었다. 모두루는 처음에는 담덕을 철을 강탈해가려는 귀족 나부랭이로 알았으나, 곧 그에게 반하여 일생일대의 친구가 되고, 나중에 담덕과 함께 전장을 누비다가 담덕을 살리고자 목숨을 던진다. 청룡 처로는 언제나 자신에게 상처만 주는 세상을 등지고 깊은 산속에서 시력을 포기하고, 산짐승, 나무들과 이야기하며, 나이도 잊고 살아왔다. 그러던 그에게 모두루와 함께 찾아온 담덕을 만나게 된다. 그리고 주작을 만나게 되면서 시력이 열린다.

 담덕은 백제와의 전쟁을 감행하고, 수지니는 형제국 간의 싸움을 말리려다 오히려 오해를 받고, 백제의 수에게 돌아가게 된다. 담덕은 백제왕 수가 자신이 사랑했던 수지니의 정인이기에 그를 죽이고 싶어하지는 않는다. 한편, 수는 담덕에 대하여 사신의 주군으로서의 자리와 수지니의 마음을 뺏긴 것 등으로 시기심을 가지고 복수를 준비한다. 395년 11월 수가 직접 군대를 끌고 설욕전에 나서지만 백호와 철기부대를 완성한 담덕이 기다리고 있었다. 그런데 이들의 대격돌을 막은 것은 현무와 청룡이었다. 단군의 나무가 있는 신시는 남쪽이 아니라, 대륙의 중앙이고, 고구려와 백제는 형제국이기 때문이었다.

 수는 서른셋에 요절하고, 담덕은 서른아홉에 단군의 꿈을 이루지 못하고, 죽음을 사신과 함께 하면서 다음 생에 다시 만나 꿈을 이룰 것을 약속한다.

 사신들

 현무 주안 : 검은색, 물, 북(北)의 상징. 수지니에게는 아버지와 같은 존재, 역사, 병법에서 천문에 이르기까지 막힘 없는 지혜의 소유자, 사신 중 가장 늦게까지 살아남아 담덕의 사후 그 무덤에 사신의 영을 모으는 일을 한다. 늘 조언자의 입장, 외로운 삶을 살아간다.

 주작 수지니: 붉은색, 불, 남(南)의 상징, 마지막까지 수의 옆을 지켰으나, 담덕을 그리워한다. 한때 흑주작으로 변하여 주안에게 죽임을 당할 뻔 한다.

청룡 처로 : 푸른색, 나무, 동(東)의 상징,

백호 모두루 : 흰색, 철, 서(西)의 상징, 지방 호족들의 파벌싸움에서 몰락한 가문의 아들, 못생긴 과부지만 현명하고 용감한 아내와 결혼했고, 담덕을 평생 친구로 택했으며, 자신의 군대를 자식처럼 사랑했다.

|3|
〈아이리스〉

서울중앙지방 법원

제13민사부

사 건	2012가합86524 손해배상(지)
원 고	A
피 고	1. 주식회사 B
	2. 주식회사 C
	3. D
	4. E
	5. F공사
변론 종결	2014. 6. 19.
판결선 고	2014. 7. 17.

주 문

1. 원고의 피고들에 대한 청구를 모두 기각한다.

2. 소송비용은 원고가 부담한다.

청구취지

피고들은 각자 원고에게 250,000,000원 및 위 금원 중 100,000,000원에 대하여는 2009. 15.부터, 150,000,000원에 대하여는 이 사건 청구취지 변경 신청서 부본 최종 송달일 다음날부터 각 이 판결 선고일까지는 연 5%, 그 다음날부터 다 갚는 날까지는 연 20% 의 각 비율에 의한 금원을 지급하라.

이 유

1. 기초사실

가. 원고는 1999. 5. 15. 해군 정보요원들의 북한 핵 개발 저지 활동을 소재로 한 소설 'G(전 3권, 이하 '이 사건 소설'이라 한다)'를 'H' 출판사를 통해 출판한 저자이고, 피고 F 공사는 2009. 10. 14.부터 2009. 12. 17.까지 주 2회(수, 목)씩 총 20회에 걸쳐 T라는 제 목의 드라마(이하 '이 사건 드라마'라 한다)를 방영한 방송사이다. 피고 주식회사 C(이하 '피고 C'라 한다)는 이 사건 드라마를 제작한 제작사이고, 피고 D은 2008. 10. 17.부터 2009. 7. 24.까지 피고 C의 대표이사로 재직한 사람이다(대표이사 사임 후에도 20n. 6. 13.까지 이사로 재직하였다). 피고 E는 다른 작가들과 함께 20회 분량의 이 사건 드라마 대본을 집필하여 피고 C측에 제공한 방송작가이다.

나. 시나리오 전문 작가들이 소속된 회사인 피고 주식회사 B(이하 '피고 B'라 한다)는 2006. 9.경 주식회사 J와 사이에 70분 분량의 드라마 20부작의 제작에 필요한 대본을 공급하기로 하는 계약을 체결하였다(그 무렵 피고 B는 피고 E와 사이에 보조작가 계약을 체결하였다). 그 후 피고 B는 위 대본 공급계약상 지위를 주식회사 드로부터 양수받은 주식회사 C(피고 C와는 별개의 회사이다) 측에 2008. 4.경부터 여러 차례에 걸쳐 드라마 대본을 전달하였는데, 그 대본들 중에는 이 사건 드라마의 제목과 동일한 T라는 제목의 드라마 초기 3~4회 분량의 대본이 포함되어 있었다.

다. 이 사건 소설과 드라마의 각 전체적인 줄거리는 별지 1., 2. 목록 각 기재와 같다.

[인정근거] 다툼 없는 사실, 갑 제5, 6, 13, 14, 20 내지 22호증, 을다 제2호증(가지번호 있는 것은 가지번호 포함, 이하 같다)의 각 기재 또는 영상, 변론 전체의 취지

2. 원고의 주장 요지

가. 의거관계

원고와 피고들의 지위 및 관계, 이 사건 소설의 출판 시기, 이 사건 소설과 이 사건 드라마 내용의 유사 정도 등에 비추어 볼 때, 이 사건 드라마의 대본은 이 사건 소설에 의거하여 작성되었다.

나. 실질적 유사성

이 사건 드라마를 이 사건 소설과 비교해 볼 때, ① 주요 등장인물과 그 캐릭터, 등장인물들 사이의 관계, 시대적·공간적 배경, 전체적인 줄거리의 내용과 전개 방식, 주요 사건들의 내용 등 포괄적·비문자적 요소에 있어 실질적으로 유사하고, ② 등장인물의 어투, 개별적인 대사의 내용 등 부분적·문자적 요소에 있어서도 실질적으로 유사하다.

다. 저작권 침해

피고 F공사는 원고의 이 사건 소설에 의거하여 그 내용이 이 사건 소설과 실질적으로 유사한 대본을 바탕으로 제작된 이 사건 드라마를 방영하였고, 피고 B, C, D, E는 모두 이 사건 드라마의 대본 작성 및 드라마 제작에 참여하였는바, 피고들은 원고의 이 사건 소설에 대한 2차적저작물 작성권 등 저작권을 침해하였다.

라. 손해배상청구

1) 이 사건 드라마의 대본료가 편당 3,000만 원에 이르고, 여기에 이 사건 드라마의 판권이 국내·외 시장에 판매된 금액 합계가 100억 원이 넘는 점 등을 고려하면, 원 저작물에 대한 사용료율을 고려하더라도 원고가 피고들의 저작권 침해로 인해 입은 재산상 손해는 적어도 4억 5,000여만 원을 초과하는바, 그 중 일부 청구로서 1억 5,000만 원 및 이에 대한 지연손해금의 지급을 구한다.

또한, 피고들의 저작권 침해로 인해 원고가 입은 정신적 손해에 대한 일부청구로서 1억 원 및 이에 대한 지연손해금의 지급을 구한다.

따라서, 피고들은 각자 원고에게 2억 5,000만 원 및 이에 대한 지연손해금을 지급할 의무가 있다.

3. 청구원인에 대한 판단

가. 저작권 침해의 요건
통상 저작권침해가 인정되기 위하여서는, ① 침해자가 저작권이 있는 저작물에 의거하여 그것을 이용하였을 것(의거관계)과, ② 저작권이 있는 저작물과 침해자의 저작물 사이에 실질적 유사성이 있어야 한다(실질적 유사성).

나. 이 사건 소설의 저작자와 창작성
원고가 이 사건 소설을 창작하였음은 앞서 본 바와 같은데, 이는 예술의 범위에 속하는 창작물로서 저작권법에 의하여 보호받을 가치가 있는 창작성을 갖추었다고 할 것이므로, 원고는 이 사건 소설의 저작자로서 그에 대한 저작재산권 및 저작인격권을 가진다.

다. 의거관계의 존부
1) 판단 기준
대상 저작물이 기존의 저작물에 의거하여 작성되었다는 사실이 직접 인정되지 않더라도, 기존의 저작물에 대한 접근가능성, 대상 저작물과 기존의 저작물 사이에 실질적 유사성 등의 간접사실이 인정되면 대상 저작물이 기존의 저작물에 의거하여 작성되었다는 점이 사실상 추정된다고 할 수 있지만, 대상 저작물이 기존의 저작물보다 먼저 창작되었거나 후에 창작되었다고 하더라도 기존의 저작물과 무관하게 독립적으로 창작되었다고 볼 만한 간접사실이 인정되는 경우에는 대상 저작물이 기존의 저작물에 의거하여 작성되었다는 점이 추정된다고 단정하기 어렵다(대법원 2007. 12. 13. 선고 2005다35707 판결 등 참조).

이 사건에서, 피고 E 등이 이 사건 드라마 대본을 집필함에 있어 이 사건 소설에 의거하였다는 점을 인정할 직접적인 증거는 없으므로, 접근가능성 또는 실질적 유사성 등의 간접사실을 통해 의거관계를 추정할 수 있는지를 살펴야 할 것이다.

2) 판단

가) 먼저, 접근가능성에 대하여 보건대, 원고가 이 사건 드라마가 방영되기 약 10년 전인 1999. 5. 15. 이 사건 소설을 출판한 사실은 앞서 본 바와 같고, 갑 제7, 8, 16호 증의 각 기재 및 변론 전체의 취지에 의하면, 이 사건 소설 출판 무렵 한국일보, 경향신문 등 전국을 대상으로 하는 일간지에 이 사건 소설의 지면광고가 게재되었고, 연예정보신문에 이 사건 소설에 대한 작품 소개 기사가 실리기도 하였던 사실, 이 사건 소설이 공공도서관, 대학 도서관 등 전국 약 110여 곳의 도서관에 비치되어 있는 사실은 인정할 수 있다. 그러나 한편, 앞서 든 증거들과 감정인 K의 감정결과 및 변론 전체의 취지를 종합하여 인정할 수 있는 다음과 같은 사정, 즉 ① 이 사건 소설은 초판 각 3,000부만이 발행된 후 절판된 점, ② 이 사건 소설의 출판 시점과 이 사건 드라마 대본의 집필 시점과는 상당한 시간 간격이 있는데, 피고 E

등이 이 사건 드라마 대본을 집필할 무렵에는 이 사건 소설은 시중에서 더 이상 판매되고 있지 않았던 것으로 보이고, 전국 약 110여 곳의 도서관에 이 사건 소설이 비치되어 있다는 사정만으로 피고 E 등이 이 사건 소설에 접근하는 것이 용이하였다고 쉽게 추단하기 어려운 점, ③ 이 사건 드라마가 제작되기 이전에 이 사건 소설을 드라마, 영화, 연극 등의 공연으로 제작하려는 시도가 있었다는 사정도 보이지 않는 점, ④ 피고 E는 원고가 위 피고를 저작권법위반 혐의로 고소한 사건에서 이 사건 드라마 대본 집필에 참고한 50여개의 자료를 제출하였던 점 [위 고소사건에서 2011. 7. 12. 피고 E에 대하여 불기소처분(혐의 없음, 증거불충분)이 내려졌다], ⑤ 감정인 K는 이 사건 드라마가 이 사건 소설에 의거하여 제작되었다고 의심할 만한 부분인 16장면의 방영시간은 15분 15초로, 드라마 전체 방영시간인 약 20시간 51분의 1.23%에 불과하다는 의견을 밝힌 점, ⑥ 원고는, 피고들 측에서 수사기관에 제출한 대본에는 이 사건 소설과 유사한 부분이 실제 방영된 드라마보다 많이 포함되어 있는데, 이는 표절 사실을 감추기 위해 드라마 제작 과정에서 의도적으로 그 중 일부 부분을 변경한 것이라는 취지로 주장하나, 드라마 제작 과정에서 초기 대본의 내용 일부를 변경하는 것이 이례적인 일이라고 보기 어렵고, 달리 피고들 측에서 표절 사실을 감추기 위해 의도적으로 대본 일부를 변경하였다고 인정할 만한 자료도 없는 점 등을 종합하여 보면, 앞서 본 인정사실만으로 피고 E 등이 이 사건 드라마 대본 집필 당시 또는 그 이전에 이 사건 소설에 접근할 상당한 가능성이 있었다고 인정하기 부족하고, 달리 이를 인정할 증거가 없다.

나) 실질적 유사성에 대하여도, 아래의 라.항에서 살피는 바와 같이 이

사건 소설과 드라마 사이의 실질적인 유사성을 인정하기 어렵고, 나아가 공통의 오류 또는 공통의 미적 오류와 같이 이 사건 드라마 대본이 이 사건 소설에 의거한 것에 의해서만 설명될 수 있는 정도에 이르렀다는 사정도 보이지 않는다.

3) 소결론

따라서, 이 사건 드라마의 대본은 이 사건 소설에 의거하여 집필되었다고 볼 수 없다.

라. 실질적 유사성

1) 판단 기준

가) 아이디어와 표현의 구별

저작권의 보호 대상은 학문과 예술에 관하여 사람의 정신적 노력에 의하여 얻어진 사상 또는 감정을 말이나 문자 등에 의하여 구체적으로 외부에 표현한 창작적인 표현형식일 뿐이고, 표현되어 있는 내용 즉 아이디어나 이론 등의 사상 및 감정 그 자체는 설사 그것이 독창성이나 신규성이 있다 하더라도 원칙적으로 저작권의 보호 대상이 되지 않는다. 따라서 저작권의 침해 여부를 가리기 위하여 두 저작물 사이에 실질적인 유사성이 있는가의 여부를 판단할 때에도 창작적인 표현형식에 해당하는 것만을 가지고 대비하여야 하며(대법원 1999. 11. 26. 선고 98다46259 판결 등 참조), 소설이나 시나리오 등에 등장하는 추상적인 인물의 유형 혹은 어떤 주제를 다루는 데 있어 전형적으로 수반되는 사건이나 배경 등은 아이디어의 영역에 속하는 것으로서 저작권법에 의한 보호를 받을 수 없다(대법원 2000. 10.

24. 선고 99다10813 판결 등 참조).

나) 부분적·문언적 유사성과 포괄적·비문언적 유사성

실질적 유사성에는 작품 속의 근본적인 본질 또는 구조를 복제함으로써 전체로서 포괄적인 유사성이 인정되는 경우(이른바 포괄적·비문언적 유사성: comprehensive nonliteral similarity)와, 작품 속의 특정한 행이나 절 또는 기타 세부적인 부분이 복제됨으로써 양 저작물 사이에 문장 대 문장으로 대칭되는 유사성이 인정되는 경우(이른바 부분적·문자적 유사성: fragmented literal similarity)가 있는데, 위 두 가지 유사성 중 어느 하나가 있는 경우에는 실질적 유사성이 인정된다.

다) 극적 저작물의 저작권 침해여부를 판단함에 있어 고려할 요소

이른바 어문저작물 중 소설, 극본, 시나리오 등과 같은 극적 저작물은 등장인물과 작품의 전개과정(이른바 sequence)의 결합에 의하여 이루어지는 것이고, 작품의 전개 과정은 아이디어(idea), 주제(theme), 구성(plot), 사건(incident), 대화와 어투(dialogue and language) 등으로 이루어지는 것인데, 이러한 각 구성요소 중 각 저작물에 특이한 사건이나 대화 또는 어투는 그 저작권침해 여부를 판단함에 있어서 중요한 요소가 된다.

또한, 극적 저작물의 경우 등장인물이 일정한 배경 하에서 만들어 내는 구체적인 사건들의 연속으로 이루어지고, 그 사건들은 일정한 패턴의 전개과정을 통해서 구체적인 줄거리로 파악되어 인물들의 갈등과 그 해결과정을 내용으로 하고 있으며, 인물들의 갈등과 해결과정은 인물들 성격의 상호관계와 그 대응구도에 의하여 그려지는 것인바, 이는 아이디어의 차원을 넘어 표현에 해당하는 부분으로 보아야 하므로, 이러한 부분들 이 같

거나 유사하다면 포괄적·비문언적 유사성은 인정될 수 있을 것이나, 해당 저작물의 주제 등을 다루는 데 있어 전형적으로 수반되는 사건이나 배경(필수 장면)에 해당하는 부분은 아이디어의 영역에 속하는 것으로 보아야 할 것이어서, 그러한 부분이 유사하다는 사정만으로 포괄적·비문언적 유사성을 쉽게 인정하여서는 아니 된다.

2) 판단 순서

이 사건 소설과 드라마는 양 저작물이 그 분량이나 종류, 형태가 상이한 바, 먼저 주제 및 배경, 전체적인 줄거리, 등장인물의 구체적 성격과 역할, 구체적인 사건전개 등을 토대로 포괄적·비문언적 유사성이 있는지 여부에 관하여 살펴보고, 이어서 부분적·문언적 유사성이 있는지 여부에 관하여 살펴본다.

3) 포괄적·비문언적 유사성

가) 주제 및 배경

항목	이 사건 소설	이 사건 드라마
모티브 및 주제	동북아시아의 패권을 원하는 일본이 비밀리에 핵무장을 위해 노력하고 있을 수 있음을 모티브로 하여, 위와 같은 일본의 야욕을 반드시 막아야만 통일에 다가갈 수 있다는 내용을 그 주제로 하고 있다.	한국과 북한 내부에 어떤 방식으로든 통일을 원하지 않는 거대 권력(1)이 존재할 수 있음을 모티브로 하여, 위와 같은 세력을 경계하고 그들과의 싸움을 두려워하지 말아야 한다는 내용을 그 주제로 하고 있다.
배경 (시대 및 장소)	• 1998년 : 한국(진해, 제주도 등), 북한(원산항), 일본(도쿄, 후쿠오카 등), 러시아(모스크바, 상트 페테르부르크), 덴마크(코펜하겐), 프랑스(파리),	• 2009년 : 한국(서울, 제주도 등), 북한(평양), 헝가리(부다페스트), 일본(아키타현), 중국(상하이) 등

스위스(제네바 등), 독일(프랑크푸르트), 중국(하이난, 남중국해, 칭다오, 상하이 등), 라트비아 등 • 1991년: 러시아(모스크바), 우크라이나(키예프), 스위스(제네바) 등

위 표와 같이, 이 사건 소설은 일본의 팽창주의에 대한 경계를 강조하면서 우리 스스로 한반도의 평화를 지키기 위해 노력해야 한다는 것을 주제로 삼고 있는 반면, 이 사건 드라마는 통일을 방해하는 한국 또는 북한 내부의 세력에 대한 경계를 강조하고 있다는 점에서 서로 차이가 있다. 시대적 배경에 있어서도, 이 사건 소설은 1998년도를 주된 시점으로 하여 러시아의 쿠데타 미수 사건 발생시기인 1991. 8.경의 이야기가 일부 등장하는 반면, 이 사건 드라마는 현재(이 사건 드라마가 방영된 2009년도)를 배경으로 하고 있다(이 사건 소설은 작가가 그 배경 시점을 명확히 특정하고 있으나, 이 사건 드라마는 그 시점을 '현재'로 정하고 있을 뿐 구체적인 연도까지 특정하고 있지는 않다). 나아가 장소적 배경에 있어서도, 이 사건 소설에서는 한국과 일본 외에도 유럽횡단열차의 횡단 국가인 덴마크, 독일, 프랑스 등 유럽 국가들의 주요 도시를 비롯 하여 칭다오, 상하이 등 중국 대륙철도의 거점들이 중요한 장소로 등장하면서, 주인공 또한 철도의 경로를 따라 이동하는 특징을 보이는 반면, 이 사건 드라마에서는 한국의 서울과 헝가리의 부다페스트, 일본의 아키타, 북한의 평양이 주요 장소로 등장하는데, 대부분의 사건은 한국의 서울을 배경으로 발생하고, 유럽 국가는 헝가리의 부다페스트 만이 사건이 발생하는 지역으로 등장한다는 점 등에서 서로 차이가 있다(북한의 평양과 일본의 아키타현이 극 중 등장하긴 하

나, 그 비중은 그리 크지 않다).

나) 전체적인 줄거리

이 사건 소설은 일본, 러시아, 미국 등 핵을 둘러싼 각국의 세력 다툼을 바탕으로, 일본이 핵무기를 보유하려고 한다는 가정 하에 해군 정보부 소속인 주인공 L, 북한 측 요원 M 등의 활약과 남·북한의 연합을 통해 일본의 핵 보유 시도를 저지하는 내용이 주된 줄거리인 반면, 이 사건 드라마는 주인공 E가 자신의 부모를 죽이고 나중에는 자신까지 죽이려고 하는 T라는 집단의 실체를 알아가고 그에 복수하는 과정에서 한국 내 전쟁 발발을 위한 I의 광화문 핵폭탄 테러 시도를 막아내는 과정을 주된 줄거리로 하고 있어, 전체적인 줄거리가 서로 일치한다고 보기 어렵다.

다) 주요 등장인물의 구체적 성격과 역할

(1) 일반론

소설 등 문학작품에 있어서의 등장인물은 원칙적으로 그 자체로는 저작권에 의하여 보호되는 표현에 해당한다고 볼 수 없으나, 구체적이고 독창적이며 복잡한 내면을 가진 등장인물을 그리고 있거나 다른 등장인물과의 관계를 통해 사건의 전개과정과 밀접한 관련을 가지면서 저작물에서 양적, 질적으로 차지하는 비중이 높아 그 저작물의 중핵에 해당하는 경우에는 저작권에 의해 보호되는 표현에 해당할 수 있다.

소설이나 희곡의 주인공과 같은 어문적 캐릭터는, ① 이름, ② 시각적 요소(외모·복장 등 이야기 속에 서술된 캐릭터의 신체적 또는 시각적 특징), ③ 청각적 요소(캐릭터의 목소리, 말투, 자주 사용하는 단어나 어법 등), ④ 성격적 요소(캐릭터의 성격적 특성, 습관, 행동양식 또는 초능력과 같은 특별한 능력 등)라는 4가지 요소로 구성되고 어느 캐릭터의 어떤 구성요소 또는 그 구성요소의 일부가 유사한 점이 있다고 하더라도 유사하지 않은 다른 점이 있으면 그러한 점까지 모두 포함하여 유사성 여부를 판단하여야 한다.

(2) 이 사건 소설의 주인공 L과 이 사건 드라마의 주인공 E

(가) 유사점

두 주인공 모두 한국의 군인으로서 정보 요원으로 활동하는 점, 뛰어난 두뇌의 소유자로 다국어를 자유롭게 구사하고, 뛰어난 사격술을 갖고 있는 점 등에서 서로 유사하다.

(나) 차이점

항목	L	E
주요 특징	20대 후반의 해군 대위로서 언어학과 석사 출신이다. 천부적인 언어능력과 함께 네이비씰 훈련에서 수석을 했던 만능 첩보원이다. 외향적이고, 무한한 애국심과 타인에 대한 이해심, 배려심을 함께 소유하였으며, 때론 로맨티스트이기도 하다. N으로 위장, O과 동행하여 연인 관계로 발전하고, 북한측 요원인 M과 함께 일본에서 작전을 수행한다.	과학자였던 부모님과 함께 당한 사고로 고아가 된 이후 자발적 기억상실증 상태를 유지한다. 부모님의 사망 원인을 풀고자 끊임없이 노력하는 인물로서, I가 부모님의 죽음에 관련이 있음을 알게 된 후, 더욱 복수심에 불타게 된다. 냉철한 판단력과 과감한 행동력의 소유자로, P를 헌신적으로 사랑하나, 결국 P와 함께 떠난 여행에서 의문의 죽음을 맞게 된다.
생리적 요소	육체적 조건의 변화가 거의 없이, 처음부터 끝까지 완벽하고 일관성 있는 육체적 조건을 유지한다.	최초 강인한 체력을 소유한 인물로 그려지는데, 중간에 심각한 부상을 입고 사지가 마비되는 상황에까지 이르게 되나, 초인적인 능력으로 이를 극복한 후 I와 대항한다.

심리적 요소	처음부터 끝까지 차분하고, 목표를 이루기 위해 완벽한 감정 조절을 해나간다.	최초 낙천적이고, 인간미 넘치며 유머까지 소유한 인물로 그려지나, NSS(국가안전국) 요원이 되면서 심리 변화의 폭이 커진다. 청와대에서 자신의 정체성을 푸는 열쇠가 되는 그림을 목격하는 사건 이후로 심리 변화가 커지고, 특히 절친한 동료였던 Q가 자신을 죽이려고 했음에 엄청난 심리적 충격을 겪는 것을 비롯하여, R의 배신과 P의 미심쩍은 행동에 심리적 갈등을 겪는다.
도덕적 요소	도덕적인 변화를 가져가지 않는다. 처음부터 완성된 도덕관을 끝까지 유지하고 있다.	자신의 복수를 위해서는 적과의 연합도 마다하지 않는, 즉 심리적 요소가 도덕적 요소보다 앞서는 인물로 그려진다. 다만 심리적 안정(목표 설정이 완벽하게 이루어진 후)을 찾은 후엔 국가를 배신하지 않는 인물로 그려진다.
사회적 요소	사회적인 관계를 맺는 데에 전혀 문제가 없는 인물로, 심지어 적을 아군으로 바꿀 수 있는 뛰어난 설득력까지 지니고 있으며, 인맥 또한 넓다. 다만, 가족 관계에 대해서는 철저하게 감추어져 있다.	부모가 일찍 사망하여 고아원에서 자라는 등의 이유로, 인간관계가 넓게 형성되어 있지 않고, 외로운 어린 시절은 사랑하는 사람을 지키려는 의지를 더욱 강하게 한다.

(다) 소결론

　이 사건 소설의 주인공 L과 이 사건 드라마의 주인공 E는 한국의 군인이자 정보 요원인 점, 뛰어난 두뇌의 소유자로 다국어를 자유롭게 구사하고, 뛰어난 사격술을 갖고 있는 점 등에서 유사한 부분이 있기는 하나, 이는 남·북한의 분단 관계를 배경으로한 첩보물의 주인공을 설정함에 있어 수반되는 전형적이고 표준적인 표현에 불과하여 저작권법에 의하여 보호되지 않는 추상적인 아이디어의 영역에 해당한다고 봄이 상당하고, 오히려 위

표에 기재된 바와 같이 두 주인공들의 여러 요소들을 구체적으로 검토해 보았을 때, 위 두 인물은 서로 유사하다고 볼 수 없다.

(3) 이 사건 소설의 M과 이 사건 드라마의 S

(가) 유사점

두 인물 모두 30대 남자로, 북한의 최정예 요원이면서 다국어를 자유롭게 사용하는 점(M : 광동어, 북경어, 산동어, S : 헝가리어, 러시아어), 극중·후반부에 이르러 주인공과 공통의 목표를 이루기 위해 연합하여 함께 작전을 수행하는 점 등에서 서로 유사하다.

(나) 차이점

그러나 한편, ① 이 사건 소설의 M과 L은 각각 북한 측과 남한 측이라는 것 외에는 처음부터 서로 직접적으로 대립하는 관계에 있지 않았으나, S는 북한 국방위원 장 T를 저격한 E를 죽이려고 하는 등 E와 직접적인 대립관계에서 출발하는 점(이 사건 드라마 초반부에 E가 S의 총에 맞기도 한다), ② 이 사건 소설에서는 L이 중국 인민해방군 측에 체포되어 고문을 받던 M을 구출하는 것으로부터 둘 사이의 협력관계가 시작되나, 이 사건 드라마에서는 위와 같은 상황을 찾기 어렵고, 북측 요원인 U의 소개로 E와 S가 처음 만나게 되는 점, ③ M이 L과 연합하여 작전을 수행하였다고 해도, 이러한 행위가 M이 속한 조직 또는 북한 측을 배신하는 행위로까지 이어지지는 않는 반면, S는 핵 테러를 막기 위해 자신이 수행하던 노동당 중앙위원회 위원 V를 배신하는 데에까지 나아가는 점, ④ S는 단순한 작전 수행 정도의 범위를 넘어 한국의 대통령 W, 대통령 비서실장 X 등과 직접 만나 핵테러 방지 대책을 논의하는 등 넓은 범위에서 활동하는 인물로 표현된 점 등에 비추어 보면, 두 인물의 구체적인 행동, 다른 등장인물들과의 관계 등에서 서로 차이가 있다.

(다) 소결론

따라서, 이 사건 소설의 M과 이 사건 드라마의 S 사이에 앞서 본 바와 같은 유사점이 있다고 하더라도, 위와 같은 두 인물의 유사점은 남·북한의 분단 관계를 배경으로 한 첩보물의 등장인물, 특히 북한 측 남자 요원을 설정함에 있어 수반되는 전형적이고 표준적인 표현에 불과하여 저작권법에 의하여 보호되지 않는 추상적인 아이디어의 영역에 해당한다고 봄이 상당하고, 그렇지 않다고 하더라도, 앞서 본 두 인물의 차이점 등을 종합하여 보면, 이 사건 소설의 M과 이 사건 드라마의 S는 서로 유사하다고 볼 수 없다.

(4) 이 사건 소설의 O와 이 사건 드라마의 U

(가) 유사점

두 인물 모두 20대의 북한 측 여성 요원인 점, 남자 주인공과 함께 작전을 수행하고, 그 과정에서 부상을 입게 되며, 남자 주인공을 사랑하게 되는 점, 당초의 임무에 실패하고, 북한에 있는 어머니가 사망하는 점 등에서 서로 유사하다.

(나) 차이점

그러나, 한편, ① O는 영국 케임브리지대학 출신의 컴퓨터 공학박사로 Y핵 미사일 암호를 풀어내는 것이 주된 임무인 반면, U는 북한 측 호위부 요원으로서 현장에서 첩보활동 등의 작전을 수행하는 등, 두 인물의 주된 임무가 서로 다른 점, ② O와 L은 서로 잠자리까지 갖게 되나, U와 E는 그렇지 아니한 점, ③ O는 이 사건 소설 2권에서 죽음을 맞이하나, U는 이 사건 드라마 마지막 회에서 E를 구하기 위해 대신 총에 맞아 중상을 입지만 마지막까지 목숨을 잃지 않고 E와 함께 첩보활동을 수행하는 점, ④ U는 핵 테러를 막기 위해 자신이 수행하던 노동당 중앙위원회 위원 V를 배신하는 데에까지 나아가는 점 등, 두 인물의 구체적인 행동, 다른 등장인물들과의 관계 등에서 서로 차이가 있다.

(다) 소결론

따라서, 이 사건 소설의 O와 이 사건 드라마의 U 사이에 앞서 본 바와 같은 유사점이 있다고 하더라도, 위와 같은 두 인물의 특징은 남·북한의 분단 관계를 배경으로 한 첩보물의 등장인물, 특히 북한 측 여자 요원을 설정함에 있어 수반되는 전형적이고 표준적인 표현에 불과하여 저작권법에 의하여 보호되지 않는 추상적인 아이디어의 영역에 해당한다고 봄이 상당하고, 그렇지 않다고 하더라도, 앞서 본 두 인물의 차이점 등을 종합하여 보면, 이 사건 소설의 O와 이 사건 드라마의 U는 서로 유사하다고 볼 수 없다(원고는 이 사건 소설의 O가 이 사건 드라마의 U, P, Z로 분할되었다는 취지로 주장 하나, 앞서 본 U 및 아래에서 보는 P, Z의 특징에 비추어 볼 때, 원고의 위 주장은 이유 없다).

(5) 이 사건 드라마의 P

한편, 이 사건 드라마에는 이 사건 소설과는 달리 주인공 E의 NSS 동료이자 연인인 P라는 인물(이 사건 드라마의 여주인공이라고 볼 수 있다)이 등장하는데, AA 대통령 시절 NSS를 창설한 아버지가 10·26 사태 직후 사형을 당하게 되자, 그 후로는 I의 핵심 인물인 R의 도움 하에 성장하는 인물로, 이 사건 드라마 전체에 걸쳐 그녀가 I와 밀접한 관계가 있음을 의심케 하는 행동을 보임으로써 E로 하여금 심리적 갈등을 겪게 하고, 그럼에도 E가 헌신하는 대상이 되는 이 사건 드라마의 핵심적인 인물인 바, 이 사건 소설에서는 위와 같은 성격의 등장인물을 찾기 어렵다(원고는, 주인공을 사랑하고 주인공과 외국의 호수가 주변 호텔에서 함께 하룻밤을 보낸다는 점 등에서 이 사건 소설의 O가 위 P와 유사하다고 주장하나, 원고가 주장하는 위와 같은 사정만으로 O와 P가 유사한 인물이라고 보기 어렵다).

(6) 이 사건 드라마의 Q

또한, 이 사건 드라마에는 E와 절친한 NSS 동료였으나 결국 E와 대립하게 되는 Q라는 인물이 등장하는데, 그는 E의 연인인 P를 사랑하게 되면서 E-P-Q 사이의 삼각 관계를 구성하게 되고, NSS 부국장인 R을 따르다가 결국 E의 반대편에 서서 서로 총구를 겨누게 되며, 드라마 중반부터 계속하여 E와 대립 구도를 그리다가 결국 E의 품 안에서 숨을 거두게 되는 이 사건 드라마의 또 하나의 핵심적 인물로서, 이 사건 소설에서는 위와 같은 성격의 등장인물을 찾기 어렵다(원고는, 주인공의 직장 동료이자 총격전 끝에 주인공의 품에서 숨을 거두게 되는 점 등에서 이 사건 소설의 AB이 위 Q와 유사하다고 주장하나, 원고가 주장하는 위와 같은 사정만으로 AB과 Q가 유사한 인물이라고 보기 어렵다).

(7) 이 사건 소설의 AC, AD와 이 사건 드라마의 Z, AE

원고는 이 사건 소설과 이 사건 드라마에서 북한의 핵물리학자로 등장하는 AC와 Z, 주인공을 도와주고 주인공을 연모하게 되는 여성으로 등장하는 AD와 AE가 각각 서로 유사하다고 주장한다. 그러나 위 각 등장인물들 사이에 일부 유사한 부분이 있다고 하더라도, 위 등장인물들은 이 사건 소설과 드라마 상에서 다른 등장인물과의 상호과정을 통해 사건의 전개과정과 밀접한 관련을 가진다고 보기도 어렵고, 각 저작물에서 차지하는 양적, 질적 비중이 높은 경우도 아니므로, 양 저작물의 실질적 유사성을 판단함에 있어 크게 고려할 요소는 아니다.

라) 구체적 줄거리와 사건 전개과정

(1) 일반론

사건의 전개과정은 유사성 판단에 있어서 중요한 비중을 차지하는 요소로서, 사건의 전개과정이 유사하다고 하기 위해서는 이야기 속에 등장하는 사건들의 내용이 유사하여야 하고, 그 사건들이 유사한 방법으로 배열, 조합되어야 한다. 표현성이 인정되는 사건의 전개과정 사이에서도 그 표현성의 구체성은 다양한데, 구체성이 높은 전개 과정의 유사성은 고려하여야 할 요소이지만 구체성이 낮은 전개과정의 유사성만으로 곧바로 실질적 유사성이 인정되는 것은 아니다. 따라서 사건의 전개과정에서 나타나는 구체성과 다양성에 있어서 차이가 큰 경우는 비록 포괄적으로 보면 사건의 전개과정에 있어서 유사한 점이 발견된다고 하더라도 실질적 유사성을 인정하기 어렵다.

(2) 줄거리의 개략적인 내용

순번	이 사건 소설	이 사건 드라마
1	주인공인 해군 정보국 요원 L 대위는 러시아의 Y가 만든 핵미사일의 해체 비밀번호를 북한의 공학박사 O가 풀어내자, 핵미사일의 설계도를 입수하기 위해 러시아로 침투하여 O와 북한 공작원들을 만나게 되고, 미국 첩보원들로부터 공격을 받은 북한 공작원들은 죽게 되나, L은 O와 숨어 지내다가 핵미사일 설계도가 담겨 있는 비밀 디스켓을 회수한다.	주인공인 NSS 소속 E의 부모는 핵물리학자로서 어린 시절에 NSS 부국장 R에 의하여 죽임을 당한다. 그로부터 18년 후, 707특임대 대원인 E는 대학원에 진학하고, 특임대 소속 동료이자 친구사이인 E와 Q는 그들을 스카웃하기 위해 접근한 NSS 소속 P에게 사랑을 느낀다.
2	L이 북한으로 돌아갈 수 없는 O를 귀순시키라는 명령을 받고 실행하던 중, 납치된 O를 구출하여 스위스의 숙소에서 휴식을 취하다가 O와 하룻밤을 함께 보낸다.	NSS 요원이 된 E와 Q는 대통령 후보를 구하는 등 활약을 하고, E와 P는 서로 사랑하는 사이로 발전한다. 그 후 E, Q, P는 헝가리 부다페스트에서 북한의 핵물리학자 Z를 구출하나, Z는 킬러에 의해 살해된다.
3	L은 O를 안전기획부 요원에게 인도하나, O는 일본인에게 저격당하여 숨을 거둔다.	E는 R로부터 북한 고위층을 암살하라는 명령을 받고 성공하나, 북한 호위국 소속 S의 총에 맞아 부상을 당하고 R에게 구조요청을 하지만, R는 Q에게 E를 제거하라고 명령하고, E와 Q는 서로에게 총을 겨눈다.
4	L은 핵미사일 설계도의 암호를 풀기 위해 AF 를 찾는 과정을 통해, 비밀 디스켓의 암호를 알아낸다.	P는 E가 위험하다는 것을 알고 E를 찾아가나, E는 쫓기는 과정에서 P가 죽었다고 생각하게 되고, E가 탄 비행기가 격추되어 P 또한 E가 죽었다고 생각하게 된다.
5	북한군 M 중좌가 이끄는 북한 특수8군단이 핵탄두 4개를 열차를 이용해 이동시키다가, 중국의 중앙정치국이 M을 체포하고 핵탄두를 탈취하여 베이징으로 이동시킨다.	E는 'AG'라는 의문의 사내에게 구출된 후, 북한 호위국 U와 함께 행동하며 R에게 복수하기 위해 S의 작전팀에 합류하고, NSS에서 핵폭탄의 초정밀 원격 기폭장치를 탈취한다.
6	L이 M을 구출하여 두 사람은 함께 핵탄두를 찾아나서고, 한국 함대와 북한 함대가 연합·공조하여 한국이 핵탄두가 실린 일본 가미가제호로부터 핵탄두 일부를 확보한다.	이후 E는 R와 그가 속한 I라는 집단의 핵테러 음모를 알게 되고, 서울 광화문에서 핵폭탄을 터뜨리려는 테러 세력을 막기 위해 노력한다.

| 7 | 일본은 나머지 2개의 핵탄두를 이용하여 독도 근방에서 핵실험을 시도하고, 한국과 북한은 다시 연합·공조하여 일본이 손에 넣은 핵탄두를 북한이 확보하게 되자, 이미 4개의 핵탄두를 확보한 한국과 북한은 한반도의 평화를 위해 서로의 핵탄두 소유를 암묵적으로 인정한다. | Q와 용병들은 백화점을 점거하고 인질극을 벌이나, Q는 결국 총격전 끝에 E의 품에서 사망한다. 핵 테러 상황이 정리된 후 E와 P는 NSS를 떠나 함께 여행을 가지만, 그곳에서 E는 의문의 암살을 당하고 만다. |

(3) 판단

이 사건 소설과 드라마는 모두 분단된 남·북한을 배경으로 하여, 핵으로 위협하는 제3의 적에 대해 남·북한이 서로 연합·공조하는 첩보물이라는 점에서 서로 유사한 면이 있다.

그러나, 이 사건 소설은 ① L의 첩보 활약상과 O와의 만남 및 동행, ② O의 비극적 죽음과 과거 핵미사일 개발에 얽힌 이야기를 파헤치는 과정, ③ L과 M의 합작과 한·일 잠수함 해전 및 일본 핵미사일 기지 침투라는 3개의 주된 이야기를 바탕으로, 위 3개의 이야기가 다른 이야기들에 별다른 영향을 주지 않으면서 주인공인 L의 첩보 활약을 중심으로 전개되는 반면, 이 사건 드라마는 ① E의 어린시절 및 E와 P의 사랑 이야기, ② NSS에서 버림받게 되는 E가 자신의 정체성을 깨닫는 과정, ③ E가 복수를 꿈꾸면서 북한의 테러집단에 들어가 활동하게 되는 과정, ④ NSS에 침투하여 그곳에서 I의 존재를 알고자 하는 E와 NSS에서 핵폭탄 기폭장치를 탈취하는 S의 이야기, ⑤ I의 핵심 인물인 R가 서울 광화문에 핵폭탄을 터뜨려 남북정상회담을 방해하려는 이야기, ⑥ 핵폭탄을 터뜨리려는 I와 이를 저지하려는 E 일행의 대결과 Q의 죽음, ⑦ P의 정체에 대한 의문과 E의 비극적인 죽음이라는 7개의 핵심적인 이야기를 바탕으로, 위 각각의 이야기가 단순히 순차적으로 진행되는 것이 아니라 몇 개의 스토리라인으로 형성되어 서로 얽혀 있고, 그에 따라 교차적인 사건의 진행 방식이 등장하기도 한다(이 사건 드라마의 스토리 구성 방식이 이 사건 소설에 비해 보다 복잡하고 다층적인 구조로 되어 있다고 할 것이다).

또한, 이 사건 드라마는 부모를 죽인 원수에 대한 복수라는 내적 감정이 주인공의 행동에 주된 동기가 되고, 여기에 P에 대한 사랑이 불가분적 요소로 결합하여 극의 전개에 핵심적인 요소로 작용하고 있으나, 이 사건 소설에서는 주인공의 첩보 활동을 중심으로 이야기가 전개될 뿐, 복수, 사랑 등 주인공의 내적 감정이 구체적으로 드러나 있지 않고, 주인공의 사랑 이야기가 차지하는 비중도 거의 미미하다.

두 저작물 모두 핵에 의한 위협을 주된 소재로 하고 있다고 하더라도, 핵을 위협수단으로 삼는 것 자체는 하나의 아이디어에 불과할 뿐만 아니라, 이 사건 소설은 일본의 핵미사일 보유를, 이 사건 드라마는 한국과 북한 내부의 통일 방해 세력인 I가 서울 도심 내부에서 핵폭탄 테러를 시도하는 것을 각각 위협의 주체 및 그 내용으로 삼았다는 점에서 서로 차이가 있다. 나아가, 남·북한이 서로 연합·공조하여 제3의 세력에 대항한다는 사건 전개 또한 유사하다고 하더라도, 위와 같은 설정은 남·북한의 분단 관계를 배경으로 하는 첩보물에서 일반적으로 택할 수 있는 구성이라고 봄이 상당하고, 이 사건 소설은 남·북한이 제3국인 일본을 상대로 하여 연합·공조한 것이지만, 이 사건 드라마는 북한 내부의 쿠데타를 꾀하는 V 등을 막으려는 S, U 등 북한의 일부 세력들이 핵폭탄 테러를 막기 위해 남한의 주인공 측과 연합·공조한다는 점에서 서로 차이가 있다.

이와 같이, 이 사건 소설과 드라마는 각 이야기 속에 등장하는 사건들의 내용이 유사하다고 보기 어렵고, 그 사건들이 유사한 방법으로 배열, 조합되어 있다고 보기도 어렵다.

마) 그 밖의 원고의 주장에 대한 판단

그 밖의 이 사건 소설과 드라마 사이의 포괄적·비문언적 유사성에 관한 원고의 주장(앞서 판단한 부분과 중복되는 부분은 제외한다)과 그에 대한 판단은 아래의 표와 같다(판단 근거: 앞서 든 증거들과 감정인 K의 감정결과 및 변론 전체의 취지).

순번	주장	판단
1	이 사건 소설에서 L이 신뢰의 표시로 M에게 실탄이 든 권총을 건네는 장면(소설 3권 91면)과 이 사건 드라마에서 E가 S에게 실탄을 든 권총을 건네는 장면(드라마 9회)이 동일·유사하다.	위 각 장면의 당사자들이 모두 총을 소지한 남·북한의 요원이라는 점에 비추어 신뢰를 확인시키기 위해 실탄이 든 총을 건네는 것은 하나의 아이디어에 불과하고 독창적인 표현으로 보기 어렵다.
2	이 사건 소설에서 중국 해군이 선장과 선원을 총으로 위협하는 장면(소설 3권 128~132면)과 이 사건 드라마에서 중국 공안이 선장과 선원을 총으로 위협하는 장면(드라마 9회)을 비롯한 선박 검색 장면이 동일·유사하다.	중국 해군 또는 공안의 장교가 선장과 선원을 갑판에 모아놓고 심문하다가 선장과 선원에게 총을 겨누는 장면은 총을 소지한 중국 해군 또는 공안이 선박을 수색하는 과정에서 취할 수 있는 일반적인 표현으로서 하나의 아이디어에 불과하고 독창적인 표현으로 보기 어렵다. 또한, 양 저작물은 선박 검색의 주체, 어선의 종류와 소속국, 선박 검색의 목적, 선원의 숫자 등이 서로 다르므로, 해당 장면의 구체적 내용이 실질적으로 유사하지 않다.

3	이 사건 소설에서 L이 핵탄두를 탈취하는 장면(3권 269~280면)과 이 사건 드라마에서 E 일행이 초정밀 원격 기폭장치를 탈취하는 장면(드라마 10, 11회)이 동일·유사하다.	엄격한 보안 아래 관리되는 물건을 탈취하는 과정에서 주인공 일행과 그 상대편 사이에 총격전이 벌어지는 점, 위 물건을 버튼식 암호 입력 잠금장치가 되어 있는 금속문(이 사건 소설에서는 철문임이 명시되어 있으나, 이 사건 드라마에서는 철문인지 여부가 불분명하다)이 설치된 방에 금속제 용기(이 사건 소설에서는 스테인리스임이 명시되어 있으나, 이 사건 드라마에서는 스테인리스인지 여부가 불분명하다) 내부에 보관하는 점 등은 이와 유사한 상황에서의 일반적인 표현으로서 하나의 아이디어 또는 필수 장면에 불과하고 독창적인 표현으로 보기 어렵다. 또한 위 각 장면에서의 진입 인원, 암호입력 잠금장치 해체 방법 등 구체적인 내용이 실질적으로 유사하지도 않다.
4	이 사건 소설에서 L이 O로부터 비밀이 담긴 디스켓을 받는 장면(소설 2권)과 이 사건 드라마에서 E가 Z으로부터 USB를 받는 장면(드라마 3회)이 동일·유사하다.	이 사건 소설과 드라마에서의 O와 Z의 역할이 서로 다름은 앞서 본 바와 같다. 또한, 이 사건 소설에서 O가 L에게 전달한 것은 디스켓이고, 그 안에는 Y 핵탄두의 설계도가 저장되어 있는 반면, 이 사건 드라마에서 Z가 E에게 건네는 물건은 십자가 목걸이 형태의 USB이고, 그 안에는 I의 명단이 들어 있는바, 위 각 장면은 서로 유사하지 않다.
5	이 사건 소설에서 L과 O의 목욕 장면(소설 2권)과 이 사건 드라마에서 E와 P의 목욕 장면(드라마 3회)이 동일·유사하다.	위 각 장면의 상황을 보면, 이 사건 소설은 O의 망명을 기다리면서 스위스의 한 호텔에 머물고 있는 상황이고, 이 사건 드라마는 휴가를 받게 된 E와 P가 일본 아키타현의 한 온천으로 여행을 간 상황이다. 또한, 목욕 장면에서 주인공이 부끄러워하는 장면은 그것만으로 독창적인 표현에 해당한다고 보기 어려운바, 남녀가 호수 인근의 호텔 또는 온천에서 함께 목욕을 한다는 사정만으로 해당 장면들이 서로 동일 또는 유사하다고 보기 어렵다.
6	이 사건 소설의 O와 이 사건 드라마의 Z는 학위, 망명 과정, 보유 지식, 피살 장소 및 방식 등이 서로 동일·유사하다.	O의 전공은 컴퓨터공학인 반면 Z의 전공은 물리학이고, O는 박사학위를 받았으나 Z는 박사과정을 수료했을 뿐 학위까지 받지 아니하였다. O의 망명은 북한으로의 귀국이 좌절됨에 따른 것이고, Z의 망명은 자발적인 요청에 의한 것이라는 점에서 서로 다르고, 피살 경위에 있어서도 피살 장소 및 피살 수단 등에서 서로 일치되는 부분이 없다. O는 컴퓨터공학자로서

		Y 핵미사일의 암호를 해독한 반면, Z는 북한의 핵무기 개발을 담당한 물리학자로서 그 보유 지식도 다르다. O는 스위스 레만호에 있는 레스토랑에서 저격에 의해 피살되나, Z는 헝가리의 폐공군기지에서 권총에 의해 피살된다.
7	그 밖에도, 이 사건 소설과 드라마는 모두 주인공과 대결을 벌이는 북한 여자 정보원이 부상을 입고 이를 주인공이 치료해 주는 부분, 주인공 일행의 차량 추격 장면, 북한의 핵물리 학자가 피살당하는 부분, 공산국가(북한, 러시아)에서 쿠데타를 계획하는 관료가 등장하는 부분 등 동일·유사한 점이 다수 발견된다.	설령 원고가 주장하는 부분들의 유사성이 인정된다고 하더라도, 해당 부분은 두 저작물의 전개 또는 구성에 있어 지엽적인 부분에 불과하고, 분단 상황에서 남한과 북한의 남녀를 주인공으로 하는 첩보·액션물이라면 일반적, 전형적으로 등장하는 상황으로 아이디어 또는 필수 장면에 해당하여 저작권법에 의하여 보호되는 독창적인 표현에 해당한다고 보기 어렵다.

바) 소결론

따라서, 이 사건 소설과 드라마 사이에 포괄적·비문언적 유사성이 인정된다고 볼 수 없다.

4) 부분적·문언적 유사성

부분적·문언적 유사성은 두 저작물 사이에 작품 속의 특정한 행이나 절 또는 기타 세부적인 부분이 복제됨으로써 양 저작물 사이에 문장 대 문장으로 대칭되는 유사성이 인정되는 경우인데, 원고의 실질적 유사성에 대한 주장 중 아래 표 기재 항목을 제외한 나머지 부분은 이 사건 소설과 드라마 사이에 구체적인 문언이나 문장 자체가 아닌 그 전개 내용을 문제 삼는 부분이고, 그에 대한 판단은 앞서 포괄적·비문언적 유사성 부분에서 살핀 바와 같다.

순번	이 사건 소설	이 사건 드라마
1	지금 날 놀리냐! 혼나기 전에 빨리 내놔! (1권 243면)	알잖아! 뭔지! 내놔!(3회 01:01경)
2	나는 대한민국 해군 정보부 장교입니다. (1권 261면)	한국에서 온 Q입니다.(3회 00 : 32경)
3	기래 둏습네다. 디금 당장 내를 쏴 죽이시라요.(1권 266면)	차라리 죽여줘…… 죽이라고.(6회 00 : 42경)
4	동무는 주눅바치입네까?(2권 108면)	에이, 남자가 부끄러워 하기는(3회 00 : 28경)

위 대비 부분을 보면, 원고가 주장하는 위 대사 부분들은 일견하여 보더라도 문자적 또는 문언적으로 일치한다고 보기 어려우므로, 부분적·문언적 유사성에 관한 원고의 주장은 이유 없다.

마. 소결론

결국, 이 사건 소설과 드라마 사이에 포괄적·비문언적 유사성이나 부분적·문언적 유사성을 발견할 수 없는바 (이 사건 소설과 드라마 사이에 일부 유사성이 인정되는 부분이 있다고 하더라도 이는 대부분 저작권법에 의하여 보호되는 표현이 아니라 아이디어 영역에 속하거나 필수 장면에 해당하는 부분이다), 저작권 침해의 객관적 요건인 실질적 유사성 요건이 충족되었다고 볼 수 없으므로, 이를 전제로 하는 원고의 피고들에 대한 청구는 나머지 점에 관하여 나아가 살필 필요 없이 이유 없다.

4. 결론

그렇다면, 원고의 피고들에 대한 청구는 모두 이유 없으므로 이를 기각하기로 하여 주문과 같이 판결한다.

재판장 판사 ○○○
판사 ○○○
판사 ○○○

별지 1.

이 사건 소설의 줄거리

각 권	줄거리
1권	핵미사일을 해체시키는 비밀번호를 북한의 공학박사 O가 풀어내자, 핵미사일의 설계도를 입수하라는 지령을 받고 비밀 작전을 실행한다. 해군특수요원들과 함께 북한의 원산에 침투하게 된 L은 몇 명 요원들의 희생을 겪게 되고, 어렵사리 모스크바에 있는 O와 접선하여 미사일 설계도를 받게 될 예정인 북한 첩보원 N을 만경호에서 납치하는 데 성공한다. 그 후, L은 N으로 위장하여 일본을 거쳐 러시아로 침투하게 되고, 그곳에서 O와 북한 공작원들을 만나게 된다. O로부터 핵미사일의 설계도가 담겨져 있는 비밀 디스켓을 건네받으려던 L은 러시아와 영국, 그리고 미국의 첩보원들로부터 공격을 받게 된다. L은 자신이 가짜 N이라는 사실을 사전에 알고 있던 O의 목숨을 지켜내는 것은 성공하나, 북한 공작원들의 죽음을 목격하게 되고, 과거부터 알고 지내던 AD라는 여인의 집에서 부상당한 O와 숨어있게 된다. 처음엔 강하게 저항하던 O는 다국의 첩보원들로부터 표적이 되어버린 난감한 현실을 인정하게 되고, L에게 코펜하겐의 식물원 호수 속에 디스켓을 숨겨두었다는 비밀을 실토하게 된다. 이에 L은 O와 동행하여 코펜하겐으로 가기위해 모스크바 세레메치에보 공항으로 향한다.
2권	O를 아내로 위장시키고 코펜하겐 공항을 빠져나가 식물원에 도착한 L은 호수 속에 숨겨둔 디스켓을 회수하던 북한 대외정보 조사부와 러시아 정보국 요원들 간의 총격전 속에서 디스켓을 회수하여 도주한다. L은 북한으로 돌아 갈 수 없던 O를 귀순시키라는 명령을 받고 프랑스행 열차를 타고 국경을 넘어가던 중, 러시아 정보국 요원의 습격을 받게 되고, 위기를 모면한다. 파리에 도착한 L은 프랑스 해외 정보 방첩국 요원들을 따돌리고, 사전에 약속된 레스토랑에서 대한민국 대사관의 AH 서기관을 만나 프랑스가 일본의 압력으로 O의 망명에 협조하지 않음을 알게 된다. AH 서기관에게 디스켓을 건넨 L은 스위스로 떠나기 직전, 숙소인 아테네 호텔에 프랑스 정보국의 요원들이 배치되어 있을 것을 염려해 한밤의 퐁피두 문화예술 센터로 향한다. 그곳에서 O는 러시아 정보국 요원들과 일본 중앙 조사대 요원들에게 납치되고, L은 치열한 추격 끝에 O를 구출하고, 리옹에서 제네바 행 열차를 탄다. 스위스에 도착한 L은 O에게 스위스가 망명을 허가했음을 전해주고, 잠시 숙소에서 휴식을 취하던 중 O와 뜨거운 사랑을 나누게 된다.

L을 사랑하게 된 O는 핵미사일의 암호해독 힌트가 Y의 자살 직전 사라진 AF와 관계가 있음을 알려주고, 서울에서 파견된 안전기획부 AI 요원에게 인도된다. O와 헤어진 L은 레스토랑에서 우연히 부딪힌 일본인을 통해 O의 신변에 위험이 발생했음을 직감하게 된다. L은 호텔에서 O를 인도받은 AI가 숨져가는 모습을 목격하고, 그가 남긴 암호를 통해 러시아 정보국의 프랑스 샤모니 몽블랑 기지에 O가 납치되었음을 알게 된다. 안전기획부의 스위스 현지 정보원 AJ를 통해 프랑스의 몽블랑으로 잠입한 L은 러시아 정보국의 안가에서 O를 구출하고 러시아 정보국의 추격을 받지만, AJ의 희생으로 몽블랑산을 패러글라이딩으로 넘어 레만호에서 대기하던 모터보트에 착륙한다. L은 AK라는 안전기획부 요원에게 O를 인도하지만, 환영 자리를 이유로 이곳에 왔던 국회의원들 앞에 모습을 드러내야 했던 O는 일본인에게 저격당해 숨을 거둔다. O의 사망으로 컴퓨터 디스켓 해독 문제는 다시 원점이 되자, L은 AF를 찾으라는 상부의 명령을 받게 된다.

L은 O를 찾던 일본의 외무성 국제 정보국에서 주소지가 러시아인 명의로 되어있던 독일인이 러시아 쿠데타 발발 4일 전에 국제연합 유럽 본부에 망명을 교섭하다가 러시아 쿠데타 발발 3일 전에 홀연히 사라졌다는 과거 사실에 주목했음을 알게 된다. L은 문제의 독일인이 머물던 호텔에 유엔난민공동판무관의 신분으로 위장한 채 접촉한 결과 일본 정보국 역시 AF를 찾고 있음을 알게 된다. 문제의 독일인 이름이 AL이고 프랑크푸르트 카이저 거리에 살고 있음을 알게 된 L은 그곳으로 향하고, AL이 살고 있다는 거주지에서 한 노인을 통해, AL이 종적을 감추었으며 집 주인은 AM이라는 라투비아 사람임을 알게 된다. 이미 러시아와 일본의 정보국 요원들이 다녀갔음을 알게 된 L은 뢰머 광장에서 AN이라는 이름으로 불리는 AM을 만나게 되고, 그로부터 AL은 본 적이 없으며 AF라는 남자가 7년 전에 자신의 집을 사겠다고 온 적이 있었다는 사실을 알아낸다. AO라는 이름 대신 AF라고 적힌 명함을 받게 된 L은 명함에 적힌 주소지인 퀼른으로 향하고, AP라는 카페 주인을 만나 카페의 전 소유주가 AO임을 알게 된다. AO가 있다는 술집을 찾아간 L은 그 자가 AF의 부탁으로 AF라고 말하고 다녔고, AF가 집을 구해달라고 했으며 출장이 잦기에 자신의 주소로 연락을 받기 위해 명함에 AF라는 이름을 적었다는 사실을 알아낸다. 이미 일본의 요원들이 다녀갔음을 알게 된 L은 베를린행 급행열차를 타고 이동하고, 서베를린에 도착한 L은 AF가 자동차 판매 대리점을 연락처로 이용하여 중계 무역을 하던 30대 초반의 남자이며 러시아 쿠데타 발발 직전에 사라졌다는 정보를 얻게 된다. L은 자동차 판매 대리점의 남자로부터 알게 된 AF의 동베를린 주소지로 향한다. L은 그곳에서 AQ라는 젊은 여자를 통해 AR라는 우크라이나 유학생 여자의 소식을 듣게 되고, 그녀의 언니가 메르키셰스 피어텔 주택단지에 살고 있음을 알게 된다. 그곳에 찾아간 L은 AR의 언니인 AS를 만나게 되고, AR가 애인인 AT의 집으로 이사를 갔다는 사실을 듣게 된다.

L은 AR의 우크라이나 주소를 얻은 후, 키에프행 급행열차를 타게 된다. 열차 안에서 독일의 연방정보부 요원을 제압한 L은 키에프에서 노인으로부터 AR가 3년 전에 떠났다는 소식을 전해 듣는다. 그는 AS를 알고 있던 노인으로부터 AR가 국가전복죄로 수감생활을 했다는 이야기를 듣게 되고, AR가 사귀던 AT가 사실은 Y였다는 것을 알게 된다.

	몰다비아에서 AR를 만난 L은 자신을 AQ의 약혼자로 소개하고, AR가 유태인이며 Y의 가명이 AT였다는 사실을 알게 된다. L은 Y가 AR와의 편한 만남을 위해 우크라이나로 불러들였음을 알게 되고, AR가 Y와 알고 지냈다는 이유만으로 국가전복죄를 덮어쓰고 몰다비아로 도망쳤음을 알게 된다. L은 aF가 Y에게 붙여진 별명이었음을 알게 되고, 컴퓨터 디스켓의 암호가 'Y-AF-Y'였음을 밝혀내며 이야기는 잠시 Y가 살아있을 때로 돌아간다. 당시 소비에트 내무장관 Y는 AU 국방장관과 AV 부통령과 AW KGB 의장과 함께 신연방협정에 불만을 품고 AX 의장 몰래 쿠데타를 계획한다. 하지만, Y와 AU 사이에 이견이 발생하고, 유일하게 Y의 핵개발에 대해 알고 있던 AU는 Y에게 개발중인 핵미사일 열쇠를 넘기라고 요구한다. 결국, Y는 다른 쿠데타 동조 인물들 중 AW KGB 의장이 핵개발 사실을 알고 있다는 것을 염려하여 AU의 제안을 거절하고, Y의 부하인 비밀 요원 AY는 Y의 명령으로 서베를린의 주택 구입 명령을 실천하게 된다. Y는 AY에게 주택 구입 인물이 AF라고 알려주고, 거짓 실체 인물인 AF가 컴퓨터 암호도 알고 있는 자로써 포장을 한다. 우크라이나행 비행기를 타게 된 Y는 AR를 만나게 되고, 그녀로부터 핵미사일은 열쇠가 아닌 암호를 입력함으로써 가동되게 만들 수 있다는 사실을 알게 된다. 핵미사일을 자신의 폭탄으로 만든 Y는 북한으로 망명하기 위해 스위스 제네바 브리스톨 호텔에 투숙하여 북한으로의 망명을 타진하게 된다. 하지만, 그는 AU 국방장관에게 불려간 AY의 진술에 의해 KGB가 스위스로 급파되자, 결국 귀국을 하게 된다. 그 뒤, 소비에트 AU 국방장관이 주도한 러시아 쿠데타가 발생하고, 쿠데타에 성공하지만, 러시아 대통령이던 AZ에 의해 쿠데타가 진압되고 만다. Y를 급진적인 인물로 경계하던 AU가 쿠데타에 실패하자, Y는 황급히 핵미사일이 있는 기지로 들어가 AR가 알려준 암호 입력 방식을 실행하고, 권총으로 자살한다.
3권	러시아 상트 페테르부르크항을 출발한 일본 상선 다이요호는 남중국해 바다에서 M 중좌가 이끄는 북한 특수8군단의 기습을 받는다. M은 배에 선적된 Y 핵탄두 4개를 잠수함에 옮겨 실은 후 다이요호를 침몰시킨다. M은 일본과 미국의 감시를 피하기 위해 중국의 정크선에 Y 핵탄두를 다시 옮겨 싣고 내륙 열차를 이용해 이동시키던 중, 주저우 역에서 중국 인민해방군에게 체포된다. 구이양 인민 무장 경찰부대로 끌려온 M은 심한 고문을 당하지만, 끝까지 소속을 숨기려고 애쓴다. 그런 가운데 L이 나타나 M을 구출한다. 한편, 중국 중앙정치국은 미국을 비롯한 세계 각국의 경계를 피하고자, Y 핵탄두를 먼저 베이징으로 이동시킨다. 하지만, 일본 외무성 국제정보국 BA 정보원과 그에게 포섭된 중국 관리들에 의해 Y 핵탄두는 또다시 일본의 손에 넘어가게 된다. M을 구한 L은 일본의 후지호에 핵탄두가 옮겨질 것이라는 정보를 말해주며, 최악의 경우 M이 설치한 시한폭탄을 작동시켜야한다고 말한다. 결국, L의 진정성을 확인한 M은 Y 핵탄두를 찾기 위해 함께 동행한다. 그 사이, BA 정보원은 열차가 상하이 역에 도착하기 20분 전에 핵탄두를 따로 빼돌려 이동시킨다. 한편, 일본인 관광객으로 위장한 채 핵탄두를 추격하던 L과 M은 상하이역에 도착하고, 그곳에서 핵탄두가 중간에 빼돌려졌다는 사실을 알게 된다.

결국, 두 사람은 후지호를 찾기 위해 국제항 부두로 향하고, 그곳에서 죽어가는 M의 부하들을 목격하게 된 두 사람은 일본 정보국 요원들과 치열한 총격전을 벌인다. 부하로부터 핵탄두가 가미가제호에 옮겨졌다는 사실을 전해들은 M은 L에게 이 사실을 말해주고, L이 빠져나갈 수 있도록 목숨을 걸고 엄호 사격 임무를 수행한다. 후지호에서 빠져나온 L은 긴급 통신을 보낸 후, 한국 해군 소속의 투수제 트보트인 해모수호에 몸을 싣는다. 그리고, 트롤어선으로 위장한 가미가제호를 찾아낸 후, 무력시위를 벌이다가 총격을 가하는 그들을 향해 강력한 응징 사격을 실시한 끝에, 결국 가미가제호는 해모수호의 강력한 화력 앞에 침몰하고 만다. 한편, 중국 정부는 이동 중에 핵탄두를 빼앗겼다는 소식을 듣게 되고, 출항한 선박 중에 따하이호를 검색하던 중, 핵탄두를 빼돌리는 데 공헌한 일본 첩보원 BA를 사살한다.

중국 정부는 핵탄두를 실은 선박을 찾기 위해 혈안이 되지만, 의심했던 선박이 아무런 문제점이 없고, 따싱호라는 이름으로 위장된 가미가제호가 핵탄두 운반선이라는 확신을 한다. 중국 정부는 북해함대를 출항시켜 따싱호를 체포하려고 한다. 그 시간, 가미가제호와 바다에서 접선을 하여 핵탄두를 전달받으려던 일본 함단은 미리 중간해역을 선점한 한국 함대에 의해 길목이 막히자 당황한다. 일본에 핵탄두가 들어가는 것을 막아야만 했던 한국 함대에게 해로를 열어줄 것을 요구하던 그들은 너무도 당당한 한국 함대의 태도에 초조해지고, 결국, 한국 함대에 의해 가도 잠수함을 잃게 된다. 일본은 잠수함 사도호를 이용해 한국 함대를 공격하려고 들지만, 이미 이러한 일본의 공격 경로를 사전에 파악한 한국 함대는 장보고함을 이용해 러시아의 핵잠수함이 사도호를 침몰시키도록 한다. 그 뿐만 아니라, 한국 함대는 외부에 알려지지 않은 비밀 핵잠수함을 이용해 장보고함을 쫓던 잠수함 다까다함을 단번에 격침시킨다. 한편, 북한은 함대를 이용해 서해 진입로를 막고 중국 함대가 남진하는 것을 막아서서 한국 이 핵탄두를 손에 넣을 수 있도록 힘쓴다. 일본과 중국이 손 한번 쓰지 못하는 그 시간, 해모수호는 침몰한 가미가제호에서 핵탄두를 확보한다. 얼마 뒤, 일본은 6개의 Y 미사일 중 사전에 확보한 2개의 마사일을 이용해 동해의 독도 근방에서 핵실험을 하려고 들고, 이에 반발한 한국은 북한이 핵탄두룰 손에 넣을 수 있도록 돕게 되어, K작전팀이라는 이름으로 연합·공조한다. 한편, L은 일본에 파견되어 M을 다시 만나게 되고, 정보를 빼내기 위해 치열한 총격전이 오고가는 가운데, L은 절친하던 BB대위를 잃고, 그 역시 총상을 입게 된다. 이후 L과 M은 일본에 핵실험을 하기 위해 만든 울트라 부두에 침입한다. 총탄과 유탄이 오고가는 가운데, 사상자들이 발생하고, L은 울트라 부두에 인접한 연구소를 점령하게 된다. 때마침 북한의 AN-2기가 도달하고, 연구소에 있던 핵탄두를 실은 AN-2기는 출발한다. 임무를 마친 L과 M은 일본군의 공격을 받고 목숨이 위태롭게 되지만, 그들은 기적적으로 그곳을 탈출한다. 한편, 북한의 AN-2 비행대대는 일본의 미사일 기지인 도젠섬을 폭격하고, 일본 전투기들은 AN-2 비행대대를 쫓지만, 한국 공해를 지키던 한국 전투기에 가로막혀 아무런 조치도 취하지 못하게 된다. 결국, 이렇게 일본이 손에 넣은 Y 핵탄두는 북한의 손에 들어가고, 이미 4개의 핵탄두를 확보한 한국과 북한은 한반도의 평화를 위해 서로의 소유를 암묵적으로 인정하면서 이야기는 마감된다.

별지 2.

이 사건 드라마의 줄거리

각 부	줄거리
1부	국군 707부대의 대원인 E는 대학원 강의실에서 P를 만나 첫눈에 반하고 만다. E는 같은 부대의 절친한 친구이자 경쟁자인 Q에게 P에게 매혹당했음을 고백한다. 얼마 뒤, 또다시 P를 만난 E는 강의 주제로 대립하던 그녀와 술내기를 하게 되지만, 보기 좋게 취해버리고 만다. 한편, 고향 선배인 BB를 만난 Q는 그에게서 미모의 여인을 소개받는데, 그녀는 E를 매혹시켰던 P이다. Q는 E가 자신에게 고백했던 것처럼 자신도 한 여인에게 반했음을 고백한다. 한 밤에 나이트클럽으로 놀러간 E와 Q는 건달들과 한바탕 싸움을 벌이고 부대에서 신상필벌을 당하게 된다. 그런 과정 속에 두 사람의 우정은 더욱 공고해진다. E와 Q는 책임자인 BB대위가 소개시켜준 낯선 두 사람을 따라 존재 자체가 극비였던 NSS(국가안전국)에 가게 된다. 그곳에서 E는 참기 힘든 고문 속에서도 과거 극비 작전 사항을 발설하지 않고 Q를 구해낸다. E는 그곳에서 NSS 부국장 R을 만나 자신들이 NSS의 특수요원이 되기 위한 통과의례를 경험했음을 알게 된다. 특수요원으로 활약해줄 것을 요구하는 R의 제안을 받아들인 E와 Q는 6개월간의 훈련을 마친 뒤, NSS 대테러팀 소속인 BB(Q의 고향 선배)와 P를 만나자 놀라움을 감추지 못한다.
2부	NSS 요원들과 인사를 나누게 된 E와 Q는 자신들을 속인 BB와 P에게 감정이 상하게 된다. NSS 부국장인 R의 집에서 회식을 하게 된 E는 P에게 강제로 키스를 하고, P는 그런 E의 태도가 싫지 않다. NSS의 적응과정을 거치던 E는 P와 비밀 데이트를 하기 시작하고, 그런 시점에 적군파 출신의 BC란 인물이 한국에 입국하자, 그의 입국 목적을 알아내기 위한 작전이 벌어진다. E와 Q는 BC를 미행하고, P는 카지노에서 BC를 유혹하여 그의 옷에 추적 장치를 부착하는데 성공한다. 다음날, BC와 데이트를 하게 된 P는 정체가 탄로나지만, Q의 도움으로 위기를 벗어난다. 오토바이를 타고 도망치는 BC를 집요하게 쫓던 E와 Q는 BC가 갑작스럽게 저격을 당해 사망하는 일을 겪는다. E는 미확인 저격범이 정체가 탄로난 BC를 사전에 제거한 것으로 판단하고, 최근 이슈가 되고 있는 대선후보 유세일정을 확인하게 된다. E와 Q는 대선후보인 W를 암살하기 위한 작전이 벌어짐을 알게 되고, 암살 직전에 저격범을 제압하는 데 성공한다. 대통령에 당선된 W는 E와 Q를 청와대로 초대하고, E는 과거에 부모를 따라 청와대에 온 적이 있었다는 기억을 되살린다. E는 청와대를 방문했던 부모가 정체불명의 남자에게 목숨을 빼앗기던 순간을 떠올리며 혼란스러워한다.

3부	E와 Q는 W 대통령을 만난 뒤 돌아가고, 청와대 비서실장 X는 W 대통령에게 NSS의 존재에 대해 알려준다. X는 NSS가 1976년 창설되었으며 미국에 정보 제공을 하지 않는 독단적인 기관임을 밝힌다. 한편, E는 부모의 사고에 괴로워하고, 그동안 의식적으로 기억상실에 빠졌던 시간에 대한 괴로움을 표출한다. 그는 P를 데리고 자신이 어릴 적 자랐던 보육원을 찾아가 부모에 대해 묻지만, 이미 NSS의 부국장인 R과 연락을 통하던 신부는 아무것도 알지 못한다고 할 뿐이다. R은 청와대의 호출로 W 대통령을 만나게 되지만, NSS가 핵 개발과 관련이 있느냐는 질문에 아무런 답도 말해주지 않는다. 한편, E와 Q, P는 휴가를 받고, E와 P는 Q 몰래 일본으로 비밀 여행을 떠나게 된다. 그들이 일본에서 뜨거운 사랑을 하는 시간, BD이라는 정체불명의 킬러가 I 리스트를 찾기 위해 북한에서 망명을 하려던 BE를 암살하고, 북한의 핵무기개발 총괄 업무를 받았던 Z를 노린다. 결국, Q는 헝가리 작전 명령을 받고, Z를 구출하여 망명할 수 있도록 임무를 수행하고, 일본에서 뜨거운 하룻밤을 보내고 귀국한 E와 P도 헝가리로 떠난다. 헝가리에서 E를 만난 Q는 E가 대학원에서 만난 여자가 P였다는 사실에 놀람과 함께 P와의 인연이 없음에 안타까워한다. 그런 가운데, P는 Z과의 인터뷰를 통해 그가 진심으로 망명을 원한다는 사실을 보고하고, 결국, W 대통령의 결정으로 Z는 한국으로의 망명이 임박해진다. E와 Q, P는 헝가리 경찰의 추적을 따돌리고, 폐 공군기지에서 기다리던 요원에게 Z를 인도하는 데 성공하지만, 그들은 그 후 킬러 BD에 의해 Z가 죽음을 당했다는 사실을 모르고 있다. 귀환하던 E는 교회에서 Z가 건네준 십자가 목걸이를 유심히 바라본다.
4부	청와대와 W 대통령은 Z과 요원들이 암살당했다는 것을 알게 되고, R은 E와 Q, P에게 연락하여 귀환을 보류시킨다. R을 만나 Z의 소식을 듣게 된 E는 R로부터 북한최고인민회의 위원장인 T의 암살 지시를 받게 된다. 한편, T의 경호를 맡은 북한 호위부 호위팀장 S는 U에게 호위등급을 1등급으로 승격시켜 혹시 모를 테러에 대비하도록 한다. E는 계속된 대기에 의문이 생기고, P는 시간이 흘러감에도 작전이 끝나지 않자, E를 걱정하기 시작한다. E는 상황파악을 위해 길을 걷던 중, 교통사고 직전의 소녀를 구해주지만, 이 일로 인해 S의 추격을 받게 된다. 결국, 오랜 기다림 끝에 저격 명령을 받게 된 E는 북한 경호원의 호위를 뚫고 T를 저격하는데 성공하지만, S가 쏜 총에 맞고 만다. 그 후 E는 안가에서 R에게 연락하지만, R은 조직 보호를 이유로 구출 요구를 묵살하고, 오히려 Q에게 E의 소식을 전하며 조직에 누가 되지 않도록 그를 제거하라는 명령을 내린다. 한편, W 대통령은 T 암살 사건을 보고받고 누가 그 일을 지시했는지 의문을 지니게 된다. 한편, S는 E가 숨은 곳을 알아 내고, 그 시간 E에게 찾아온 Q는 E를 향해 총을 겨눈다.
5부	E가 Q의 행동에 혼란을 느끼는 순간, S는 요원들을 이끌고 E를 찾아온다. 치열한 총격전 속에 S는 도망을 간 E를 사살하라는 명령을 내린다. Q는 R에게 E 제거에 실패했음을 보고 하고, R에게 왜 E가 버림받았느냐고 묻지만, R은 E의 과거와 관련이 있고, 그것이 NSS에서 E의 역할이었음을 알려줄 뿐이다.

W 대통령의 호출을 받은 R은 T 암살 사건은 NSS와 아무런 관련이 없다고 거짓 보고를 하게 되고, 한편으로는 내사과로 하여금 NSS 상황실을 압수수색하도록 한다. 그는 E에게 간첩 혐의를 적용하고, 이를 알게 된 P는 자신의 친구이자 NSS 자료실장인 BF에게 부다페스트에 있는 E의 위치를 알려달라고 부탁한다. P는 부다페스트에 R 부국장이 머물고 있음에 의문을 품던 중, E가 숨은 공장으로 찾아간다. 한편, E를 찾아 공장에 오게 된 S는 치열한 총격전과 헬기 공격까지 감행하지만, E를 놓치고 만다. 공장지대에서 탈출한 E는 R에게 연락을 하여 자신을 버린 이유를 묻던 중, P의 소식을 알게 된다.

P가 머무는 호텔 주차장에 찾아온 E는 Q와 총격전을 벌이게 되고, 어렵사리 P를 만난 E는 R 부국장이 자신을 버렸음을 고백한다. 다시 S의 추적은 시작되고, 역으로 도피하던 E는 그곳에서 S와 마주치지만, 간신히 도피에 성공하여 P가 기다리던 승용차로 향하게 되나, 때마침 P가 탄 승용차가 폭발하고, 충격을 받은 E는 U에게 쫓기게 된다. 분노 속에서 슬픔을 참으며 S의 차를 밀어내고 도망치던 E는 경비행기에 오르고, Q가 E가 탄 경비행기를 향해 총을 발사하자, E가 탄 경비행기는 검은 연기를 뿜어내며 추락하고 만다.

| 6부 | 3개월 뒤. NSS 상황실은 인천의 불법 무기 거래에 주목하고, Q는 R 밑에서 적응하며 일을 해나가고 있다. W 대통령을 만난 R은 T의 저격 사망 사건으로 경직되었던 남북관계가 회복되고 있다는 이야기를 듣게 된다. E의 죽음에 두문분출한 채 집에만 있던 P는 BF으로부터 비밀정보를 제공받는다. P는 부다페스트에서 찍힌 북한 경호원 S와 U의 존재를 알게 되고, E의 죽음에 깊숙이 개입된 인물들임을 직감한다. 한편, T의 사망으로 U는 감옥에 수감된 채 지내고 있고, S는 노동당 중앙위원회 위원인 V를 만나 그의 급진적인 계획에 동조하고 U를 복권시킨다. 한편, 부다페스트 공항에서 추락사고를 당했던 E는 극적으로 살아나고, 자신을 살린 의문의 사나이와 전화통화를 하게 된다. 기적적으로 깨어난 그는 병원을 탈출하고, 평양의 S는 U에게 그가 일본에 있다는 것을 알려주며 제거하라고 명령한다. 한편, 언니의 꽃 집에서 마음의 상처를 치료하던 P는 Q의 방문을 받지만, 마음 한편에 남아있는 E를 잊기 어렵다. 그런 가운데, 홍대 클럽에서 NSS 상황실 요원인 BG는 BD를 만나고, 그에게 마음을 뺏긴다. P와 함께 지냈던 일본의 아키타에서 숨어 지내던 E는 자신을 죽이려는 U를 살려두지만, U는 그럴수록 E를 제거하려고 애쓴다.

E는 의문의 사나이로부터 전화를 받고 함께 비밀 작전을 하자는 제안을 받지만, 이를 거절한다. 한편, E를 죽이려던 U는 오히려 E의 도움을 받게 되고, 그에게 마음이 끌리게 되지만, E가 P를 잊지 못함을 알게 되자 E의 곁을 떠나 한국에서 체포된다. P는 BF을 통해 이 사실을 알게 되고, NSS로 이송된 그녀를 찾아와 심문을 한다. P는 그녀에게 E에 대해 묻지만, U는 대답하지 않는다. 특수요원들의 심문이 심할 것을 예상한 P는 U에게 비밀 알약을 건네고, 그것을 먹은 U는 장시 혼절한 뒤, NSS에서 병원으로 이송되던 구급차에서 탈출한다. 한편, E는 일본 교도소에서 일본 요원들에게 강압적인 심문을 당한다. |

7부	E는 야쿠자 보스를 만나 무기 밀거래를 하게 되고, NSS의 R은 일본 B2비상계좌에서 돈이 출금된 것을 우려한다. E는 일본 내각조사실 요원들에게 체포되어 무기거래를 하려는 이유를 심문받는다. E는 그곳에서 일본 내각조사실 국제부 BH를 만나 그녀로부터 비밀 작전을 제안 받는다. 한편, U와 심문을 했던 P는 탈출한 U를 쫓아 사라지고, 그녀를 다급히 찾던 Q는 그녀가 일본 아키타로 떠났다는 사실을 알게 된다. 그 시간, U는 E와 무기 밀거래를 했던 야쿠자를 만나 E의 소재를 찾아 나서게 되고, P는 U가 뒤쫓던 북한 정보원을 살해하는 것을 목격한다. 한편, BH의 제안을 받아들인 E는 연회가 벌어지는 연회장에 도깨비 가면을 쓰고 들어가, 유력 정치인을 저격 살해한다. BH는 내각조사실 요원들이 E를 제거하려는 것을 알게 되고, E 역시 이러한 내각조사실의 계획을 미리 알고 예상과 다른 곳으로 탈출을 하게 된다. 한편, S는 U가 자신이 심어둔 요원을 죽였고, 그녀와의 통화에서 U의 어머니와 여동생이 제거되는 바람에 이러한 일탈이 발생했음을 알게 된다. U의 뒤를 쫓던 P는 오히려 붙잡히고, 격투를 벌이는 과정 중에 Q가 나타나 U를 제거하려고 하지만, P는 U를 제거하면 E의 생사를 알 수 없다며 그의 총구를 가로막는다. 한편, 북한에서 출발한 3대의 SUV는 검문 없이 남한으로 향하고, 일본은 잠수함으로 이를 첩보하여 예의주시한다. 각국 정보국의 첩보 시도가 계속되던 상황 속에서 북한의 V는 청와대 비서실장 X를 만나 뭔가를 시도한다. NSS의 BB는 북한 측과의 접촉에서 NSS가 완전 배제된 것에 실망하고, 그동안 있었던 일들에서 A의 역할에 대해 의심을 하기 시작한다. 한편, E는 일본 아키타에서 P를 그리워하고, P 역시 E와의 추억이 있던 호수에서 E를 그리워한다. E는 브로커의 도움으로 한국으로 밀항을 준비하고, 때마침 늘 동생처럼 대하던 AE로부터 부모가 살해당했다는 소식을 듣게 되자, 밀항을 포기하고 AE를 구하려고 한다. E는 AE를 납치한 BD란 자가 Z로부터 받은 물건을 요구하자 혼란스럽다. E는 댐에서 몸에 폭탄이 설치되었던 AE를 가까스로 구출하는 데 성공하나, 끈질기게 추적하던 BD에 의해 AE는 끝내 목숨을 잃는다. AE의 장례식조차 참석하지 못했던 E는 자신을 구해준 정체불명의 사나이에게 전화를 걸어 도움을 요구하고, Z가 건넨 목걸이가 BD가 요구하던 그 물건임을 알게 된다. 생전의 AE에게 그 목걸이를 건넸었던 E는 AE의 유골함이 있던 납골당을 찾아가 목걸이를 손에 넣고, 때마침 그곳에 찾아온 U를 만나게 된다.
8부	P는 아키타에서 U가 누군가를 찾아다녔다는 사실을 통해 E가 살아있다는 확신을 하게 된다. 한편, R은 Q를 만나 대통령이 NSS를 신뢰하지 않음을 이야기해주고, P가 E의 죽음을 믿게 만들라는 명령을 내린다. 이에 Q는 의도적으로 BF에게 E가 부다페스트 근처에서 시신으로 발견되었다는 정보를 흘리고, BF는 E의 신체기록을 비교하여 P에게 이 사실을 알려준다. 북한 BI주석에게 통일 논의를 제안했던 W 대통령을 만났던 북한 노동당 중앙위원회 위원 V는, 통일 논의가 된다면 자신의 입지가 축소될 것에 염려하여 단독행동을 결정하게 된다. 한편, E는 U를 만나 과거 Z의 저격 당시를 떠올리고, AE에게 선물로 주었던 목걸이가 중요한 단서임을 알게 된다. E는 목걸이가 USB메모리 기능을 하고 있음을 알게 되고, U와 함께 비밀암호를 풀기위해 노력한다.

	그런 가운데' E는 자신의 조국으로 돌아가지 못하는 U의 사연을 알게 되고, 연민의 정이 생기게 된다. 한편, E와 U가 끝없이 일본 내각조사실 요원들의 추적을 받고, 그때마다 위기를 넘기던 중, E는 자신을 구해줬던 의문의 사나이와 통화를 시도하고, I라는 비밀조직에 대해 알게 된다. 암살과 테러를 이용해 국가간의 분쟁을 유발하고, 이익에 반하는 국가 내 정부를 전복할 수도 있는 비밀조직인 I에 대해 알게 된 E는 자신이 I의 희생양이 되었음을 깨닫게 된다. 한편, Q는 P의 생일을 맞이하자, NSS 요원들과 함께 그녀를 만나러 가지만, 앓아누운 P를 목격하자 마음이 아파온다. 그 시간, 대통령 비서실장 X를 만난 R은 W 대통령이 자신을 신뢰하지 않음을 알게 되자, 신뢰회복을 위한 모종의 계획을 세우게 된다. 그때, E는 U와 함께 비밀 아지트를 파괴하고 사라지고, 그곳에 나타난 BD는 E를 찾기 위해 혈안이 되어간다. 한편, 평양에 있던 S는 U의 연락을 받고 상해로 이동하고, 그곳에서 U로부터 E를 소개받는다. S는 U의 행동에 격앙되지만, E의 진심이 담긴 도움 요청에 마음이 흔들린다. Q는 일본 내각조사실에서 보내준 신원조회 건을 통해 E가 살아있음을 알게 되고 충격에 빠진다. 때마침 상해항의 참치 어선 갑판에서는 E와 U, 그리고 북한 측 요원인 BJ가 나타나 선원들을 향해 총을 겨눈다.
9부	S는 E에게 믿음을 보여달라며 상해의 국정원 BK요원을 제거하라고 한다. 이에 E는 갈등하고, 한편 Q는 E의 생존을 확인하자 혼란스러움을 느끼게 되고, 그런 가운데 P에게 프로포즈를 하고자 목걸이를 준비한다. NSS에서는 복귀한 P를 환영하기 위해 MT를 떠나고, 그곳에서 P는 애써 밝은 표정을 지어보지만, 여전히 E를 잊지 못하고 있다. 이에 Q는 프로포즈를 하지 못한 채, P를 이해할 수밖에 없다. 한편, R은 W 대통령을 만나 그로부터 도와달라는 부탁요청을 받게 되자, 미리 준비한 북한 BI주석 방문 시의 경호계획과 정보통제 방안이 담긴 서류를 건넴으로써 그의 신뢰를 받기 위해 애쓴다. R은 그 자리에서 NSS의 존재를 인정해달라고 요구하고, 청와대 홍보기획비서관 BL은 R으로부터 W 대통령은 핵무기 개발에 관심이 많다는 이야기를 전해 듣는다. 한편, E와 U는 목걸이 USB에 저장된 파일 중, 쉽게 열리지 않는 하나의 폴더를 풀기 위해 Q의 집으로 향한다. Q의 집에서 NSS 네트워크에 접속하여 비밀번호를 풀던 두 사람은 오히려 NSS 상황실의 BG에게 역으로 해킹을 당하고, NSS 상황실에서는 보안팀을 Q의 집으로 급히 출동시킨다. E와 U는 비밀번호를 풀고, 파일의 내용이 NSS 지하의 기밀정보관실에 있는 R 부국장의 스토리지에 담겨 있는 것을 찾으라는 내용임을 알게 된다. E와 U를 놓친 NSS 상황실에서는 부산항 CCTV에 찍힌 E의 실루엣에 주목하고, 그런 가운데 NSS 과학수사실장 BM은 Q의 집에 침입한 자의 골격을 통해 그가 E임을 확신한다. 이에 P는 크게 놀라 혼란을 느끼게 되고, E의 생존을 부정하던 Q는 자신의 집안 벽에 걸린 E의 목걸이를 목격한 후 크게 놀라고 만다. 한편, 평양의 S는 농축우라늄구체를 확인하고 정상회담 실사단을 통해 이를 남한에 반입할 계획을 세운다. NSS 상황실의 BG는 성남 인근 금광동 야산에 전력 사용량이 급증했음을 밝히고, NSS 전술팀은 급히 그곳으로 비상출동을 하게 된다. 한편, 장비를 옮기던 E와 요원들은 때마침 문을 열고 들어오는 누군가를 목격한다

10부	NSS 전술팀은 E 일행과 관련 없는 창고를 뒤지고 허탈해하고, E 일행은 CCTV를 통해 다른 창고를 수색하고 있던 전술팀을 목격하게 된다. 한편, 전술팀과 동행했던 Q는 테러리스트들이 노리는 것이 코엑스에서 열릴 동아시아 외교장관 회담임을 알게 되자, 급히 이 사실을 NSS에 알린다. 하지만, S는 E에게 진짜 목표는 NSS 본부임을 밝히고, E는 어쩔 도리 없이 여기에 동행하게 된다. 한편, BB의 보고를 받은 R은 회담장으로 NSS 요원들을 출동시킨다. NSS 요원들이 출동한 이후, 테러리스트들과 E는 폐기물 수거 차량을 이용해 NSS 본부에 도착한다. 그곳에서 E 일행들은 보안요원들과 총격전을 벌인 후 안으로 들어가고, 때마침 NSS 상황실로부터 자료를 전송받던 Q는 자료 전송이 중단되자 의구심을 갖게 된다. 한편, BB의 명령으로 NSS 본부로 귀환한 P는 본부가 테러리스트들에게 급습당했음을 인지하게 된다. NSS 상황실의 BG는 테러리스트 몰래 보안프로그램을 가동시켜 해킹을 할 수 없게 만들고, 때마침 R의 방으로 나온 E는 P가 근무하던 자리를 쳐다보며 그리움을 떨쳐내지 못한다. 보안 프로그램이 견고히 가동되자, 결국 E는 비상용 박스를 당겨 NSS 전체를 1시간동안 폐쇄시킨다. 한편, 본부가 공격받은 것을 알리고자 P는 아날로그 전화선을 이용해 Q에게 연락을 취한다. Q는 이 사실을 BB에게 알린 다음 NSS 본부로 향한다. E와 함께했던 BBJ와 BN은 외부 통신이 가동되고 있음을 인지하고 범인 색출을 시작한다. U는 NSS 본부의 CCTV를 살려 외부 통신 사용자를 찾기 시작하고, P가 본부 안으로 들어와 있음을 알게 된다. P는 과학수사실에서 위기에 빠졌던 BM을 구출하고, 그 시간 E는 R의 방에서 지문을 채취해 R의 스토리지에 담긴 내용을 알아내고자 한다. 이 때, 테러리스트들은 NSS R&D실에 있는 무언가를 필요로 했고, R&D실을 폭파시킨다. 한편, R의 스토리지를 열던 E는 P와 마주 치게 되고, P는 E에게 총을 겨누지만, 패마침 나타난 U에게 오히려 표적이 되고 만다.
11부	P를 목격한 E는 경악하고, E는 P를 총으로 쏘려던 테러범을 오히려 쏜다. P는 U의 공격을 받고 혼절하고, 때마침 Q는 NSS 출입문을 폭파하고 안으로 들어가려고 시도한다. E 일행들은 탈취한 전자박스를 들고 밖으로 도피를 시도한다. 그들은 상황실에 폭탄을 설치하고, U는 부상당한 E를 부축하여 NSS를 빠져나간다. Q는 상황실에 폭탄이 설치되었다는 것을 알게 되고, 상황실 요원들을 이끌고 대피하지만, P가 내부에 있음을 알게 되자, 도로 NSS 내부로 뛰어 들어간다. 다행히 NSS 요원들은 폭탄 해체에 성공하고, 혼절한 P를 발견한 Q는 황급히 그녀를 이송한다. NSS를 무사히 빠져나온 E는 P가 살아있음에 혼란스럽다. BB는 R에게 R&D실이 공격 목표였음을 보고하고, 청와대의 호출을 받고 W 대통령을 만난 R은 농축우라늄구체가 있다면 폭파시킬 수 있는 초정밀 원격 기폭장치를 빼앗겼음을 밝힌다. 한편, 고위급 회담에 앞서 실사단이 머무는 호텔에 있던 S는 도청장치를 뚫고 BJ에게 전화를 한다. BJ는 BO에게 기폭장치와 결합을 요구하고 작업에 들어가고, 그 시간 E는 P의 집 앞에서 과거 즐거웠던 시절을 떠올린다. 하지만, P는 병실에 누워있고, Q가 안타까운 심정으로 그녀를 간호하고 있다. Q는 술에 취해 R에게 E와 P, 그리고 자신을 불행하게 만든 이유가 뭐냐고 따져본다.

한편, BB는 테러범들을 도운 인물이 NSS 내부를 잘 아는 인물이라는 사실에 주목하고 기폭장치를 찾고자 노력한다. E는 U의 도움으로 R의 스토리지에 있던 자료를 분석하는데, U는 E 가족의 사진과 어릴적 E의 모습 등을 보게 된다. 결국 U는 이 사실을 E에게 알리고, E는 자신의 부모가 핵물리학자였고, 부모의 의문사 후에 자신을 고아원에 맡긴 사람은 R이라는 사실을 알게 된다. 한편, P는 자신을 살린 테러범의 정체에 대해 의문이 생긴다. 그 시간, S와 R은 경호 문제로 대립하고, S는 회담이 열리는 호텔을 몰래 빠져나가 자신의 부하가 있는 창고로 간다. 한편, 테러범의 사체를 분석하던 BM은 사체에 묻은 먼지에서 석면이 묻어나왔음을 발견하고, 서울 근교의 석면 보관 창고를 주목하게 된다. 한편, P는 헝가리 정부가 부다페스트 경비행기 추락 사망 사건의 자료를 보낸 적이 없다는 사실을 밝혀내고, R과 Q에게 E가 죽지 않았다고 항변한다. 한편, E는 자신이 자란 고아원을 찾아가고, 그 곳에서 신부님을 만나지만, 이미 신부님은 누군가의 총에 죽음을 맞이한 후이다.

12부

R에 의해 신부는 죽음을 당하고, E는 신부의 소지품에서 자신의 부모와 함께 찍은 흑백사진 속 사내를 기억하려고 하지만, 쉽게 떠오르지 않는다. 한편, P는 E가 살아있음을 알고, R과 Q에게 헝가리 정부의 조사서는 거짓임을 이야기한다. R은 Q에게 P를 감시하도록 하고, P는 이를 모른 채 헝가리 정부의 자료를 조작한 자를 찾기 시작한다. R은 W 대통령을 만난 자리에서 정상회담 일정 조정을 요청하지만, W 대통령은 남북관계를 이유로 강행 의지를 드러낸다. 그 시간, V와 S는 예상보다 빨리 진행되는 남북정상회담 개최에 부담을 갖고, 어떻게 하든 그것을 막으려고 한다. 한편, 과거 E와 함께 만난 적이 있었던 신부의 죽음을 알게 된 P는 Q에게 이 사실을 이야기하지만, Q는 E를 잊으라고 할 뿐이다. 하지만, P는 E가 테러범들과 함께 NSS에 침입했었음을 알려준다. E이 정체 모를 AG의 사내를 만나려고 시도하는 사이, P는 NSS에 침입했던 E가 뭔가를 찾으려고 했음에 주목하고, 몰래 NSS 기밀보관실에 침입하지만, 요원들에게 발각되고 만다. 이에 R은 P를 대기발령처리하고, BF는 BB에게 E가 NSS에 침입했음을 뒤늦게 알려준다. BB는 P에게 이러한 사실을 더 이상 발설하지 말 것을 주문한다. 한편 E는 위 사내를 만나게 되고, 병색이 완연한 그 사내는 E에게 E의 부모를 죽인 것이 R임을 알려준다. 사내는 R의 뒤에 I이 있으며 북한을 탈출해서 I의 명단을 전해주려던 자가 Z임을 알려준다. AG의 사내는 I의 진짜 실력자가 R이 아닌 더 강력한 실력자임을 주지시킨다. 이제 E는 초정밀 원격 기폭장치를 이용해 핵 테러를 하려는 세력의 의도를 막고, 배후를 밝혀야만 한다. 한편, R은 은밀히 V를 만난 자리에서, I 본부를 언급하며 서울에서 핵 테러가 있을 것임을 묵인하는 태도를 보이고, 이를 알게 된 S는 남북의 대립적 인물이라 여겨졌던 R과 V가 은밀한 만남을 하고 있음에 주목하며 이를 경계하기 시작한다. 한편, P는 인터넷을 통해 E를 추적하기 시작하고, 같은 시간에 NSS 전술팀 역시 E와 테러범들의 은신처를 찾기 시작한다. P는 위성사진을 통해 E와 테러범들이 안양의 석수동에 위치한 창고에 있다고 확신하고, Q에게 이 사실을 이야기한다. P는 Q 일행이 먼저 도착하기 전에 안양 석수동의 석면 창고로 떠나고, 그곳에 은신하고 있던 E는 테러범들에게 갑작스레 붙잡혀온 P와 조우하게 된다.

13부	창고를 살피던 P는 테러범들에게 붙잡혀 오고, E는 P를 목격하자 놀라게 된다. Q와 전술팀은 창고를 급습하지만, 이미 이곳을 떠난 테러범들이 설치한 부비트랩에 3명의 희생자만 발생하고 만다. P를 인질로 붙잡은 테러범들은 도심 빌딩에 위치한 2차 안가에서 은신을 하고, 지하 기관실에 P를 감금한다. 테러범들은 자신들이 서울에 핵을 터트려 남북정상회담을 막아야 하는 명령을 받았음을 알게 되고, E로 하여금 보안코드를 알아내기 위해 P를 심문하게 한다. 한편, BB는 핵 테러 대비체제로 돌입했음을 선언하고, BP는 BB에게 Q의 행동이 미심쩍었음을 보고한다. 청와대를 방문했던 R은 정부요인들에게 초정밀 원격 기폭장치를 탈취당했음을 보고하고, 핵 테러 위기상황임을 알려준다. 테러범 BN은 P의 집에 있는 컴퓨터를 해킹하여 P가 헝가리 부다페스트에 갔음을 알게 되자 이를 BJ에게 보고하고, U는 BN이 없는 사이 P와 E의 다정한 사진을 지워버린다. P와 대면하게 된 E는 겉으로는 심문을 하는 척하면서도 손으로 보안코드를 절대 말하지 말라는 모르스 부호를 전달한다. E는 테러범들의 의심을 벗어나기 위해 일부러 P를 무자비하게 폭행하며 심문하고 테러범들은 P에게 자백유도용 약물을 투입시킨다. 한편, R은 BD와 함께 있던 BK라는 자에게 연락을 하여 현재 상황의 도움을 요청한다. 결국, 테러범들의 항명 속에서도 P는 풀려나고, E는 Q가 P를 돌볼 수 있도록 그의 집 앞에 옮겨놓는다. 한편, V는 S에게 서울에서 핵이 터져야만 하고, 전쟁을 바라며, 휴전 후 젊고 강해진 공화국을 건설할 야심을 말한다. S는 인민의 희생을 모른 척하는 V에게 실망하여 테러단 책임자인 BJ에게 핵결합 중지 요구를 하지만, BJ은 작전 명령권이 V에게 있음에 거절한다. R을 만난 BB는 NSS 내부의 배신자가 있으며 그가 바로 Q라고 지목한다. R은 BB에게 자신이 조치를 취할 것이라고 하지만, 오히려 Q에게 의심받지 않도록 조심하라고 한다. R은 BB에게 E와 연락을 취했던 AG의 사내를 찾으라고 하고, Q는 그를 추적한다. 그리고, 그의 은신처를 알아낸 Q는 NSS 요원들을 이끌고 위 사내의 경호원들을 무자비하게 처치한다. R은 위 사내를 죽이고, E는 카메라를 통해 그 장면을 보게 된다. 위 사내의 은신처를 향해 움직이던 E는 살인을 저지르는 R과 그 옆의 Q를 목격하고 경악한다.
14부	뒤늦게 현장에 도착한 E는 죽은 사내가 단서를 남긴 성경책 안에서 그가 남긴 봉투를 발견한다. R이 I의 BK에게 상황을 보고하는 사이 BG는 BD의 부름에 그를 만나 위험한 사랑을 나누고, BB는 R이 내부 스파이일지 모른다는 생각을 하는 중에 위 사내의 사망 사실을 보고받는다. BB는 과학수사실의 BM으로부터 Q가 골격비교를 원했던 인물이 위 사내였음을 뒤늦게 알게 된 후, PS 만나 R과 Q의 의심스러운 행동을 알려주게 된다. V를 만난 R은 핵폭탄을 터트릴 계획을 논의하며, E를 제거해달라는 부탁을 한다. V는 BJ에게 전화를 걸어 E와 U를 제거하라는 명령을 내리는데, E와 U는 테러범들의 이상한 분위기를 감지하고, 죽은 사내가 남긴 차를 타고 청와대 대통령 비서실장 X를 만나게 된다. 그를 따라 지하벙커로 들어간 E는 그곳에서 W 대통령을 만나게 되고, 자신이 T 위원장을 암살했으며 R의 명령이었음을 보고한다. E는 R이 죽인 사내는 AA 대통령 시절, 핵폭탄 개발에 관련되었던 인물이고, R이 자신의 부모를 죽였으며, R이 속한 I의 계획은 서울에 핵폭탄을 터트리는 것이라고 밝힌다.

	숙소를 이탈한 S는 E 일행에게 붙잡히게 되자, 기폭장치의 소재를 묻는 E에게 자신도 그 소재를 모르고 있으며, BJ의 배신으로 도와줄 수 없게 되었다고 밝히는 한편, R과 연결된 자는 자신이 아니라 V이고, V가 전쟁을 일으키기 위해 서울에 핵폭탄을 터트릴 계획을 세우고 있다고 말한다.
15부	S는 X에게 E와 U만이 핵폭탄 폭파 지점을 알 수 있는 유일한 사람들임을 알려준다. 그 시간, NSS 내에 있던 BB는 BQ와 요원들에게 무장해제를 당하고, 반역죄 혐의를 받게 된다. 더불어 테러범들의 빌딩을 찾아간 P도 그녀를 추적하던 Q에게 체포되고 만다. E는 Q를 위협하던 테러범을 죽이고, 두 사람은 혼란과 분노 속에 서로에게 총을 겨누는데, 때마침 U가 도착하고, Q는 도망친다. R은 BL에게 대통령과 X의 동태를 주시하라는 명령을 내리고, 같은 시간, P는 탈출에 성공한다. E와 U는 경찰의 통제를 피해 지하주차장에 주차된 차량에 접근하여 내비게이션에 찍힌 최근 목적지를 파악하고, 내비게이션에 찍힌 위치 중 유일하게 서울 도심이 아닌 곳을 찾아간다. 한편, BF를 만난 P는 서울 내 방사능 수치 변화 지역을 BM에게 요구하고, P는 BQ가 모든 것을 파악하고 있음을 모른 채, 수신된 데이터가 가리키는 곳을 찾아간다. 한편, BB가 체포되었음을 알게 된 X는 E에게 전화를 걸지만, 연락이 되지 않고, 이에 W 대통령에게 핵폭탄의 소재를 알고 있는 V를 체포할 것을 강력히 제안한다. 한편, E와 U는 핵폭탄 결합 장소에 도착한다.
16부	E는 핵폭탄 결합 장소에서 P를 목격하고, 잠시 서로에게 총을 겨누던 두 사람은 감격의 입맞춤을 하게 된다. E는 P에게 그동안의 사건을 모두 알려준다. 때마침, Q가 찾아오고, P는 E와 헤어져 Q에게 체포된다. X는 S를 만나 V체포에 협조 요청을 하게 되고, S는 E에게 청와대로부터 V의 체포 요청이 있었음을 알린다. S는 V를 체포하고, X는 V에게 I라는 사실을 알고 있음을 말하지만, 때마침 BD가 V를 저격 살해하게 되면서 X와 청와대는 혼란에 빠진다. E는 BD를 쫓지만 놓치게 되고, Q에게 붙잡힌 P는 R을 만나 I의 정체에 대해 묻지만 R은 대답해주지 않는다. 한편, X는 W 대통령에게 V의 죽음을 보고하고, S와 E를 만나 대책을 모색한 후, S는 I로 인한 쿠데타를 막기 위해 평양으로 향하고, E는 U와 함께 핵폭탄 설치 위치를 찾기 시작한다. 그 시간, V의 죽음을 알게 된 BJ는 핵폭탄을 설치해 둔 시티투어버스가 광화문을 지나갈 때 원격장치로 이를 폭파시키려는 테러 계획을 계속 진행한다. 한편, NSS에 대통령 경호원들이 진입하고, R은 Q에게 자료 소각을 명령한다. Q는 요원들이 자료를 소각할 동안, 경호원들과 대처하고, 자료 소각이 끝남과 동시에 체포된다. E와 U는 테러팀의 공격 목표가 정부청사와 미 대사관, 청와대가 위치한 광화문임을 알게 되었고, P는 BB에게 광화문 일대의 전파 차단을 요구한다. 핵폭탄 폭발 시간인 2시가 되자 테러팀의 BJ은 기폭장치를 누르지만, 전파 차단으로 인해 폭발에 실패한다. 이에 BJ는 직접 광화문에서 핵폭탄을 터트리기 위해 테러 요원들을 이끌고 이동한다. 한편, E는 광화문을 돌아 다니던 중, 시티 투어 버스를 목격하게 되고, 테러범들의 이동경로가 시티투어버스의 이동경로와 일치함을 알게 된 E는 시티투어버스 안에 설치된 핵폭탄을 찾아낸다. 때마침, 광화문에 테러범들이 도착하고, 총격전이 벌어진다.

17부	치열한 총격전 끝에 BJ와 테러범들이 쓰러지며 상황은 끝이 나고, 광화문 핵폭탄 폭발 미수 사건이 종료된 후, W 대통령은 남북 정상회담을 계속 추진할 것을 결의한다. E와 U는 국정원에서 조사를 받고, Q는 취조를 받으며 과거의 후회와 잘못에 눈물을 흘린다. 풀려난 E는 R을 만나지만, 그는 아무런 후회도 없고 반성도 없다. E는 Q를 만나지만, Q 역시 E와의 면담을 매몰차게 거절하지만, 뒤에서 한 줄기 눈물을 흘린다. S는 북한 내 I를 추적하고, 조사에 박차를 가한다. E는 북으로 돌아가겠다는 U를 만나고, 그동안 자신을 위해 애를 쓴 U를 품에 안고 고마움을 전한다. 그 후, E는 NSS에 돌아온다. 한편, NSS의 BG는 상처투성이의 BD를 만나 이유를 묻지만, BD는 오히려 BG에게 NSS의 서버에 접근할 수 있는 접속코드를 알려달라는 부탁을 하고, BG가 위 부탁을 들어주자, BD는 BG를 살해한다. NSS 내에서는 새로운 국장 BR이 R과 Q를 이송할 계획에 대해 BB와 의견을 나눈다. 청와대에서는 E를 이송 계획에 참여시키고자 하지만, BB는 정신적으로 지친 E를 배제할 생각이다. 한편, E와 P는 제주도 여행을 하게 되고, 노을이 지는 바닷가에서 E와 P는 입맞춤을 한다.
18부	제주도에서 E와 밤을 보낸 P가 E가 잠든 사이에 걸려온 전화를 받고 어딘가로 향하고, 누군가가 P를 뒤쫓는다. 한편, R과 Q를 호송하던 요원들은 갑작스럽게 나타난 용병들의 난사로 쓰러지고, R과 Q는 탈출에 성공한다. 그 후 R은 I의 구출요원인 Z를 Q에게 소개한다. BG의 사망 사실을 알게 된 E는 BG의 블로그에 담긴 사진 속에서 의문의 남자를 발견하고 그 자가 I의 전문 킬러임을 확신한다. 한편, W 대통령은 I가 남북정상회담을 방해하기 위해 술수를 벌일 것임을 예상하지만, 남북정상회담은 예정대로 진행하려고 한다. R을 만난 Q는 R과 P의 관계에 대해 묻고, R은 P를 완전히 잊으라고 경고한다. S는 U에게 남북정상 회담에서 I가 모종의 계획을 세울 것이라며 E를 만나라고 한다. 한편, E는 BG를 죽인 I 킬러가 캐나다 국적의 BS임을 알게 된다. P는 뒤늦게 BG의 사망을 알게 되었고, U는 그런 P를 보고 착잡해하는 E에게 I의 기록에서 P의 이름을 발견했고, 아마도 제거대상일 거라는 말을 전한다. 한편, S는 X를 만나 I와 관련된 자를 알고 있다는 말을 하고, S와의 이야기를 마친 X가 차에 오르는 순간, X는 BD의 저격에 의해 사망하고, 그 자리에 있던 E와 U가 BD의 차량을 쫓아 달려간다.
19부	E는 X를 저격한 BD를 쫓지만 끝내 놓치고 만다. E는 희귀한 와인을 거래한 BD의 거래를 단서로 그의 오피스텔을 찾아가 그를 추궁하지만, BD가 끝내 누구의 사주를 받고 벌인 일인지에 대해 답변하지 않자, BD를 총으로 살해한다. W 대통령을 만난 S는 정상회담을 연기할 것을 조심스럽게 전달해보지만, W 대통령 역시 어떤 위기에도 정상회담을 계속할 것을 강행한다. E는 P가 위험하다는 U의 말과 제주도에서 갑자기 사라졌던 P의 행동을 미심쩍어한다. 때마침, BP는 E가 처치한 BD가 구입한 와인과 같은 와인이 모 골프장에 있고, 그 골프장의 소유주가 군·산복합체인 맥글라스임을 밝혀낸다. E는 즉시 골프장으로 향하고, 이를 인지한 골프장의 용병들은 R의 명령에 따라 E와 총격전을 벌이는데, 골프장에 도착한 BB와 NSS 전술팀의 도움으로 E는 R을 생포하는 데 성공하지만, R은 자신의 뒤에 있는 I가 어떤 조직이고, 누가 그런 활동을

부록 저작권 소송 판례 전문

하고 있는지에 대해 끝까지 입을 다문다. NSS로 돌아온 E는 BM이 보여주는 골프장 클럽하우스의 CCTV에 P가 정체를 알 수 없는 중년의 사내와 R을 만나고 있는 장면이 찍혀있음에 놀라고, P를 의심하게 된다. 그 시간, Q는 BL을 만나 R이 체포되었음을 듣게 되고, BL로부터 접선 장소와 시간이 적힌 종이 성냥을 건네받는다. Q는 그곳에서 BK을 만나게 되고, BK는 이제 자신이 R의 역할을 할 것이니 Q에게 동요하지 말 것을 주문하고, 그 후 Q는 용병들을 진두지휘하게 된다. 한편, E는 P와 식사를 하면서 진실을 말할 것을 요구하고, 결국 P는 AA 대통령 시해 사건 이후, NSS를 창설했다가 사형당한 아버지를 대신해 R이 자신과 자신의 집을 돌봐줬음을 고백하고, 이번 일에 가담해달라는 부탁을 거절했음을 밝힌다. 한때, P를 의심했던 E는 괴로움과 미안함에 힘겨워하는 P를 진심으로 위로하게 된다. 그 후, S는 E를 만나 E에게 북한 기지에 보관중인 소만가스가 실종되었음을 알려주고, 남북정상회담을 막고자 I측에서 생화학무기를 사용할 것임을 예측한다. 그 후 S의 예상대로 용병들은 서울의 번화가에 위치한 쇼핑몰을 장악하고 백여 명의 인질을 붙잡고 그들을 위협하기 시작한다. 쇼핑몰에 도착한 E는 상황을 파악하고, 현장지휘본부는 대원들을 침투시키기 위해 감지기를 해체하기 시작하던 중, 폭발음이 들린다.

20부

스와트 팀이 비상계단에서 동작감지기를 제거하던 중 부비트랩 폭발을 일으켰고, 폭발로 사상자 발생 상황을 보고받게 된 청와대는 현장 지휘를 NSS에게 맡긴다. p는 BB의 만류에도 인질극이 벌어지는 쇼핑몰로 향하고, E는 용병들이 의도적으로 송출한 CCTV화면을 통해 인질들의 상황을 알게 된다. Q는 Z을 통해 NSS와 현장지휘본부에 남북정상회담 취소를 요구하고, Z은 진압작전을 벌인 것을 이유로 2명의 인질을 사살한다. P의 반대에도 불구하고 E는 협상요원이 되어 쇼핑몰 안으로 들어가고, 용병들과 인질들의 상황을 주도면밀하게 파악하려 애쓴다. Q와 협상테이블에 앉은 E는 Q의 마음을 바꾸어보려고 애쓰지만, 과거를 떠올리는 것부터 괴로워하던 Q는 E에게 매몰차게 군다. Q는 남북정상회담 취소 외에 체포된 북한 I 관련자를 석방하라는 추가요구사항을 전달한다. W 대통령은 인질범들의 요구를 들어 준다고 해서 그들이 인질의 안전을 보장할 거란 확산이 서지 않자, 결국, e에게 진압작전을 승인해준다. 이에 E는 또다시 Q를 만나 모든 요구조건의 수용 의지를 내비치고 그 전에 여자와 아이들은 풀어주길 요구한다. 하지만 그때, 이미 인질 모두를 죽이라는 명령을 받았던 용병 BT이 Q의 명령을 거절하고 그를 총으로 쏘려고 하자, Q의 심복인 BU이 BT을 쏘고, BU은 BV의 총에 쓰러진다. 내부 분열로 인해 서로에게 총을 겨누는 상황이 된 그 시점에 전술팀 요원들이 쇼핑몰 안으로 진입한다. Q는 BT의 총에 맞고 쓰러져 E의 품에서 죽어가며 뒤늦은 반성을 하게 되고, 인질극은 마무리된다. 남북정상회담에 앞서 기자회견이 열리자, S과 U는 특사와 함께 기자회견장으로 출발하고, P 역시 기자회견장에 나타나 경호 상황을 확인한다. 한편, BM는 인질범 대부분의 사체가 인질범이 아니었고, 인질범들이 인질들 속에 섞여 쇼핑몰을 빠져나갔음을 알게 되자, e에게 이 사실을 알린다. 그 시간, 청와대의 BL은 용병들이 기자회견장에 들어올 수 있도록 비상구를 개방하고, 기자회견 직전, 옥상에서 스나이퍼가 W 대통령을 향해 저격 준비를 하는데, E와 대통령을 향해 총을 겨누는 자는 바로 P다.

하지만, P는 대통령이 아니라 대통령 저격을 노리던 용병을 향해 총을 발사하고, 기자회견이 열릴 중앙광장은 대혼란에 빠진다. 남측 경호처 요원들과 북측 호위부 요원들은 I의 사주를 받은 용병들과 치열한 총격전을 벌인다. 결국, E와 S의 활약으로 용병들은 하나 둘씩 쓰러져가고, 그들이 전멸해가는 사이, 기자로 위장했던 용병 BW가 E에게 총을 발사한다. 하지만, 날아오는 총알을 몸으로 막은 U 덕분에 E는 목숨을 구하고, BW을 사살한다. 한편, 대통령은 비상구를 통해 탈출하고, BL이 경호원들을 죽이고 W 대통령을 죽이려고 하지만, 뒤늦게 나타난 E의 총에 사살되고 만다. 기자회견장의 용병 저격 사건은 마무리되고, 중상을 입은 U는 다행히 깨어난다. U를 만난 E는 고마움을 표현하고, E를 흠모하던 U는 E와의 만남을 평생의 추억으로 간직한다. E와 S는 샘솟는 우정을 드러내고, 그들은 그렇게 이별한다. P는 E에게 고백하고, E는 그동안 힘겨웠던 P를 이해하게 된다. NSS에도 오랜만에 평화가 찾아온다. E와 P는 또다시 제주도 여행을 떠나 한없이 행복함을 느낀다. 하지만, 샤워를 마치고 나온 P는 뭔가 심상치 않은 메모지를 목격한다. E는 P에게 프로포즈를 하기 위해 반지를 사오고, P는 호텔 앞 바닷가에서 E를 기다린다. 하지만, E는 저격수의 총에 저격을 당하고 머리에서 피를 흘린다. E는 죽어가며 P에 대한 사랑의 안타까움에 한줄기 눈물을 흘린다. 그 시간, P는 아무것도 모른 채 바닷가에서 E를 기다린다.

| 4 |

〈사랑비〉

서울중앙지방 법원

제 50민사부 결정

건 2012카합1315 드라마방영금지및저작물처분금지등가처분
신청인 주식회사 ○○○○
서울 강남구
대표이사 ○○○
소송대리인 법무법인
피신청인 1. 주식회사 ○○○○
서울 마포구
대표이사
2. ○○○○
서울
대표자
소송대리인

3. ○○○○주식회사
서울 마포구
대표이사 ○○○
피신청인들

주 문

이 사건 신청을 기각한다.
소송비용은 신청인이 부담한다.

신청취지

　1. 피신청인들은 별지 1 목록 기재 저작물을 직접 방영하거나 제3자로 하여금 방영하게 하여서는 아니 된다.
　2. 피신청인들은 별지 1 목록 기재 저작물을 포함한 프로그램 및 그 예고편 등을 인터넷 홈페이지 등에 게재하여서는 아니 된다.
　3. 피신청인들은 별지 1 목록 기재 저작물, 그 저작권 및 그에 관한 내용이 기재된 필름 등을 제작 및 제3자에게 인도, 임대, 양도, 질권의 설정 기타 일체의 처분을 하여서는 아니 된다.
　4. 피신청인들은 별지 1 목록 기재 저작물이 수록된 필름, 씨디, 디브이디, 비디오테이프 등 영상매체에 대한 피신청인들의 점유를 풀고 이를 신청인이 위임하는 집행관에게 그 보관을 명한다.

5. 집행관은 위 명령의 취지를 적당한 방법으로 공시하여야 한다.

이유

1. 사안의 개요

가. 신청인은 영상물 제작, 배급업체로서, 2002년경 ㅇㅇㅇㅇ 주식회사로부터 제작비를 지원받아 영상저작물인 영화 'ㅇㅇㅇㅇ'(각본 및 감독 : ㅇㅇㅇㅇ, 주연 : ㅇㅇㅇㅇ, ㅇㅇㅇㅇ, ㅇㅇㅇㅇ, 이하 '이 사건 영화'라 한다)을 제작하였다.

나. 피신청인 ㅇㅇㅇ는 방송프로그램 제작사로서 2012년경 별지 1 목록 기재 영상저작물(드라마 'ㅇㅇㅇㅇ', 감독 : ㅇㅇㅇㅇ, 이하 '이 사건 드라마'라 한다)을 제작하였고, 피신청인 ㅇㅇㅇㅇ는 방송사업자로서 2012. 3. 26.부터 2012. 5. 29.까지 국내 공중파 TV를 통해 이 사건 드라마를 방영하였으며, 피신청인 ㅇㅇㅇㅇ는 방송 콘텐츠 사업자로서 이 사건 드라마에 관한 유통 사업을 하고 있다. 현재 이 사건 드라마는 일본 등지에 수출되어 2012. 5. 26.경부터 일본 케이블 TV인 'KNTV'를 통해 방영되고 있고, 2012. 7. 25.경부터는 일본 지상파 TV인 '후지TV'를 통해 방영될 예정이다.

2. 신청이유의 요지

이 사건 드라마는 이 사건 영화와 비교할 때, 구체적인 줄거리, 사건의 전개과정, 등장인물 사이의 상호관계와 갈등구조가 동일하거나 유사하고, 별지 2 목록 기재와 같이 이 사건 영화의 배경, 장면, 상황과 유사한 배경, 장면, 상황을 차용하였으므로, 이 사건 영화와 '비문자적, 포괄적 유사성'을 가지고 있다. 그런데 피신청인들은 이 사건 드라마를 제작, 방영, 판매, 제공함으로써 신청인의 이 사건 영화에 관한 성명표시권, 동일성유지권과 같은 저작인격권과, 2차적 저작물 작성권과 같은 저작재산권을 침해하고 있으므로, 그 침해 중지를 구한다.

3. 저작권 침해 여부에 관한 판단

가. 신청인의 저작권

1) 이 사건 영화는 창작성을 인정받을 수 있고 보호가치가 있는 영상저작물에 해당한다.

2) 피신청인들은, 이 사건 영화를 창작한 것은 영화감독 ○○○이므로 제작사인 신청인에게는 '저작인격권'이 인정될 수 없다고 주장하므로 우선 살피건대, ○○○과 신청인 사이에 이 사건 영화에 관한 저작권 귀속과 관련하여 별도의 합의가 있었는지에 관하여는 기록상 주장, 소명이 없으나, 특별한 사정이 없는 한 이 사건 영화를 기획, 제작한 영화제작사인 신청인도 이 사건 영화에 관하여 공동저작권을 보유할 것으로 보이므로, 피신청인들의 이 부분 주장은 받아들이기 어렵다(저작인격권에 기한 저작권법 제123조의 침해금지청구는 공동저작자 중 1인도 단독으로 할 수 있다).

3) 나아가 피신청인들은, 신청인은 이미 투자사인 ○○○○주식회사(시

네마서비스 본부)에 이 사건 영화에 관한 '저작재산권' 일체를 양도하였다고 주장하므로 살피건대, 신청인 스스로의 주장(6. 29.자 서면) 및 신청인이 제출한 ○○○○주식회사와의 사이의 투자배급계약서에 의하더라도, 신청인이 2002. 9. 5. ○○○○주식회사에 이 사건 영화에 관한 저작재산권을 양도하고, 대외적으로 ○○○○주식회사가 단독의 지적재산권자로서 지적재산권의 보존, 관리, 처분에 대한 일체의 권한을 행사할 수 있기로 약정한 점은 각 소명된다.

그러나 위 투자배급계약 당시의 저작권법(2003. 5. 27. 법률 제6881호로 개정되기 전의 것) 제41조(저작재산권의 양도) 제2항에 따르면, "저작재산권의 전부를 양도하는 경우에 특약이 없는 때에는 제21조의 규정에 의한 2차적 저작물 또는 편집저작물을 작성할 권리는 포함되지 아니한 것으로 추정"되는데, 피신청인들의 주장 및 위 투자배급계약서의 문언 만으로는 신청인과 ○○○○ 주식회사 사이에 2차적 저작물 작성권에 관한 양도 특약이 있었다고 인정하기에 부족하다. 따라서 신청인에게는 이 사건 영화에 관한 2차적 저작물 작성권이 남아 있음이 일응 소명되므로, 피신청인들의 이 부분 주장 역시 받아들이기 어렵다.

4) 따라서 신청인이 이 사건 영화에 관한 저작인격권 및 저작재산권 중 2차적 저작물 작성권을 보유하고 있음을 일응 인정할 수 있다.

나. 저작권 침해여부에 관한 판단
1) 관련 법리
가) 저작권 침해가 인정되기 위하여는 침해되었다고 주장하는 기존의

저작물과 대비대상이 되는 저작물 사이에 실질적 유사성이 있다는 점과, 대상 저작물이 기존의 저작물에 의거하여 작성되었다는 점이 인정되어야 한다.

나) 그 중에서 '실질적 유사성'과 관련하여, 먼저 저작권의 보호 대상은 학문과 예술에 관하여 사람의 정신적 노력에 의하여 얻어진 사상 또는 감정이 말, 문자, 음, 색 등에 의하여 구체적으로 외부에 표현된 창작적인 표현형식만이고, 표현되어 있는 내용 즉 아이디어나 이론 등의 사상 및 감정 그 자체는 설사 그것이 독창성, 신규성이 있다 하더라도 원칙적으로 그 보호 대상이 되지 않는 것이므로, 어떤 두 저작물 사이에 실질적인 유사성이 있는가의 여부를 판단함에 있어서도 창작적인 표현형식에 해당하는 것만을 가지고 대비하여야 하고(대법원 1999. 11. 26. 선고 98다46259 판결 참조), 또한 소설 등에 있어서 추상적인 인물의 유형 혹은 어떤 주제를 다루는데 있어 전형적으로 수반되는 사건이나 배경 등은 아이디어의 영역에 속하는 것들로서 저작권법에 의한 보호를 받을 수 없다(대법원 2000. 10. 24. 선고 99다10813 판결 참조).

한편, 희곡이나 대본, 시나리오 등과 같이 배우의 실연을 전제로 하는 극저작물의 경우 그 작품에 내재되어 있는 주제나 플롯이 전형적으로 예정하고 있는 사건들이나 등장인물의 성격 등과 같은 요소는 설령 그것이 표현에 해당하는 것이라고 하더라도 저작권의 보호가 주어질 수 없고(이른바 표준적 삽화의 원칙), 구체적이고 개별적인 사건과 그러한 사건들의 연속과정, 극적인 전개, 등장인물의 구체적인 성격, 그들의 구체적 행위 등의 극적인 요소만이 극저작물에 있어 보호받는 표현이 존재하는 부분이라 할 것이다.

　이러한 법리는, 창작행위를 함에 있어서 소재로 되는 아이디어 또는 전형적인 사건·표현이나 장면묘사에까지 저작권의 보호를 부여하여 특정인에게 독점권을 부여하면 장래에 다른 창작자가 창작을 할 기회를 박탈하게 되므로, 이러한 소재 등은 만인의 공유(public domain)에 두어 문화의 창달이라는 저작권법의 목적 달성에 지장이 없도록 하는 것이 바람직하고, 통상 그 침해를 주장하는 자가 그와 같은 소재나 사건·장면들을 최초로 창작하여 사용하였다고도 볼 수 없는 사정 등에 논거를 두고 있다.

　2) 포괄적, 비문자적 유사성이 있는지 여부

　가) 우선, 이 사건 영화와 이 사건 드라마의 기본적인 줄거리와 인물 유형을 비교해 보면, 양 작품은 모두 남자주인공과 여자주인공 및 남자주인공의 친구가 삼각관계를 이루어 괴로워 하다가 남·여주인공이 결국 헤어지게 되고, 부모세대의 못다 이룬 사랑을 남자주인공의 아들과 여자주인공의 딸이 우연히 만나 결실을 맺게 된다는 구조를 갖추고 있어, 개괄적인 줄거리와 주요 인물 유형이 서로 유사하다. 그러나 이러한 추상적인 줄거리나 인물유형은 저작권법에 의하여 보호되지 않는 추상적인 아이디어의 영역에 속할 뿐, 저작권의 보호 대상이 되는 표현형식에 해당한다고 볼 수 없다.

　나) 나아가, 신청인이 양 작품에서의 '유사 상황'이라고 적시한 별지 2 목록 기재 2, 3, 5, 7, 10, 11, 12, 13, 16, 17, 19, 20항과, 신청인이 양 작품의 '유사 배경'이라고 적시한 별지 2 목록 기재 1항 및 신청인이 양 작품의 '유사 장면'이라고 적시한 별지 2 목록 기재 4, 6, 8, 9, 14, 15, 18항 등은, 각 남녀

주인공이 등장하여 사랑 또는 삼각 관계를 이루는 것을 주제로 하는 극저 작물에서 흔히 사용되는 일반적이고 전형적인 인물표현이거나, 1960년대 또는 1970년대 한국의 시대상을 담아내면서 그 속의 고등학생 또는 대학생들의 사랑을 그리기 위하여 수반되는 전형적이고 필수적인 표현 또는 표준적인 삽화들로서, 모두 저작권법에 의하여 보호되지 않는 추상적인 아이디어의 영역에 해당한다고 할 것이다. 그리고 기록 및 심문 취지에 의하면, 위 장면, 소재 등이 이 사건 드라마에서 차지하는 비중은 그리 크지 않으므로 그러한 장면, 소재 등만으로 양 작품 사이의 '포괄적 · 비문자적 유사성'을 인정하기 어려울 뿐 아니라, 무엇보다 이 사건 드라마에서 위 각 상황 또는 배경, 장면들이 구현됨에 있어서 사용된 각 사건들의 배열 · 구성 방법, 구체적인 장면 구성, 대사 표현들 및 극에서의 맥락은 이 사건 영화의 상황, 배경, 장면과 비교할 때 다른 부분이 많으므로, 각 그 구체적 내용과 표현형식에서의 실질적인 유사성도 인정하기 어렵다.

3) 소결론

이러한 점을 종합하면, 설령 이 사건 드라마가 이 사건 영화의 줄거리나 일부 장면에서 모티브를 얻었을 가능성이 있더라도, 이 사건 드라마는 이 사건 영화와는 예술성과 창작성을 완연히 달리하는 별개의 작품으로 '실질적 유사성'이 인정되지 않는다고 보이므로, '의거관계'의 존부에 관하여 더 나아가 살펴볼 필요 없이, 이 사건 드라마가 이 사건 영화를 복제한 것이라고 할 수 없음은 물론, 이 사건 영화의 2차적 저작물에 해당하여 이 사건 영화에 관한 성명표시권, 동일성유지권 및 2차적 저작물 작성권을 침해하였다고 볼 수 없다.

다. 보전의 필요성에 관한 판단

살피건대, 가사 이 사건 드라마가 이 사건 영화에 관한 저작권을 침해한다고 하더라도, 이 사건 드라마는 이미 우리나라 공중파 채널을 통해 전 분량의 방영을 마친 작품으로서 해외 수출만을 남겨둔 상태인바, 신청인이 이 사건 드라마의 (재)방영, 해외 수출 등으로 인하여 손해를 입는다면 이는 본안을 통해 상당 부분 금전으로 전보 가능한 손해에 속한다고 여겨지고, 달리 신청인에게 이 사건 드라마의 방영, 수출(인도) 등을 금지하지 않으면 현저한 손해나 급박한 위험이 발생할 우려가 있다는 점에 대하여는 주장, 소명이 부족한 반면에, 이 사건 가처분을 통해 이 사건 드라마의 방영, 수출(인도) 등이 금지될 경우 피신청인들은 회복이 어려운 상당한 손해를 입을 우려도 있다고 판단되므로, 결국 이 사건 가처분 신청은 이를 구할 그 보전의 필요성이 충분히 소명되었다고 보기도 어렵다.

4. 결론

따라서 이 사건 신청은 피보전권리 및 보전의 필요성에 대한 소명이 부족하므로 이를 기각하기로 하여 주문과 같이 결정한다.

2012. 7. 20.

재판장판사 ○○○

판사 ○○○

판사 ○○○

〈별지 1〉 목록

영상저작물 : 드라마 '○○○○'

제작사 : 피신청인 주식회사 ○○○○

제작연도 : 2012.

총편수 : 티저 1, 2탄, 제1화 ~ 제20화 (총 22편). 끝.

구 분			드라마 〈○○○○〉		영화 〈○○○○〉	
번호	분류	공통내용	회/Time	내용	Time	내용
1	유사 배경	넝쿨담장 이미지	1회 0:00:01 ~ 0:00:30	드라마 도입부에 캠퍼스교정내 넝쿨담장을 배경으로 '윤희'가 걸어 들어오는 장면	0:02:56 ~ 0:03:10	영화 도입부에 '지혜'가 넝쿨로 둘러싸인 창문에 기대어 독백하는 장면
2	유사 상황	사랑하는 상대방을 바라만 보는 주인공	1회 0:03:30 ~ 0:04:16	캠퍼스벤치아래 앉아 책을 보고 있는 '윤희'의 모습. 그 모습을 바라보며 첫 눈에 반해 그림스케치를 하는 '인하'	0:05:56 ~ 0:06:04	'지혜'가 친구 '수경'대신 '상민'에게 대필메일을 써주는 장면의 내용을 독백으로 읊는 '지혜'(실제로는 자신의 이야기) 오늘 벤치아래 앉아서 책을 보고 있는 오빠를 봤어요. 마치 그림엽서를 보는 듯 했어요…"
3	유사 상황	'일기'와 '대필편지'를 통해 사랑하는 사람의 매	1회 0:09:45 ~ 0:10:15	이를 계기로 '인하'는 '동욱'에게 '윤희'가 좋아하는 것들에 대해 힌트를 주는 매개체 역할을 하게 된다.	0:12:21 ~ 0:12:37	느닷없이 '준하'를 찾아와 집안끼리 정해준 정혼녀 '주희'에게 줄 대필편지를 부탁하는 '태수'의 장면.

3	유사 상황	개체 역할을 하는 주인공	1회 0:09:45 ~ 0:10:15	이를 계기로 '인하'는 '동욱'에게 '윤희'가 좋아하는 것들에 대해 힌트를 주는 매개체 역할을 하게 된다.	0:12:21 ~ 0:12:37	이를 계기로 '준하'는 '태수와 주희' 사이에서 대필편지를 써주는 매개체 역할을 하게 된다.
4	유사 장면	교내 학군단(ROTC) 경례장면	1회 0:15:25 ~ 0:15:30	'윤희'에게 일기장을 돌려주려다가 ROTC 경례구호("충성!!)에 '윤희&인하'가 서로 놀래고, 웃다가 일기장을 돌려줄 타이밍을 놓치는 '인하'	1:33:50 ~ 1:34:00	'상민'이 자신을 좋아하고 있었다는 사실을 알고 너무나 기뻐 비를 맞으며 캠퍼스를 뛰어나니던中 ROTC경례구호("충성!!)에 우습게 화답하는 장면
5	유사 상황	친구를 통해 짝사랑하는 연인의 가정사를 듣게되는 주인공	1회 0:22:19 ~ 0:22:55	친구에게 '인하' 가정사를 듣게 되는'은희'. "게다가 집안도 어마어마한데… 그 지방에서는 저 선배땅을 밟지 않고서는 걸어 다닐 수가 없을 정도래. 워낙 엄한 집안이라서 소문에 정혼자도 있대"	0:14:21 ~ 0:14:40	개울가에서 친구를 통해 '주희'의 가정사를 듣게되는 '준하'. "송영감네 손녀래. 수원에서 왔다구 그러던데… 우린 저런 여자 꿈도 못꾼다. 송영감네 아들이 국회의원이잖아"
6	유사 장면	"사랑 몽타 주 씬" (짝사랑만 하던 서로가 비와 우산/겉옷을 매개체로 사랑스런 장면연출)	1회 0:26:50 ~ 0:28:40	캠퍼스 도서관 정문에서 '은희'에게 부러지고 고장난 노란우산을 씌어주고 함께 걸어 나가는 '인하'.	0:56:31 ~ 0:57:05	캠퍼스도서관에 가려고 '상민&지혜'가 비오는 캠퍼스를 '상민'의 겉옷에 의지해 뛰어다니는 씬.
7	유사 상황	그저 사랑하는 사람의 매개체 역할만 하는 자신에 대해 고뇌	1회 0:47:47 ~ 0:48:30	"그녀에게 무슨 말을 할까? 그녀는 태엽시계와 안개꽃과 생텍쥐베리, 슈베르트의 가곡을 좋아하는 여자다. 그리고 그녀는 내 친	0:30:33 ~ 0:30:45	"태수에게 편지를 써주는 것은 고통스러운 일이었다. 그녀이기 때문이다. 하고 싶은 말이 그렇게 많은데…" (대필편지를 써주면서

| | | 하는 주인공 | | 구가 좋아하는 여자다. 그 시절 난 그녀 땜에 행복하고 그녀로 인해 슬펐다"(고뇌하는 '인하'의 독백씬) | | 고뇌하는 '준하'의 독백씬) |

"○○○○ 2회' VS '○○○○' 비교분석표

번호	분류	공통내용	구 분		드라마 〈○○○○〉	영화 〈○○○○〉	
			회/Time	내용		Time	내용
8	유사장면	등장인물의 태권도 시범	2회 0:02:45 ~ 0:03:1	대학축제 때 '동욱'이 선보이는 태권도시범		0:03:27 ~ 0:03:55	'지혜'가 자신을 독백으로 소개하면서 등장하는 태권도시범
9	유사장면	포크댄스씬	2회 0:10:00 ~ 0:11:45	대학축제 때 '포크댄스의 밤'행사에 참여하여, '인하'와 '윤희'가 서로 곁눈질하며 포크댄스를 추는 장면 (서로 파트너를 바꿔가며 추는 씬)		0:48:03 ~ 0:48:49	고등학교 포크댄스 동아리에 '주희'와 '준하'가 참석하여, 서로 곁눈질하며 포크댄스를 추는 장면(서로 파트너를 바꿔가며 추는 씬)
10	유사상황	자신 때문에 병원에 입원한 연인을 찾아 병문안 온 주인공	2회 0:14:05 ~ 0:15:40	포크댄스장에서 자신을 구하려다가 부상당해 팔이 부러져 병원 병실에 앉아있는 '인하'를 찾아 온 '윤희'. 병실에서 단 둘이 이야기를 나누는 장면		1:12:42 ~ 1:14:35	자신 때문에 비를 맞고 앓다가 병원에 입원한 '주희'를 찾아 온 '준하'. 병실에서 단 둘이 이야기를 나누는 장면
11	유사상황	서로의 사랑을 확인하게 되는 주인공	2회 0:31:15 ~ 0:32:05	'인하'가 자신을 사랑하고 있다고 생각하지 못하던 '윤희'. 그러나 '인하'가 미술실습실에서 자신의 그림을 그리고 있었다는 사실에		1:31:03 ~ 1:32:26	'상민'이 자신의 우산을 남에게 주고 일부러 자신과 함께 비를 맞았었다는 사실을 안 '지혜'. 감동받아 눈물을 머금고 웃음기를 띄우는

				놀라하면서도, 좋아서 미소를 머금는 '윤희'의 장면		'지혜'의 장면
12	유사 상황	사랑하는 그녀와 친한 친구의 만남을 지켜봐야 하는 남자주인공. 그러나 결국 그녀 앞에 다시 나타나 사랑을 확인하는 남자주인공.	2회/3회	1) 2회/0:45:46~0:46:15 '윤희'를 쫓아 집까지 바래다주는 '동욱'. 그녀를 보기위해 그녀의 집 앞에서 기다리고 있던 '인하'가 그 장면을 목격하고 물러나 숨는 장면. 2) 3회/1:00:50~1:01:10 2회에서 '윤희'와 '동욱'의 만남을 지켜만 보았던 '인하'가 결국 사랑을 찾아 '윤희'의 집 가로등 앞까지 뛰어나가 역시 '인하'를 만나기 위해 집밖에 나온 그녀와 극적으로 만나게 되는 장면.	0:52:48~0:53:53	포크댄스를 마치고 '태수'가 '주희'를 집까지 바래다주고, '태수'가 자리를 뜨자… 뛰어온 듯 숨차해 하며 '준하'가 그녀의 집 앞 가로등 밑에서 극적으로 등장한다. 그런 '준하'를 계단에서 뛰어 내려와 반갑게 끌어안는 '주희'의 장면.

'○○○○ 3회' VS ○○○○' 비교분석표

			드라마 ⟨○○○○⟩		영화 ⟨○○○○⟩	
번호	분류	공통내용	회/Time	내용	Time	내용
13	유사 상황	사랑보다는 우정을 택하고, 軍자원입대를 결심하는 주인공	3회 0:01:20~0:01:44	'윤희'에게 고백한 친구 '동욱'을 위해 친구들에게 軍자원입대를 알리는 '인하'	1:29:10~1:30:17	'태수'가 자살을 시도하자, 그에 대한 죄책감으로 軍에 자원입대하는 '준하'

14	유사 장면 & 상황	'다리'에서 사랑하는 연인에게 고백하는 씬	3회 0:03:50 ~ 0:05:40	軍에 갈 결심을 한 '인하'는 마지막으로 MT 장소의 어느 다리위에서 '윤희'에게 숨겨왔던 사랑고백을 한다. 인하 : "내말 그냥 들어만 줄래요? 다 거짓말이었어요. 내 그림, 그날 우연히 내 풍경 속에 윤희氏가 들어온 게 아니라, 내 풍경이 윤희氏였어요. 그 풍경은 너무나 아름다웠고, 그것 때문에 난 항상 설레였었어요. 고마웠어요. 그리고 미안해요. 비겁했던 거…" 윤희 : "이제 와서… 조금만 더 일찍 말해주지…"	1:35:04 ~ 1:36:30	지혜'가 자신(상민)이 그녀를 좋아하고 있었다는 사실을 알게 되자 그녀에게 모든 것을 고백하는 '상민'. 상민 : "가지마…다… 알고 있잖아. 내…마음. 다 알아버렸잖아." 그래 지혜가 비를 맞고 뛰어가는 걸 보고 나도 우산을 버렸던 거야. 연극을 보던 날도 난 지혜 너 한테 선물을 주고 싶어서 수경이 것까지 샀어. 그리고 우연이 내편이라면 지혜가 그 엽서가 들어있는 선물을 고를 거라고 생각했어. 좋아한다는 말을 하고 싶었지만 할 수 없었어.
15	유사 장면	여주인공의 긍정적인 반응에 펄쩍뛰며 즐거워하는 '동욱'(oooo)과 '준하'(oooo)	3회 0:10:00 ~ 0:10:20	동욱 : "내일 우울한 일이 있거든. 니가 행복한 날로 바꿔줄래?" 윤희 : 긍정한다는 뜻으로 끄덕인다. '동욱' 좋아서 어쩔 줄 몰라 하며 펄쩍 뛰어 나간다.	0:36:45 ~ 0:37:15	주희 : "저 가봐야 돼요. 사람들이 기다리고 있어요." '주희' 뒤돌아 걸어 나가고 '준하' 서운해 하듯 바라보는데… '주희' 뒤돌아 '준하'에게, 주희 : "그 반딧불이 지금도 잘 있어요. 저처럼 건강해요." 웃으며 말해주는 '주희'를 보며, 좋아서 어쩔 줄 몰라 하며 펄쩍 뛰어나간다

부록 저작권 소송 판례 전문

16	유사 상황	'시계(ooo)'와 '목걸이(oooo)'라는 둘 만의 사연을 담아내는 매개체	3회/4회	1) 0:11:57~0:12:15 씬 군대 가기 전, '윤희'에게 시계와 함께 사랑고백을 담은 카드를 선물하는 '인하'. 2) 0:58:26~0:58:45 씬 입영 열차 안에서 '윤희'에게 선물해준 '시계'를 '동욱'을 통해 편지와 함께 돌려받는 '인하'.		1) 0:27:23~0:27:45 씬 나룻배에서 반딧불이를 선물 받은 '준하'에게 자신의 목걸이를 건네주는 '주희'. 2) 1:28:12~1:30:00 씬 자신 때문에 자살을 선택한 '태수'에 대한 죄책감으로 병문안 온 주희'에게 목걸이를 돌려주고 軍자원입대를 선택하는 '준하'. 3) 1:44:50~1:45:10 씬 입영열차에 오른 '준하'에게 달려가 '목걸이'를 되돌려 주는 '주희'.
17	유사 상황	서로간의 사랑을 확인하고, 결국 친구에게 모든 사실을 고백하는 남자주인공. (우정보다 사랑을 선택한 주인공)	3회 0:51:39 ~ 0:52:35	인하 : "동욱아!" 동욱 : "응?" 인하 : "사실 나 윤희氏 좋아한다. 아니 처음부터 계속 좋아했었어." 동욱 : "뭐?" 인하 : "나 노력해 봤지만, 더 이상 내 마음을 속일 수 없었어. 내가 말했던 그 3초 바로 윤희氏였어. 미안하다... 하지만 이젠 너한테 양보하지 않을 거야." 옆에 있던 친구 '창모'에게 얻어맞는 '인하'.	1:15:40 ~ 1:16:15	준하 : "주먹 쥐어봐. 이렇게 올려봐. 이제 나 때려." 태수 : "널 때리라구? 난 사람 때리는 거 싫다. 맞는 것도 싫구." 준하 : "나하고 주희… 너 몰래 지금까지 사귀고 있었어. 이 목걸이도 사실은 여름방학 때 주희가 준거야…" 쓰러지는 '태수'.

'○○○○ 4회' VS ○○○○' 비교분석표

번호	분류	공통내용	드라마 〈○○○○〉		영화 〈○○○○〉	
			회/Time	내용	Time	내용
18	유사 장면	포크댄스	4회 0:06:10 ~ 0:06:50	교회 문틈 사이로 포크댄스를 추고 있는 교복 입은 학생들을 보고, 문밖에서 둘(인하 & 윤희)만의 포크댄스를 추는 장면.	0:47:30 ~ 0:48:40	고등학교 포크댄스 동아리에서 '주희'와 '준하', 주변학생들이 교복을 입고 포크댄스를 추는 장면.
19	유사 상황	'준하(○○○○)'와 '인하(○○○○)'에게 사랑하는 그녀를 양보하는 '태수(○○○○)'와 '동욱(○○○○)'	4회 0:28:40 ~ 0:29:05	동욱 : "너 안오면, 내가 윤희 데리러 가려구 했다" 인하 : "언제부터 기달렸어?" 동욱 : "아까부터, 너 올 줄 알았어" 인하 : "미안하다" 동욱 : "나 아직 널 다 용서한 건 아니다. 나도 윤희한테 사과하고 싶은 게 있어. 꼭 데리고 올라와라" ⇒ 강하게 이야기하지만, 속마음은 이미 '인하'에게 '윤희'를 양보하고 있는 '동욱'	1:10:25 ~ 1:11:15	준하 : "자… 편지!" 태수 : "이젠 싫다!" 준하 : "왜?" 태수 : "답장도 오지 않고 양심에 걸려서… 앞으로는 내가 쓸 작정이다. 솔직히 얘기하구…절호의 기회야… 걔가 비를 맞아서 많이 아프데… 그래서 병원에 입원 했다지 모야" 준하 : "많이 아프데?" 태수 : "난 병원에 가 볼 작정이다. 아플 때 잘 보이면 점수를 딸 수 있지. 오늘 편지 네가 써 준 거 고백 할 테다"
20	유사 장면 & 상황	軍입대하는 '인하'(○○○○)와 '준하'(○○○○)의 모습… 그들을 배웅하는	4회 0:58:00 ~ 1:02:05	동욱 : "인하야… 윤희 다시 돌아 온다구 했어. 아파서.. 많이 아파서 떠난 거야. 다 낳으면… 다시 만날 수 있을 거야…기다려… 어?" ⇒ '윤희'에게 돌려받	1:42:00 ~ 1:45:40	주희 : "준하야… 준하야… 살아서 와야 돼? 준하야… 꼭 살아서 와야 돼? 대답해봐 준하야! 꼭 살아서 와야 돼? ⇒ '준하'가 몸을 실은 입영열차가 플래폼을

		'인하'의 친구 '동욱'(○○○○)과 '주희'(○○○○)의 부르짖음 (울부짖음)	은 시계로 실의에 잠긴 '인하'를 실은 입영열차가 플래폼을 빠져나갈 즈음. 동욱'이 달려와 실은 '윤희'가 많이 아프다는 진실을 '인하'에게 부르짖듯 알려준다.		빠져나가기 시작할 즈음… '주희'가 달려와 목걸이를 '준하'에게 다시 돌려주며 살아서 다시 만나기를 울먹이며 부르짖는다.

|5|
〈야왕〉

서울남부지방법원

제13민사부

원고 보조참가인	주식회사 베르미디어
	2013가합16788 제명처분무효확인 등
	사단법인 한국방송작가협회
변론 종결	2014. 9. 5.
판결선고	2014. 9. 26.

1. 피고가 2013. 8. 30. 원고에 대하여 한 제명처분은 무효임을 확인한다.
2. 원고의 나머지 청구를 기각한다.
3. 소송비용 중 보조참가로 인한 부분은 피고가 부담하고, 나머지 소송비용 중 1/3은 원고가, 2/3는 피고가 각 부담한다.

청구취지

주문 제1항 및 피고는 원고에게 5,000만 원 및 이에 대한 2013. 8. 30.부터 이 사건 소장부본 송달일까지는 연 5%의, 그 다음날부터 다 갚는 날까지 연 20%의 각 비율에 의한 돈을 지급하라.

이 유

1. 기초사실

가. 원고 보조참가인과 B의 집필계약

원고 보조참가인(이하 '참가인'이라 한다)은 영화 투자 및 수입 배급, 비디오와 방송물 제작, 음반기획 등을 목적으로 하는 법인이다. 참가인은 주식회사 C로부터 D이 집필한 만화 〈E〉(이하 '원작 만화'라 한다)을 원작으로 삼은 드라마(FX이하 '이 사건 드라마'라 한다)의 제작을 의뢰받았다.

참가인은 2011. 11. 18. B과 이 사건 드라마에 대한 방송극본 집필 및 사용 계약을 체결하였다. B은 시놉시스 (이하 '이 사건 선행 시놉시스'라 한다) 및 1부~8부까지의 대본 (이하 '이 사건 선행 대본'이라 하고, 이 사건 선행 시놉시스 및 대본을 통틀어 '이 사건 선행 저작물'이라 한다)을 집필하여 참가인에게 교부하였다. 그러나 참가인은 대본의 완성도가 떨어져 방영이 어렵다는 이유로 2012. 10.경 B과 사이의 위 계약을 해제하였다.

나. 참가인과 원고의 집필계약

참가인은 B과의 집필계약을 해제한 후 원고와 이 사건 드라마에 대한 방송극본 집필 및 사용 계약을 체결하였다. 원고는 2013. 1.경부터 같은 해 4월경까지 이 사건 드라마의 시놉시스(이하 '이 사건 시놉시스'라 한다) 및 대본(이하 '이 사건 대본'이라 하고, 이 사건 시놉시스 및 대본을 통틀어 '이 사건 저작물'이라 한다)을 집필하여 참가인에게 전달하였다. 참가인은 이 사건 저작물을 토대로 이 사건 드라마를 제작하였다.

다. 피고의 제명조치

피고는 방송작가의 저작권을 비롯한 제반 권익을 보호하고 방송문예의 향상·발전을 위하여 설립된 사단법인이고, 원고는 피고의 회원이다.

피고는 2013. 2. 6.경 B으로부터 이 사건 저작물이 선행 저작물에 대한 B의 저작권을 침해하였다는 내용의 진정을 접수하였다. 피고는 이를 조사하기 위하여 같은 해 3. 29. 저작권침해 조사위원회를 구성하였다. 저작권침해 조사위원회는 같은 해 4. 1.부터 같은 해 7. 2.까지 총 4차례의 회의를 거쳐 같은 해 7. 2. '이 사건 저작물은 선행 저작물에 대한 B의 저작권을 침해하였다'는 내용의 최종 의견을 제시하였다.

피고는 2013. 8. 26. 상벌위원회를 개최하여 원고가 이 사건 선행 저작물에 대한 B의 저작권을 침해하였음을 이유로 원고를 제명하는 결의를 하였다. 또한, 피고는 같은 달 30일 이사회를 개최하여 원고에 대한 제명을 의결하였다(이하 '이 사건 제명처분'이라 한다).

라. 관계 규정

정관

제 3조(목적)

본 협회는 방송작가의 저작권을 비롯한 제반 권익을 보호함과 아울러 방송문예의 향상 발전 및 교류를 통하여 민족문화 창달에 기여함을 목적으로 한다.

제8조(제명 및 징계)

회원이 다음의 각 호에 해당할 때에는 상벌위원회와 이사회의 의결을 거쳐 제명 또는 견책 등 징계를 할 수 있으며, 상벌위원회의 규정은 별도로 정한다.

3. 본 협회의 명예를 훼손하거나 설립 목적에 반하는 행위를 하였을 때

제31조(위원회)

본 협회는 다음의 위원회 외에 필요한 위원회를 둘 수 있다.

1. 권익옹호위원회
2. 홍보위원회
3. 연구위원회
4. 저작권위원회
5. 복지위원회
6. 상벌위원회
7. 회원자격심사위원회

상벌위원회 운영규정

제7조(진상조사 및 의견의 개진)

① 상벌위원회는 상벌사건을 심리함에 있어서 사무국의 협조 등을 통하여 진

상을 조사하고, 상벌의결을 행하기 전에 기한을 정하여 해당자의 출석을 요구해 해명을 들을 수 있으며, 부득이한 경우 출석이 어려울 때는 해명 자료를 서면으로 대신할 수 있다.

② 단, 기한 내에 출석 해명이나 서면 해명이 없을 시에는 본인의 해명 의사가 없는 것으로 간주한다.

제11조(상벌의 종류)

2. 징계

① 제명(제명 후 재입회는 5년이 경과해야 한다)

② 자격정지

③ 견책(경고)

[인정근거] 다툼 없는 사실, 갑 1 내지 6, 12호증, 을 1, 3 내지 11, 17 내지 21호증의 각 기재, 변론 전체의 취지

2. 이 사건 제명처분의 무효 여부

가. 당사자의 주장

1) 원고의 주장

가) 징계절차의 위법

저작권침해 조사위원회는 피고의 정관상 근거가 없는 위원회이므로 저작권침해 조사위원회에 의한 조사는 위법하다. 그럼에도 상벌위원회는 저작권침해 조사위원회의 의견을 그대로 수용하여 원고에 대한 제명을 결의하였다.

또한, 피고는 원고에게 저작권침해 조사위원회에 1차례 출석하여 의견을 진술할 기회를 주었을 뿐 상벌위원회에 출석하여 의견을 진술할 기회를 주지 않았다.

따라서 이 사건 제명처분은 절차적 하자가 존재하여 무효이다.

나) 징계사유의 부존재

이 사건 저작물은 선행 저작물과 의거관계 및 실질적 유사성이 인정되지 아니 하므로 선행 저작물에 관한 B의 저작권을 침해하였다고 볼 수 없다. 따라서 이 사건 제명처분은 징계사유가 존재하지 않아 무효이다.

2) 피고의 주장

가) 징계절차의 적법

저작권침해 조사위원회는 피고의 위임에 따라 적법하게 저작권 침해 여부를 조사하였고, 원고는 조사과정에서 충분한 의견진술의 기회를 제공받았으므로 이 사건 제명처분에 절차적 하자가 없다.

나) 징계사유의 존재

이 사건 저작물은 원작 만화와 달리 B이 선행 저작물을 통해 창작한 줄거리 및 표현형식을 그대로 사용하였다. 즉 ① 남녀 주인공 사이에 딸이 있고 그 딸이 여자 주인공의 실수로 죽게 되어 남자 주인공이 여자 주인공에 대한 복수를 결심하게 되는 줄거리 구조, ② 남녀 주인공이 총을 겨누며 대치하는 주요 장면을 드라마의 도입부에 배치하고 두 사람의 과거로 돌아가는 전개방식, ③ 이 사건 드라마의 제목을 원작 만화의 제목과 달리 'F'으로 설정한 부분, ④ 도입부에 G의 글귀를 인용한 부분에 있어, 양 저작물은 동일하다. 따라서 원고는 이 사건 선행 저작물에 대한 B의 저작권을 침해하였으므로 징계사유가 존재한다.

나. 절차적 하자에 관한 판단

1) 저작권침해 조사절차가 위법한지 여부

위 인정사실에 변론 전체의 취지를 더하여 알 수 있는 다음과 같은 사정, 즉 ① 피고 정관 제31조에 의하면 피고는 필요에 따라 위원회를 별도로 둘 수 있다고 되어 있는 점, ② 이에 따라 피고는 저작권침해 조사위원회를 구성하여 원고의 저작권 침해 여부에 대한 조사권한을 위 위원회에 위임한 점, ③ 저작권침해 조사위원회는 원고와 B의 의견을 듣고 관련 자료를 검토하는 등 통상의 조사절차를 거친 점 등에 비추어 볼 때, 저작권침해 조사위원회의 구성이나 조사절차가 위법하다고 할 수 없다. 원고의 이 부분 주장은 이유 없다.

2) 상벌위원회에 출석하여 의견을 진술할 기회를 주지 않은 것이 위법한지 여부

위 인정사실에 변론 전체의 취지를 더하여 알 수 있는 다음과 같은 사정, 즉 ① 상벌위원회 운영규정 제7조 제1항은 '상벌위원회는 상벌의결을 행하기 전에 기한을 정하여 해당자의 출석을 요구해 해명을 들을 수 있다'고 규정하고 있어, 당사자에 대한 출석권 및 의견 진술권 부여 여부를 상벌위원회의 재량에 맡기고 있는 점, ② 상벌위원회는 원고가 저작권침해 조사위원회에 출석하여 충분한 의견진술의 기회를 가졌다고 판단하여 원고에게 별도의 의견진술 기회를 부여하지 않은 것으로 보이는 점 등에 비추어 볼 때, 상벌위원회가 원고에게 출석요구를 하지 않고 의견진술의 기회

를 별도로 부여하지 않은 것이 위법하다고 할 수 없다. 원고의 이 부분 주장 역시 이유 없다.

다. 징계사유의 존부(저작권 침해 여부)
1) 의거관계의 인정 여부

저작권이 침해되었다고 하기 위해서는 침해되었다고 주장하는 기존의 저작물과 대비대상이 되는 저작물 사이에 실질적 유사성이 있다는 점 외에도 대상 저작물이 기존의 저작물에 의거하여 작성되었다는 점이 인정되어야 한다. 그리고 대상 저작물이 기존의 저작물에 의거하여 작성되었다는 사실이 직접 인정되지 않더라도 기존의 저작물에 대한 접근가능성, 대상 저작물과 기존의 저작물 사이에 실질적 유사성 등의 간접 사실이 인정되면 대상 저작물이 기존의 저작물에 의거하여 작성되었다는 점이 사실상 추정된다고 할 수 있지만, 대상 저작물이 기존의 저작물보다 먼저 창작되었거나 후에 창작되었다고 하더라도 기존의 저작물과 무관하게 독립적으로 창작되었다고 볼 만한 간접사실이 인정되는 경우에는 대상 저작물이 기존의 저작물에 의거하여 작성되었다는 점이 추정된다고 단정하기 어렵다(대법원 2007. 12. 13. 선고 2005다35707 판결 참조).

위와 같은 법리를 토대로 살펴보건대, 앞서 인정한 사실에 변론 전체의 취지를 더하여 알 수 있는 다음과 같은 사정, 즉 ① B이 이 사건 선행 저작물을 집필할 무렵에는 이 사건 드라마의 배우 캐스팅이 완료되어 있었던 점, ② 이에 따라 드라마 연출자뿐만 아니라 배우들 역시 이 사건 선행 저작물의 내용을 숙지하고 있었던 점, ③ 원고도 이 사건 저작물을 집필하는 과정에서 연출자 등으로부터 선행 저작물의 내용을 대강이나마 전해 들어 알고 있었을 것으로 보이는 점, ④ 이 사건 저작물에 원작 만화에는 없으나 선행 저작물에는 존재하는 구성, 도입부 전개방식 및 인용 글귀 등이 발견되는 점 등을 고려할 때, 이 사건 저작물과 선행 저작물 사이의 의거관계는 인정된다고 봄이 타당하다.

2) 실질적 유사성의 인정 여부

가) 관련 법리

저작권의 보호 대상은 학문과 예술에 관하여 사람의 정신적 노력에 의하여 얻어진 사상 또는 감정을 말, 문자, 음, 색 등에 의하여 구체적으로 외부에 표현한 창작적인 표현형식이고, 표현되어 있는 내용 즉 아이디어나 이론 등의 사상 및 감정 그 자체는 설사 그것이 독창성, 신규성이 있다 하더라도 원칙적으로 저작권의 보호 대상이 되지 않는 것이므로, 저작권의 침해 여부를 가리기 위하여 두 저작물 사이에 실질적인 유사성이 있는가의 여부를 판단함에 있어서도 창작적인 표현형식에 해당하는 것만을 가지고 대비하여야 할 것이며(대법원 1999. 11. 26. 선고 98다46259 판결 참조), 소설 등에 있어서 추상적인 인물의 유형 혹은 어떤 주제를 다루는 데 있어 전형적으로 수반되는 사건이나 배경 등은 아이디어의 영역에 속하는 것들로서 저작권법에 의한 보호를 받을 수 없다고 할 것이다(대법원 2000. 10. 24. 선고 99다10813 판결 참조).

나) 인정사실

(1) 원작 만화의 줄거리

남자 주인공과 여자 주인공은 어릴 적부터 같은 동네에서 자란 사이이다. 남자 주인공은 유흥업소에서 일하며 여자 주인공의 유학생활을 뒷바라지하였으나 여자 주인공은 남자 주인공을 배신하고 유명 외식업체 사장의 아들과 결혼한다. 설상가상으로 남자주인공은 여자 주인공 때문에 누명을 쓰고 6년간 옥살이를 한다. 여자 주인공은 남자 주인공이 출소하면 자신을 해칠까봐 남자 주인공을 살해하려 하였으나, 교도소를 방문한 남자 주인공의 쌍둥이 형인 외식업체 직원을 남자 주인공으로 오인하여 그를 살해하고 만다. 이에 남자 주인공은 형을 대신하여 외식업체 직원 행세를 하면서 복수를 결심한다. 여자 주인공은 남자 주인공의 여러 차례에 걸친 복수 시도에도 불구하고 온갖 악행을 저지르며 영부인의 자리에 오른다. 남자 주인공은 해외에서 떠도는 생활을 하던 중 여자 주인공이 버렸던 딸을 발견하고 수년간 지극정성으로 돌본다. 수년 후 여자 주인공은 자신의 딸을 만나게 되고 그 동안 딸을 보살펴 준 사람이 남자 주인공이었다는 사실을 알게 되고 참회의 눈물을 흘리며 목을 매 자살을 한다.

(2) 이 사건 저작물과 선행 저작물의 기본적인 줄거리 구조

이 사건 저작물과 선행 저작물은 모두 남자 주인공과 여자 주인공 사이에 딸이 있는데, 그 딸이 여자 주인공의 실수로 죽게 되어 남자 주인공이 여자 주인공에 대한 복수를 결심하게 되는 줄거리 구조를 취하고 있다. 한편 원고는 이 사건 시놉시스에서 남녀 주인공의 딸이 미아가 되어 실어증에 걸리는 줄거리를 설정하였다가 이 사건 대본에서는 위와 같이 딸의 죽음으로 남자 주인공이 복수를 결심하게 되는 줄거리로 변경하였다.

(3) 도입부의 전개방식

(가) 이 사건 선행 대본

영부인인 여자 주인공은 정치자금 비리의혹을 받고 국회 청문회장으로 들어선다. 남자 주인공은 은밀하게 구한 총을 숨기고 청문회 검색대를 통과한 후 화장실에서 총을 꺼내 조립한다. 청문회를 마치고 나오는 여자 주인공을 향해 총이 발사되고 여자 주인공은 총에 맞아 피를 흘리며 쓰러진다. 남자 주인공은 경호원들에 의해 제압당한 채 자신이 쏜 게 아니라며 절규한다. 여자 주인공이 남자 주인공에게 '게임오버야. 내가 이겼어'라고 말하며 서서히 눈을 감음과 동시에 남녀 주인공의 어린 시절로 돌아간다.

(나) 이 사건 대본

영부인인 여자 주인공의 비리의혹으로 청와대 압수수색이 실시된다. 특검보 신분인 남자 주인공은 수사관들과 함께 압수수색을 위해 청와대에 들어선다. 남자 주인공은 영부인 집무실 등의 수색을 명한다. 여자 주인공은 남자 주인공을 데리고 내실로 들어간다. 여자 주인공은 내실 문을 잠그고 남자 주인공과 말다툼을 하다가 금고 속에서 총을 꺼내고 남자 주인공에게 겨눈다. 내실 밖에서 총소리가 들리고 경호원이 문을 박차고 내실에 들어간다. 남녀 주인공이 서로를 의지해 몸을 기대고 서있고, 총이 떨어진 바닥에는 피가 흐르고 있으며 누구의 피인지는 알 수가 없다. 남녀 주인공이 슬픈 표정으로 서로를 바라보며 '우리가 어쩌다 이렇게 됐을까', '궁금했었는데. 우리 끝은 어떤 모습일지. 이게 끝이겠지?'라며 대화한다. 쿵 소리와 함께 내실 문이 열리면서 과거로 돌아간다.

(4) 딸의 사망과 관련된 이야기 전개방식

(가) 이 사건 선행 시놉시스

여자 주인공은 어릴 적 엄마를 죽인 원수이자 재벌기업 총수인 H를 알게 되고 복수를 위해 H의 아들 I에게 접근한다. H는 자신의 아들에게 접근하는 여자 주인공이 과거 자신이 죽인 여자의 딸일지도 모른다는 의심을 하게 된다. 자신이 죽인 여자의 딸에게는 현재 어린 딸(즉, 망인의 손녀)이 있는데 여자 주인공과 가까이 지내던 J라는 어린 꼬마가 여자 주인공의 딸일 수도 있다고 생각한다. 이에 H는 J를 위험한 상황에 처하게 하여 여자 주인공의 반응을 살피는 계획을 세운다. 여자 주인공이 H와 함께 차에 타는 순간 J가 여자 주인공을 향해 달려오고, H의 부하는 그의 지시에 따라 자동차를 몰고 J를 향해 돌진한다. J가 자동차에 치여 죽어가고 있음에도 여자 주인공은 H의 계획을 눈치 채고 가차 없이 돌아선다. 남자 주인공은 딸이 죽는 모습과 여자 주인공의 반응을 목격하고 여자 주인공에 대한 복수를 결심한다.

(나) 이 사건 대본

여자 주인공은 남자 주인공을 버리고 재벌기업 총수의 아들에게 접근한다. 여자 주인공은 과거 자신이 죽여 땅에 묻은 양아버지의 시체가 발견되자 남자 주인공에게 누명을 씌우고 이로 인하여 남자 주인공은 교도소에 수감된다. 여자 주인공은 남자 주인공이 교도소에 수감된 동안 딸을 혼자 키웠는데 어느 날 여자 주인공의 부주의로 딸이 교통사고를 당해 사망한다. 여자 주인공은 딸의 죽음을 목격하고 오열한다. 남자 주인공은 수감생활 중 여자 주인공의 부주의로 딸이 사망하였다는 사실을 듣고 여자 주인공에 대한 복수를 결심한다.

(5) 이 사건 드라마의 제목

B은 이 사건 선행 저작물을 작성할 당시 원작 만화의 'E'이라는 제목이 외설적이라는 이유로 이 사건 드라마의 제목을 'F'으로 설정하였다. 원고는 처음에는 이 사건 드라마의 제목을 'K'이라고 설정하였다가 다시 'F'으로 변경하였다.

(6) G의 글귀 인용 부분

이 사건 선행 시놉시스와 이 사건 대본은 모두 도입부에 'L'라는 G의 글귀를 인용하였다.

[인정근거] 다툼 없는 사실, 을 3, 18 내지 21호증의 각 기재, 변론 전체의 취지

다) 판단

(1) 기본적인 줄거리 구조 및 전개과정에 관하여

이 사건 저작물과 선행 저작물은 모두 원작 만화와 다르게 남녀 주인공 사이에 딸이 있고, 그 딸이 여자 주인공의 실수로 죽게 되어 남자 주인공이 복수를 결심하는 것으로 이야기가 전개되는 점, 드라마 초반에 남녀 주인공이 총을 겨누다가 과거로 돌아가는 구도를 취하고 있는 점, 여기에 드라마 제목이나 G의 글귀를 인용하는 형태가 동일한 점, B이 이 사건 선행 저작물을 집필한 이후에 원고가 곧바로 같은 드라마의 대본을 새로 집필하게 된 점 등을 더하여 보면, 원고가 이 사건 대본을 집필함에 있어서 이 사건 선행 저작물에 나타난 B의 아이디어를 이용한 것으로 보인다.

그러나 위 인정사실에 변론 전체의 취지를 더하여 알 수 있는 다음과 같은 사정, 즉 ① 이 사건 선행 시놉시스와 이 사건 대본은 딸의 죽음과 관련하여 교통사고가 일어나게 된 경위, 딸의 죽음에 대한 여자 주인공의 태

도, 남녀 주인공이 처한 상황 등 이야기의 구체적인 전개과정에 있어 상당한 차이가 있는 점, ② 이 사건 선행 대본 및 이 사건 대본 모두 남녀 주인공이 총을 매개로 하여 갈등이 고조되는 구조를 취하였지만, 사건의 발생 장소, 남녀 주인공이 서로 대치하게 된 경위, 총을 겨누는 주체 및 과정, 총이 발사된 이후의 사정 등 이야기의 구체적인 전개과정에 상당한 차이가 있는 점, ③ 총은 복수를 주제로 하는 작품에서 흔히 사용되는 소재에 해당하고, 이 사건 선행 대본에서는 남자 주인공의 복수의 수단으로 사용된 반면에 이 사건 대본에서는 여자 주인공이 남자 주인공을 위협하는 수단으로 사용되어 그 의미가 동일하지 않은 점 등을 앞서 본 법리에 비추어 살펴볼 때, 양 저작물의 줄거리 구조 및 전개방식이 일부 유사하다고 하더라도 이러한 줄거리나 전개방식은 작가의 아이디어 영역에 속하는 것이고, 위와 같은 사정만으로 구체적인 표현형식이 실질적으로 유사하다고 보기 어렵다.

(2) 드라마 제목에 관하여

저작권법에 의하여 보호되는 저작물이라 함은 문학·학술 또는 예술에 속하는 것으로서 사상 또는 감정을 창작적으로 표현한 것을 말하므로, 어문 저작물 중 저작자의 사상 또는 감정을 창작적으로 표현한 부분이라고 볼 수 없는 단순한 제호는 저작물로서 보호받을 수 없다(대법원 1996. 8. 23. 선고 96다273 판결). 따라서 원고가 이 사건 선행 저작물의 제목을 그대로 사용한 것은 저작권 침해행위에 해당하지 않는다.

(3) G 글귀의 인용에 관하여

B이 이 사건 선행 시놉시스에서 G의 글귀를 인용하였다고 하더라도 이

를 B이 창작적으로 표현한 저작물이라고 볼 수 없다. 따라서 원고가 이 사건 대본에서 위 글귀를 인용한 것은 저작권 침해행위에 해당하지 않는다.

3) 소결론

따라서 원고가 이 사건 선행 저작물에 관한 B의 저작권을 침해하였다고 보기 어려우므로, 이 사건 제명처분은 징계사유가 존재하지 않아 무효이다.

3. 손해배상청구에 관한 판단

가. 원고의 주장

1) 이 사건 제명처분은 피고가 징계권을 남용한 것으로서 불법행위에 해당하므로, 피고는 원고에게 위와 같은 불법행위에 따른 위자료로 5,000만 원을 지급할 의무가 있다.

2) 피고는 원고를 비방할 목적으로 'M 10월호'에 **'이 사건 드라마를 저작권 침해로 판정하고 해당 작가를 제명 처분하기로 결의하였다. 저작권 침해 조사를 실시한 결과 저작권 침해가 맞는 것으로 판단하였다'**라는 내용의 글을 실음으로써 출판물을 통해 공연히 허위 사실을 적시하여 원고의 명예를 훼손하였다. 따라서 피고는 원고에게 위와 같은 불법행위에 따른 위자료로 5,000만 원을 지급할 의무가 있다.

나. 판단

1) 징계권 남용에 따른 위자료 청구에 관한 판단

원고가 B의 저작권을 침해하였다고 인정할 수 없으므로 이를 전제로 한 이 사건 제명처분은 무효이다. 그러나 앞서 본 바와 같이 원고가 이 사건 저작물을 집필함에 있어서 B의 아이디어를 이용한 것으로 보이고, 이와 같은 행위는 피고의 정관상 다른 징계사유에 해당할 여지가 있는 점에 비추어, 이 사건 제명처분이 건전한 사회통념이나 사회상규에 반하는 것으로서 원고를 괴롭힐 목적으로 이루어져 징계권을 남용한 것이라고 보기 어렵고, 달리 이를 인정할 증거가 없다. 원고의 위 주장은 이유 없다.

2) 명예훼손에 따른 위자료 청구에 관한 판단

갑 7호증의 기재에 의하면, 피고가 2013. 10.경 출판물인 'M 10월호'에 이 사건 드라마를 저작권 침해로 판정하고 해당 작가를 제명 처분하기로 결의하였다는 취지의 별지 기재와 같은 글을 게재한 사실은 인정된다.

그러나 위 인정사실에 변론 전체의 취지를 더하여 알 수 있는 다음과 같은 사정, 즉 ① 피고가 위 글에서 피고 이사회를 통해 이 사건 드라마를 저작권 침해로 판정한 사실과 저작권 침해를 이유로 해당 작가에게 제명 처분을 내린 경위만을 적시한 점, ② 피고가 회원들에게 경각심을 심어 주고 저작권 침해행위를 방지할 공익적 목적으로 위 글을 게재한 것으로 보이는 점, ③ 원고가 B의 저작권을 침해하였다고 보기는 어렵지만 이 사건 선행 저작물에 나타난 그의 아이디어를 사용한 사실은 인정되는 점 등에 비추어 볼 때, 별지 기재 게시 글은 피고 회원들에게 공익에 관한 사항으로서 진실이라고 믿을 상당한 이유가 있으므로 위법성이 조각된다고 봄이 타당하다. 따라서 원고의 위 주장은 이유 없다.

4. 결론

그렇다면, 원고의 이 사건 청구는 위 인정 범위 내에서 이유 있어 이를 인용하고, 나머지 청구는 이유 없어 이를 기각하기로 하여 주문과 같이 판결한다.

재판장 판사 ○○○

판사 ○○○

판사 ○○○

피고가 제재한 글

공지드립니다.

C 드라마 〈F〉 작가, 저작권 침해로 회원 제명 처분

협회는 지난 8월 정례이사회를 통해 C TV드라마 〈F〉을 저작권 침해로 판정하고 해당 작가를 제명 처분하기로 결의했습니다. 지난 2월, 협회에 TV드라마 〈F〉(2013. 1. 14. ~ 같은 해 4. 2. 방송)의 저작권 침해와 관련된 진정서가 접수됨에 따라 협회는 '저작권침해 조사 위원회'를 구성하여 면밀한 조사를 실시하였고, 그 결과 저작권 침해가 맞는 것으로 판단되어 상벌위원회 및 정례이사회의 규정된 절차와 결의에 따라 해당 작품의 집필 작가에게 '제명' 처분을 내린 것입니다. 협회는 작가의 생명이 창작에 있는 만큼 타인의 저작권 침해 행위에 관해 엄격한 처벌 규정을 적용하고 있으며, 이번과 같은 불미스러운 일이 다시는 발생하지 않도록 회원 각자가 경각심을 가져주기를 당부합니다.

2013년 10월 한국방송작가협회

|6|
〈선덕여왕〉

손해배상등

[대법원, 2014. 7. 24., 2013다8984]

【판시사항】

[1] 저작권법이 보호하는 복제권이나 2차적저작물 작성권 침해가 성립하기 위한 요건으로서 '의거관계'가 인정되는지 판단하는 방법

[2] 甲이, 乙 방송사가 기획하고 丙 등이 극본을 작성한 "선덕여왕"이라는 드라마가 甲이 뮤지컬 제작을 위한 대본으로 창작한 "The Rose of Sharon, 무궁화의 여왕 선덕"에 의거하여 제작·방송되었다고 주장하면서 乙 방송사 등을 상대로 손해배상을 구한 사안에서, 乙 방송사의 위 대본에 대한 접근가능성이나 위 드라마와 대본 사이의 현저한 유사성이 인정되지 아니하므로 두 저작물 사이에 의거관계가 있다고 할 수 없다고 한 사례

【참조조문】

[1] 저작권법 제2조 제1호, 제22호, 제5조 제1항, 제16조, 제22조, 제123조, 제125조

[2] 저작권법 제2조 제1호, 제22호, 제5조 제1항, 제16조, 제22조, 제123조, 제125조

【참조판례】 [1] 대법원 2014. 5. 16. 선고 2012다55068 판결

【전문】

【원고, 피상고인】

【피고, 상고인】 주식회사 문화방송 외 3인(소송대리인 법무법인 세종 외 5인)

【원심판결】 서울고법 2012. 12. 20. 선고 2012나17150 판결

【주문】

원심판결을 파기하고, 사건을 서울고등법원에 환송한다.

【이유】

상고이유(상고이유서 제출기간 경과 후에 제출된 상고이유보충서들의 기재는 상고이유서를 보충하는 범위 내에서)를 판단한다.

1. 의거관계에 관한 법리

저작권법이 보호하는 복제권이나 2차적 저작물 작성권의 침해가 성립되기 위하여는 대비대상이 되는 저작물이 침해되었다고 주장하는 기존의 저작물에 의거하여 작성되었다는 점이 인정되어야 한다. 이와 같은 의거관계는 기존의 저작물에 대한 접근가능성, 대상 저작물과 기존의 저작물 사이의 유사성이 인정되면 추정할 수 있고, 특히 대상 저작물과 기존의 저작물이 독립적으로 작성되어 같은 결과에 이르렀을 가능성을 배제할 수 있

을 정도의 현저한 유사성이 인정되는 경우에는 그러한 사정만으로도 의거관계를 추정할 수 있다.

그리고 두 저작물 사이에 의거관계가 인정되는지 여부와 실질적 유사성이 있는지 여부는 서로 별개의 판단으로서, 전자의 판단에는 후자의 판단과 달리 저작권법에 의하여 보호받는 표현뿐만 아니라 저작권법에 의하여 보호받지 못하는 표현 등이 유사한지 여부도 함께 참작될 수 있다(대법원 2014. 5. 16. 선고 2012다55068 판결 등 참조).

2. 위 법리와 기록에 비추어 의거관계에 관한 상고이유에 대하여 살펴본다.

가. 원심은, 원고가 2005년경 뮤지컬 제작을 위한 대본으로 창작한 'The Rose of Sharon, 무궁화의 여왕 선덕'(이하 '이 사건 대본'이라고 한다)에 대한 피고들의 접근가능성을 인정할 수 있고, 피고 주식회사 문화방송(이하 '피고 문화방송'이라고 한다)이 2007. 3.경부터 기획하여 피고 3, 4로 하여금 그 극본을 작성하게 한 다음 2009. 5. 25.부터 같은 해 12. 22.까지 주 2회씩 총 62회를 방송한 '선덕여왕'이라는 제목의 드라마(이하 '이 사건 드라마'라고 한다)와 이 사건 대본은 모두 역사적 사실로부터는 유추하기 매우 어려운 원고의 독창적인 창작의 산물인 '덕만공주(선덕여왕의 이름을 이 사건 대본에서는 '만'으로, 이 사건 드라마에서는 '덕만'으로 부르고 있으나, 편의상 '덕만'으로 통일하여 표기한다)의 서역 사막에서의 고난, 금관의 꽃 또는 동로마 등 서역의 문화와 사상의 습득, 덕만공주와 미실의 정치적 대립구도, 덕만공주와 김유신의 애정관계, 미실 세력으로 인한 진평왕의 무

력함'과 같은 역사적 오류를 포함할 뿐만 아니라, 주제, 인물의 성격과 역할, 인물 사이의 관계, 줄거리, 구성 등에서 실질적인 유사성이 인정되는 바, 이는 우연의 일치나 공통의 소재만으로는 설명되기 어렵고 오직 이 사건 드라마가 이 사건 대본에 의거한 것에 의해서만 설명될 수 있을 정도의 유사성이라 할 것이므로, 이 사건 드라마는 이 사건 대본에 의거하여 이를 이용하여 제작·방송된 것으로 봄이 상당하다고 판단하였다.

나. 그러나 원심의 판단은 다음과 같은 이유에서 수긍하기 어렵다.

(1) 먼저 접근가능성에 대하여 살펴본다.

(가) 원심판결 이유와 기록에 의하면, ① 원고는 2005년경 이 사건 대본을 창작하였는데, 그 완성 전인 2003. 9.경 세계 지식 포럼, 2003. 12.경 신라 호텔 크리스마스 선덕여왕 갈라 디너쇼, 2004. 12.경 워커힐 W 호텔 GE 코리아 임직원 대상 갈라쇼 등에서 일부 내용을 공연하였고, 이러한 공연은 언론에 보도된 사실, ② 또한 원고는 이 사건 대본으로 뮤지컬을 공연하는 데 필요한 자금을 투자받기 위하여 2005. 6.경 IMM INVESTMENT와 투자교섭을 하고, 2005. 11.경 주식회사 아이에이치큐와 뮤지컬 공연에 관한 투자계약을 체결하는 과정에서 투자유치에 필요한 심사를 받기 위해 이 사건 대본을 이들 회사 측에 제공한 사실, ③ 나아가 원고는 2007. 12. 말경 피고 문화방송의 사극 담당자 소외 1을 만나 뮤지컬 등 선덕여왕과 관련된 여러 프로젝트를 진행하고 있다는 점을 이야기하고, 그에게 2007. 12. 5. 출판한 책으로서 선덕여왕의 리더십에 관한 자신의 연구내용 등이 담겨 있는 '크레이추얼파워'를 교부한 사실, ④ 한편 피고 문화방송의 자회사인

피고 주식회사 엠비씨씨앤아이(이하 '피고 엠비씨씨앤아이'라고 한다) 소속(출판팀) 직원 소외 2는 2008. 10. 7.경 원고에게 '선덕여왕이 왕이 되기까지의 사연을 통해 오늘날 여성들의 처세, 리더십, 철학에 관한 소개를 다루는 책을 함께 발간하자'는 내용의 이메일을 발송한 사실, ⑤ 이 외에 피고 3은 2009. 12. 16.자 언론과의 인터뷰에서 "신라사에 대해서는 학계에서도 입장이 엇갈리고 정답이 없다. 가급적 역사적 근거에 충실하면서 작가적 상상력을 더했다. 물론 덕만과 천명은 쌍둥이가 아니다. 비담 또한 미실의 아들이 아니다. 그러나 그게 사실인가 아닌가 보다 어느 면이 더 리얼한가, 정치적 상황으로서 리얼리티가 있는가를 우선시했다. 정적을 악마로 묘사해서 역사를 지나치게 판타지로 풀어가는 게 더 문제이고, 역사의식이 없는 거라고 생각한다."라고 말한 바 있는 사실, ⑥ 피고 문화방송이 2007. 6.경 이 사건 드라마 기획 초기에 예정하였던 드라마의 주제는 천명, 덕만, 선화 등 세 자매를 중심으로 한 이야기였는데, 이후 피고 3, 4가 2008. 3.경 작성한 시놉시스(synopsis, 개요)는 미실과 선덕여왕의 대결을 중심으로 한 이야기로 변경된 사실을 알 수 있다.

(나) 그러나 원심판결 이유와 기록에 의하여 알 수 있는 다음과 같은 사정에 비추어 보면 위 사실만으로는 이 사건 대본에 대한 피고들의 접근가능성을 인정하기에 부족하고 달리 이를 인정할 만한 증거가 없다.

① 먼저 이 사건 대본은 출판되지 아니하였고 저작권등록도 되지 아니하였으며 대본이 완성되기 전에 주로 갈라쇼 형식으로 일부 내용이 공연되었을 뿐 그 전체 내용이 공연된 바는 없고, 위 공연과 관련된 언론보도 사실의 증명을 위한 증거들 어느 것으로부터도 당시 이 사건 대본의 구체적인 내

용을 알 수 있는 공연이 이루어졌음을 확인하기 어려운 이상, 이 사건 드라마 극본 완성 전에 피고들이 정상적인 방법으로 이 사건 대본을 입수하거나 그 구체적인 내용을 알 수 없는 상태였던 것으로 보인다.

② 또한 투자심사를 위해 원고로부터 이 사건 대본을 제공받은 IMM INVESTMENT나 주식회사 아이에이치큐의 투자심사에 피고들이 관여하였거나 이들 회사로부터 이 사건 대본이 피고들에게 유출되었음을 보여주는 증거는 기록상 찾아볼 수 없다.

③ 그리고 원고가 소외 1에게 교부한 '크레이추얼파워' 책에는 이 사건 대본의 내용이 기술되어 있는 것은 아니고, 기록상 원고가 소외 1에게 이 사건 대본의 구체적인 내용을 구두로 설명하였음을 인정할 신빙성 있는 증거를 찾아볼 수 없다.

④ 한편 소외 2가 원고에게 보낸 이메일은 이 사건 드라마를 기초로 한 부가 사업을 담당하는 피고 엠비씨씨앤아이에서 선덕여왕 관련 저술의 출판을 타진해 보는 내용에 불과하여, 이러한 이메일 발송 사실은 이 사건 드라마 극본 완성 전에 피고들이 이 사건 대본에 접근하였음을 보여주는 정황이 된다고 하기 어렵다.

⑤ 이 외에 피고 3의 위 2009. 12. 16. 자 언론과의 인터뷰는 이 사건 대본이 대중에게 전혀 알려져 있지도 아니한 상태에서 이 사건 대본과는 아무런 관계없이 이루어진 것이고, 그 전체적인 답변 내용상 '판타지'는 '리얼리티'에 대응되는 용어로 사용되었다고 보일 뿐 이 사건 대본을 언급한 것이라고 단정하기도 어려우므로, 이 역시 이 사건 드라마 극본 완성 전에 피고들이 이 사건 대본에 접근하였음을 보여주는 정황이 된다고 하기 어렵다.

⑥ 끝으로 이 사건 드라마 기획 초기 예정된 주제는 이 사건 드라마의 작가인 피고 3, 4와 무관하게 설정되었으므로 이후 위 작가들의 창작과정을 거쳐 작성된 시놉시스가 당초 기획안과 다른 내용으로 작성되는 일은 얼마든지 일어날 수 있다고 할 것이고, 아래에서 보는 바와 같이 덕만공주와 미실의 정치적 대립구도가 이 사건 대본과 드라마가 독립적으로 작성되어 같은 결과에 이르렀을 가능성을 배제할 수 있을 정도로 현저히 유사한 부분이라고 보기도 어려우므로, 위와 같이 시놉시스가 당초 기획안과 다르게 변경된 것 또한 이 사건 드라마 극본 완성 전에 피고들이 이 사건 대본에 접근하였음을 보여주는 정황이 된다고 하기 어렵다.

(2) 다음 현저한 유사성에 대하여 살펴본다.

(가) 덕만공주의 서역 사막에서의 고난에 대하여

원심판결 이유와 기록에 의하면, 이 사건 대본과 드라마에는 모두 덕만공주가 신라를 떠나 서역의 사막에서 고난을 겪는 내용이 나오는데, 신라의 왕자나 공주가 신라 밖의 다른 나라, 특히 서역의 사막을 다녀온 후 왕위에 오른 적이 있다는 역사적 기록이 없음을 알 수 있다. 그러나 원심판결 이유와 기록에 의하여 알 수 있는 다음과 같은 사정에 비추어 보면, 이 부분이 이 사건 대본과 드라마가 독립적으로 작성되어 같은 결과에 이르렀을 가능성을 배제할 수 있을 정도로 현저히 유사한 부분이라고 보기 어렵다.

먼저 이 사건 대본과 드라마 이전부터 이미 사막은 극적 저작물에서 주인공의 고난을 상징하는 배경으로 사용되어 왔으므로, 주인공인 덕만공주가 사막에서 고난을 겪는 장면이 나오는 것 자체는 이 사건 대본만의 독특한 특징이라고 볼 수 없다. 뿐만 아니라, 이 사건 대본에서 덕만공주는 왕

궁에서 공주로 자랐고, 어릴 때부터 여왕이 되고자 하는 꿈을 키우던 인물이었으며, 여왕이 되기 위해 미실과 제사 대결을 벌이다 마계(魔界)의 방해로 실패하여 서역의 사막으로 쫓겨 가게 된 것으로 설정되어 있는 반면에, 이 사건 드라마에서는 천명공주와 함께 덕만공주가 쌍둥이로 태어나자 '왕후가 쌍둥이를 출산하면 성골의 씨가 마른다'는 예언으로 인해 왕후가 폐비를 당할까 우려한 진평왕이 시녀 소화에게 덕만공주를 데리고 도망가도록 하였고, 이 때문에 덕만공주는 자신이 공주라는 사실도 모른 채 소화를 어머니로 알고 서역의 사막에서 자란 것으로 설정되어 있으므로, 이 사건 대본과 드라마에서 덕만공주의 서역 사막에서의 고난이 나타나는 원인과 구체적인 내용에 상당한 차이가 있다.

(나) 금관의 꽃 또는 동로마 등 서역의 문화와 사상의 습득에 대하여 원심판결 이유와 기록에 의하면, 이 사건 대본에는 덕만공주가 서역의 사막으로 가기 전 신라 왕궁에서 아라비아 상인으로부터 서역의 책을 구해 읽는 장면과 후에 서역의 사막에서 신라의 전설로 내려오는 금관의 꽃을 얻어 신라로 돌아와 금관의 꽃의 신령한 힘으로 마계를 이기고 신라의 왕이 되는 내용이 나오고, 한편 이 사건 드라마에는 덕만공주가 서역의 사막에서 자랄 때 동로마어를 배운 일, 위나라의 달력인 정광력을 얻은 일이 있었고 후에 동로마어 구사능력과 정광력을 이용하여 당시 미실이 독점하고 있었던 '달력을 통해 천문의 변화와 그 시기를 예측하고 이를 이용할 수 있는 힘'을 미실로부터 빼앗고 공주의 신분을 회복한 다음 첨성대를 건축하여 위와 같이 독점되었던 권력을 백성에게 나누어 주는 내용이 나오는데, 이러한 두 작품의 내용 가운데 첨성대 건축을 제외하고는 모두 역사적 기

록이 없음을 알 수 있다.

그런데 이 사건 대본에서 금관의 꽃은 그 실체를 알 수 없는 상징적이고 추상적인 존재이자 힘을 상징하는 어떤 것으로 나타나 있을 뿐이어서 그 자체가 서역의 문화와 사상을 상징한다고 보기는 어렵고, 이 사건 대본에는 이 사건 드라마에서 그리고 있는 위와 같은 첨성대 건축의 경위와 의미는 전혀 나타나 있지 아니하다. 따라서 이 사건 대본과 드라마가 서역의 문화와 사상에 관한 부분에서 서로 유사하다고 하기는 어렵다.

(다) 덕만공주와 미실의 정치적 대립구도에 대하여

원심판결 이유와 기록에 의하면, 이 사건 대본과 드라마에는 모두 덕만공주와 미실이 대립구도를 형성하고 서로 제사 또는 천문으로 대결하는 내용이 나오는데, 미실은 삼국사기나 삼국유사에는 나타나지 않는 인물이고, 덕만공주와 미실이 정치적으로 대립하였음을 보여주거나 이를 유추할 수 있는 역사적 기록이 없음을 알 수 있다. 그러나 원심판결 이유와 기록에 의하여 알 수 있는 다음과 같은 사정에 비추어 보면, 이 사건 드라마의 미실은 필사본 화랑세기에 의거하여 작가적 상상력에 의해 덕만공주의 대적자로 재설정된 현실 정치가로 보일 뿐, 마계에 사로잡혀 인간계를 짓밟는 이 사건 대본의 미실과는 그 성격이 다른 캐릭터라 할 것이어서, 덕만공주와 미실의 정치적 대립구도가 이 사건 대본과 드라마가 독립적으로 작성되어 같은 결과에 이르렀을 가능성을 배제할 수 있을 정도로 현저히 유사한 부분이라고 보기 어렵다.

먼저 비록 진위 여부에 논란은 있으나, 미실은 화랑의 우두머리인 풍월주의 이야기가 1대 풍월주부터 32대 풍월주까지 연대기 순으로 기술되어 있는 필사본 화랑세기에 등장하는 인물로서, 진흥왕, 진지왕, 진평왕에 이르는 삼대의 왕에게 색공(色供)하며 수십 년 동안 신라 조정에 영향력을 행사하였고, 특히 진지왕이 자신을 왕후로 봉하겠다는 약속을 지키지 못하자 사도태후와 함께 낭도를 일으켜 진지왕을 폐위하고 진평왕을 즉위시킨 바 있으며, 필사본 화랑세기에 등장하는 풍월주들 가운데 5대 풍월주 사다함과는 결혼 전 연인관계, 6대 풍월주 세종과는 정식 부부관계, 7대 풍월주 설원과는 내연관계, 10대 풍월주 미생과는 남매관계(미생이 미실의 남동생), 11대 풍월주 하종 및 16대 풍월주 보종과는 각 모자관계(하종은 미실과 세종 사이의 아들, 보종은 미실과 설원 사이의 아들)에 있었던 것으로 나오는데, 이러한 미실의 지위와 풍월주들과의 인적 관계는 이 사건 드라마에도 재연되어 있고, 또 필사본 화랑세기의 5대부터 18대까지 풍월주들 중 대부분이 이 사건 드라마에서 주요 등장인물로 그려지고 있다. 한편 이 사건 대본에서 미실은 단순히 마계에 사로잡혀 인간계의 백성을 괴롭히고 나라를 어지럽히는 존재로 나올 뿐 정치 감각과 통찰력을 발휘하여 국사를 자신의 뜻대로 이끌어가는 정치가의 모습으로는 그려지고 있지 아니하고, 마계에 사로잡혀 악행을 저지르면서도 덕만공주가 사막에서 고난을 이기고 금관의 꽃을 얻어 신라로 돌아와 마계의 지배를 끊음으로써 미실 자신의 영혼을 구제해 주기를 바라는 인물로 나온다.

　반면에, 이 사건 드라마의 미실은 진흥왕 치하에서 색공뿐만 아니라 군사적 공로를 통해 권력을 얻고 뛰어난 정치 감각 및 사람에 대한 통찰력을 발휘하여 수많은 사람들을 자기편으로 포섭함으로써 진흥왕 사후 왕을 능가할 정도의 최고 권력자가 된 인물로 나오고, 합리적이고 이성에 입각하여 통치하며 대의를 중시하는 정치가로서, 덕만공주가 역량을 키우고 성장하는 데에 긍정적인 영향을 미치는 면도 많은 인물로 묘사되고 있다.

나아가 이 사건 대본에서 미실이 자신이 독을 발라둔 금관을 일부러 쓰고 자살한 것인지 아니면 금관을 가로채 쓰려다 죽음에 이르는 것인지 명확하게 나타나 있지는 아니한데, 다만 이 사건 대본에서 미실이 자살한 것으로 보더라도, 이는 어디까지나 미실이 근본적으로 자신의 의지가 아니라 마계에 사로잡혀 악행을 일삼으며 스스로가 괴물이 되었다고 여기고 있었고, 이러한 상황을 덕만공주가 대신 타개해주기를 바라는 마음도 가지고 있었던 인물이라는 점에서 근거하는 것이다.

반면에, 이 사건 드라마에서 미실이 자살을 선택한 것은 더 이상의 내전 확대로 자신과 전우들이 피 흘리며 이룩한 신라의 영토가 타국에 침탈되는 사태를 방지하고자 하는 대의와 함께, 덕만공주와 끝까지 대립하여 내전을 지속함으로써 자신의 세력이 완전히 붕괴되는 위험을 감수하는 대신에, 자신의 사람들이 덕만공주의 치세에서도 숙청되지 않고 세력을 유지하다가 미실의 아들인 비담을 왕으로 만들도록 하려는 의도에서이다.

(라) 덕만공주와 김유신의 애정관계에 대하여

원심판결 이유와 기록에 의하면, 이 사건 대본과 드라마에서 모두 김유신이 덕만공주에게 사랑의 감정을 느끼나 신라의 왕으로서 길을 가고자 하는 덕만공주의 태도에 사랑의 감정을 절제하며 군신관계에서 충절의 감정으로 승화시키는 인물로 묘사되는데, 덕만공주와 김유신 사이에 애정관계가 있었음을 보여주거나 이를 유추할 수 있는 역사적 기록이 없음은 알 수 있다.

그러나 원심판결 이유와 기록에 의하여 알 수 있는 다음과 같은 사정에 비추어 보면, 이 부분이 이 사건 대본과 드라마가 독립적으로 작성되어 같은 결과에 이르렀을 가능성을 배제할 수 있을 정도로 현저히 유사한 부분이라고 보기 어렵다. 먼저 역사적으로 애정관계가 있었다고 유추하기 어려운 인물이더라도 그들이 극 중 주요한 남성과 여성으로 나오는 이상 이들 사이에 애정관계를 설정하는 것 자체는 극적 저작물에서 일반적으로 이루어질 수 있는 수준의 창작이라고 볼 수 있다.

나아가 이 사건 대본에는 덕만공주가 김유신을 사랑하였음을 보여주는 장면은 나타나지 아니하고 다만 김유신이 덕만공주를 사모하였다가 스스로의 감정을 숨긴 채 충성심으로 승화시키는 것으로만 그려지고 있을 뿐이다. 반면에, 이 사건 드라마에서 덕만공주는 자신의 신분을 모른 상태로 남자 행세를 하면서 김유신의 낭도가 되어 김유신과 고난을 함께 겪다가 나중에 서로 사랑하는 사이로 발전하게 되나, 언니인 천명공주의 죽음을 계기로 개인적 행복을 버리고 여왕이 되고자 결심함으로써 김유신과의 사랑을 포기하는 것이고, 또한 김유신은 가문조차 버리고 덕만공주와의 사랑의 도피를 선택하려 하였고 이러한 자신의 강렬한 감정을 덕만공주에게 솔직하게 고백하였으나, 덕만공주의 여왕이 되고자 하는 강한 의지와 두 감정을 공존시킬 수 없는 김유신 자신의 성품 때문에 사랑을 포기하고 신하로서 충성을 다하기로 마음을 바꾸는 것으로 그려지고 있다. 이와 같이 이 사건 대본과 드라마에서 덕만공주와 김유신의 애정관계의 양상 및 전개과정에 상당한 차이가 있다.

(마) 미실 세력으로 인한 진평왕의 무력함에 대하여

원심판결 이유와 기록에 의하면, 이 사건 대본에서 진평왕은 미실과 비담 세력을 제압하지 못하고 덕만공주를 후대 왕으로 지정한 후 마야부인과 함께 덕만공주의 앞날을 걱정하다 살해되는 등 무력한 왕으로 묘사되어 있고, 이 사건 드라마에서 진평왕은 미실에 의해 왕위에 오르고 이후 인사권과 병권 등을 실질적으로 행사하지 못한 채 미실에게 휘둘리는 무력한 왕으로 묘사되는데, 역사학계에서 다수의 사학자들에 의해 받아들여지고 있는 역사적 사실은 진평왕이 즉위 직후 군사권과 인사권을 장악하여 강력한 왕권을 구축하였을 뿐만 아니라 체제 정비를 통하여 장기간 재위하며 칠숙과 석품의 반란을 진압하고 덕만공주가 왕이 되는 데 장애가 되는 세력을 모두 제거하는 등 강력한 왕권을 행사하였다는 것임을 알 수 있다.

그러나 원심판결 이유와 기록에 의하여 알 수 있는 다음과 같은 사정에 비추어 보면, 이 부분이 이 사건 대본과 드라마가 독립적으로 작성되어 같은 결과에 이르렀을 가능성을 배제할 수 있을 정도로 현저히 유사한 부분이라고 보기 어렵다. 먼저 선덕여왕을 주인공으로 하는 극적 저작물에서 선왕이 강력한 왕권에 의하여 선덕여왕을 보위에 올렸다고 묘사하는 것보다는 선왕의 미약한 왕권과 강력한 귀족세력의 반대라는 어려움을 선덕여왕 스스로가 극복하고 여왕의 자리를 쟁취하였다는 내용으로 구성하는 것이 자연스럽고 흥미를 유발할 수 있으므로, 역사적 사실과 무관하게 선덕여왕의 선왕인 진평왕을 강력한 귀족세력으로 인해 무력한 군주로 묘사하는 것 자체는 극적 저작물에서 일반적으로 이루어질 수 있는 수준의 창작이라고 볼 수 있다.

그리고 진평왕이 미실에 의해 왕위에 오르게 되는 사건은 이미 필사본 화랑세기에 나타나 있는 것인 이상, 이를 받아들여 극적 저작물을 작성할 경우 진평왕 즉위 후 미실 세력에 의해 왕권을 제약받는 것으로 묘사하는 정도는 다른 저작물에 의거하지 아니 하더라도 충분히 가능한 수준의 창작으로 보인다. 나아가 이 사건 대본에서는 미실이 마계에 사로잡혀 마계의 힘으로 인간계에 해악을 끼치는 결과 인간계의 진평왕이 무력하게 묘사되고 있는 반면에, 이 사건 드라마에서는 진평왕이 애초에 미실 세력의 힘에 의하여 즉위하였고 이후에도 조정이 미실의 사람들로 채워져 있어 진평왕은 제대로 왕권을 행사하지 못하는 것으로 그려지고 있어, 이 사건 대본과 드라마에서 미실 세력이 진평왕을 무력하게 만드는 원천 자체가 다르다.

(바) 주제, 인물의 성격과 역할, 인물 사이의 관계, 줄거리, 구성에 대하여 덕만공주의 서역 사막에서의 고난, 금관의 꽃 또는 동로마 등 서역의 문화와 사상의 습득, 덕만공주와 미실의 정치적 대립구도, 덕만공주와 김유신의 애정관계, 미실 세력으로 인한 진평왕의 무력함은 모두 이 사건 대본과 드라마의 주제, 인물의 성격과 역할, 인물 사이의 관계, 줄거리, 구성에 큰 영향을 미치는 개별 요소들이라고 할 것이다.

그런데 위에서 본 바와 같이, 이러한 개별 요소들이 이 사건 대본만의 독특한 특징이라거나 이 사건 대본과 드라마가 독립적으로 작성되어 같은 결과에 이르렀을 가능성을 배제할 수 있을 정도로 현저히 유사한 부분이라고 보기 어려운 이상, 이 사건 대본과 드라마의 주제, 인물의 성격과 역할, 인물 사이의 관계, 줄거리, 구성 역시 양 작품 사이의 현저한 유사성을 인정할 수 있는 근거가 되기는 어렵다고 할 것이다.

(3) 그렇다면 피고들의 이 사건 대본에 대한 접근가능성이 인정되지 아

니할 뿐만 아니라, 이 사건 드라마와 이 사건 대본이 독립적으로 작성되어 같은 결과에 이르렀을 가능성을 배제할 수 있을 정도의 현저한 유사성이 인정되지도 아니하므로, 두 저작물 사이에 의거관계가 있다고 할 수 없다. 그럼에도 이 사건 드라마의 극본이 이 사건 대본에 의거하여 작성되었다고 판단하고 이러한 판단을 전제로 하여, 이 사건 드라마가 이 사건 대본에 관한 원고의 저작권을 침해하였다거나, 피고들의 이 사건 드라마 극본 작성, 드라마 제작, 방송 및 판매, 이 사건 드라마의 DVD 제품과 관련 소설의 제작 및 판매와 같은 행위가 이 사건 대본에 관한 원고의 보호할 가치 있는 이익을 침해하는 것으로서 민법상 불법행위를 구성한다고 본 원심판결에는 저작권 침해 요건으로서의 의거관계 및 민법상 불법행위 성립에 관한 법리를 오해하여 판결 결과에 영향을 미친 위법이 있다. 이 점을 지적하는 상고이유 주장은 이유 있다.

3. 결론

그러므로 나머지 상고이유에 관한 판단을 생략한 채 원심판결을 파기하고, 사건을 다시 심리·판단하게 하기 위하여 원심법원에 환송하기로 하여, 관여 대법관의 일치된 의견으로 주문과 같이 판결한다.

대법관 ○○○(재판장) ○○○ ○○○(주심) ○○

| 7 |
〈피리부는 사나이〉

서울중앙지방 법원

제14민사부

판결

사　　건	2016가합536768 손해배상(기)
원　　고	A
피　　고	1. 주식회사 B
	2. C
변론 종결	2017. 9. 27.
판결선고	2017. 10. 20.

주 문

1. 원고의 피고들에 대한 청구를 모두 기각한다.
2. 소송비용은 원고가 부담한다.

청구취지

피고들은 공동하여 원고에게 200,010,000원 및 이에 대하여 2016. 4. 26.부터 이 사건 소장 부본 송달일까지는 연 5%의, 그 다음날부터 다 갚는 날까지는 연 15%의 각 비율로 계산한 돈을 지급하라.

이 유

1. 기초사실

O 원고는 2014년 'D'이라는 제목의 만화 시나리오(이하 '이 사건 제1시나리오'라 한다)를 작성하여 2014. 7.경 광주정보만화산업진흥원에서 주최하는 '2014 창작 스토리 기획개발공모전'(이하 '이 사건 공모전'이라 한다)에 출품하였다. 이 사건 제1시나리오의 줄거리는 별지1 기재와 같다.

O 피고 c는 2015년 'E'라는 제목의 드라마 시나리오(이하 '이 사건 제2시나리오'이라 한다)를 작성하였고, 피고 주식회사 B(이하 '피고 회사'라 한다)는 2016년 같은 제목의 드라마(이하 '이 사건 드라마'라 한다)를 제작하여 F회사에 공급하였다. F회사은 2016. 3. 7.부터 2016. 4. 26.까지 이 사건 드라마를 방영하였다. 이 사건 제2시나리오의 줄거리는 별지2 기재와 같다.

[인정 근거] 다툼 없는 사실, 갑 1, 2, 3호증, 을 1 내지 16호증(가지번호 있는 경우 각 가지번호 포함, 이하 같다)의 각 기재, 변론 전체의 취지

2. 원고의 주장

피고 C는 원고의 승낙 없이 원고의 저작물인 이 사건 제1시나리오에 의거하여 중요 소재, 인물 구도, 플롯과 줄거리의 구체적인 표현이 실질적으로 유사한 이 사건 제2시나리오를 작성하였고, 피고 회사는 이 사건 제2시나리오를 기초로 이 사건 드라마를 제작하였다. 피고들은 이 사건 제2시나리오, 이 사건 드라마를 발표함으로써 원고의 이 사건 제1시나리오에 관한 저작재산권인 2차적 저작물 작성권과 원고의 인격권을 침해하였다. 원고는 피고들을 상대로 주위적으로 저작재산권 침해로 인한 손해배상을 청구하고, 예비적으로 이 사건 공모전의 심사위원이었던 피고 C와 피고 회사는 심사대상이었던 이 사건 제1시나리오를 위법하게 상업적으로 이용한바, 인격권 침해의 불법행위로 인한 손해배상을 청구한다.

3. 판단

가. 주위적 청구에 관한 판단

저작권이 침해되었다고 하기 위해서는 침해되었다고 주장하는 기존의 저작물과 대비대상이 되는 저작물 사이에 실질적 유사성이 있다는 점과 대상 저작물이 기존의 저작물에 의거하여 작성되었다는 점이 인정되어야 하는바, 이하에서는 먼저 이 사건 제1, 2시나리오 사이에 실질적 유사성이 있는지에 관하여 살펴본다.

1) 실질적 유사성

가) 관련 법리

먼저 실질적 유사성에 관하여 보건대, 저작권의 보호 대상은 학문과 예술에 관하여 사람의 정신적 노력에 의하여 얻어진 사상 또는 감정을 말이나 문자 등에 의하여 구체적으로 외부에 표현한 창작적인 표현형식일 뿐이고, 표현되어 있는 내용 즉 아이디어나 이론 등의 사상 및 감정 그 자체는 설사 그것이 독창성이나 신규성이 있다 하더라도 원칙적으로 저작권의 보호 대상이 되지 않는다. 따라서 저작권의 침해 여부를 가리기 위하여 두 저작물 사이에 실질적인 유사성이 있는가의 여부를 판단할 때에도 창작적인 표현형식에 해당하는 것만을 가지고 대비하여야 하며(대법원 1999. 1L 26. 선고 98다46259 판결 등 참조), 소설이나 시나리오 등에 등장하는 추상적인 인물의 유형 혹은 어떤 주제를 다루는 데 있어 전형적으로 수반되는 사건이나 배경 등은 아이디어의 영역에 속하는 것으로서 저작권법에 의한 보호를 받을 수 없다(대법원 2000. 10. 24. 선고 99다10813 판결 등 참조).

실질적 유사성에는 작품 속의 근본적인 본질 또는 구조를 복제함으로써 전체로서 포괄적인 유사성이 인정되는 경우(이른바 포괄적·비문언적 유사성)와, 작품 속의 특정한 행이나 절 또는 기타 세부적인 부분이 복제됨으로써 양 저작물 사이에 문장 대 문장으로 대칭되는 유사성이 인정되는 경우(이른바 부분적 - 문자적 유사성)가 있는데, 위 두 가지 유사성 중 어느 하나가 있는 경우에는 실질적 유사성이 인정된다.

어문저작물 중 시나리오와 같은 저작물은 등장인물과 작품의 전개과정(이른바 시퀀스)의 결합에 의해 이루어지는 것이고 작품의 전개과정은 아이디어, 주제, 구성, 사건, 대화와 어투 등으로 이루어지는 것인데 이러한 각 구성요소 중 각 저작물에 특이한 사건이나 대화 또는 어투는 그 저작권 침해 여부를 판단함에 있어서 중요한 요소가 된다. 또한, 원저작물에 대한 2차적 저작물이 되기 위하여는 원저작물을 토대로 작성된 저작물이 단순히 사상, 주제, 소재 등이 같거나 유사한 것만으로는 부족하고 두 저작물 사이에 사건의 구성, 전개과정, 등장인물의 교차 등에 공통점이 있어서 새로운 저작물로부터 원저작물의 본질적인 특징 자체를 직접 감득할 수 있어야 한다.

나) 포괄적 · 비문언적 유사성

(1) 사건의 기본골격 및 줄거리

갑 1호증의 1, 을 1 내지 16호증의 각 기재, 이 법원의 한국저작권위원회에 대한 감정촉탁결과에 변론 전체의 취지를 종합하여 알 수 있는 다음과 같은 사정 즉, 이 사건 제1, 2시나리오는 ○ 테러범이 부패한 권력자들에 의해 피해가 더 확대된 대형사고에 대한 복수를 시도하면서 극중 갈등상황인 테러범죄가 발생하는 점, ○ 테러범이 복수하는 과정에서 권력자들이 과거에 저지른 악행이 드러내려고 하자, 권력자들이 이를 은폐하기 위해 방송을 통한 여론 조작을 시도하고, 각자의 이해관계에 따라 협력과 배신을 반복하며, 권력자의 자녀가 테러의 피해자로 등장하는 점, ○ 테러범이 누구인지 밝혀지지 않은 상황에서 자신의 정체를 드러내는 방법이 피리 부는 소리를 내는 것이고, 극 후반에 주요인물 중 한명이 테러범으로 밝혀지며, 테러범이 노트북을 이용한 해킹으로 교통수단을 납치하는 점, ○ 테러범에 대응하는 경찰들이 경찰 수뇌부와 사이에 내부적인 갈등을 겪으면서도 협력하는 모습을 담고 있다는 점, ○ 결말 부분에서 시민들이 테러범의 언행을 통해 사회문제에 대한 새로운 의식을 가지고 행동하게 되는 점 등에서 사건의 기본골격이 유사하다고 볼 여지가 있다.

그러나 앞서 든 증거들에 변론 전체의 취지를 종합하여 알 수 있는 다음과 같은 사정 즉, O 이 사건 제1, 2시나리오는 테러범의 원한을 사게 된 대형사고가 각 'G'와 'H'으로 서로 상이한 점, O 테러, 권력자들에 대한 복수를 소재로 한 작품에서 권력자들의 사건 은폐 및 방송을 통한 여론조작 시도는 흔히 등장하는 설정인 점, O 테러범이 T라는 공통된 설정은 모두 동화 'J'를 참조하였다고 볼 수 있는 점, O 이 사건 제1시나리오의 테러는 마치 1개 지하철 안에서 제한된 시간 내에 승객들에게 유해 가스를 살포하는 것처럼 위장되어 있지만, 실제는 지하철공사 상황실에서 테러범과 협상하는 국회의원들에게 유해가스를 살포하는 단일한 사건인 반면, 이 사건 제2시나리오의 테러는 테러범이 수일에 걸쳐 서울 시내 곳곳에서 다양한 인물을 이용하여 발생시키는 다양한 유형(레스토랑 인질사건, 교통사고, 유해가스 살포, 비행기추락 등)의 사건인 점, O 이 사건 제1시나리오에서 갈등구조는 크게 생존에 필요한 방독면을 두고 다투는 지하철 내 승객들 사이의 갈등, 이러한 승객들의 갈등을 정치적 목적으로 이용하려는 경찰 수뇌부, 국회의원들과 테러를 저지하려는 일선 경찰들, 테러범 사이의 갈 등으로 나눌 수 있는 반면, 이 사건 제2시나리오에서의 갈등구조는 테러와 관련하여 각자 다른 이해관계를 가지는 재벌회장, 언론사, 국회의원, 경찰 수뇌부, 기업 협상전문가, 일선 경찰이 서로 복합적인 갈등·긴장관계를 형성하는 점과 아울러, O 이 사건 제1, 2시나리오의 전체내용과 사건의 복잡성, 분량 등을 종합적으로 고려하면, 앞서 본 이 사건 제1, 2시나리오 사이의 일부 유사성은 아이디어의 영역에 속하는 것이거나 그것만으로는 사건의 기본골격에서 위 두 시나리오 사이에 포괄적·비문언적인 유사성을 인정하기에 부족하고, 달리 그 점을 인정할 증거가 없다.

(2) 인물의 설정 및 성격

시나리오 등 문학작품에 있어서의 등장인물은 원칙적으로 그 자체로는 저작권에 의하여 보호되는 표현에 해당한다고 볼 수 없으나, 구체적이고 독창적이며 복잡한 내면을 가진 등장인물을 그리고 있거나 다른 등장인물과의 관계를 통해 사건의 전개과정과 밀접한 관련을 가지면서 저작물에서 양적, 질적으로 차지하는 비중이 높아 그 저작물의 중핵에 해당하는 경우에는 저작권에 의해 보호되는 표현에 해당할 수 있다. 시나리오의 주인공과 같은 어문적 캐릭터는, ① 이름, ② 시각적 요소(외모·복장 등 이야기 속에 서술된 캐릭터의 신체적 또는 시각적 특징), ③ 청각적 요소(캐릭터의 목소리, 말투, 자주 사용하는 단어나 어법 등), ④ 성격적 요소(캐릭터의 성격적 특성, 습관, 행동양식 또는 초능력과 같은 특별한 능력 등)라는 4가지 요소로 구성되고 어느 캐릭터의 어떤 구성요소 또는 그 구성요소의 일부가 유사한 점이 있다고 하더라도 유사하지 않은 다른 점이 있으면 그러한 점까지 모두 포함하여 유사성 여부를 판단하여야 한다.

갑 1호증의 1, 을 1 내지 16호증의 각 기재, 이 법원의 한국저작권위원회에 대한 감정촉탁결과에 변론 전체의 취지를 종합하여 알 수 있는 다음과 같은 사정 즉, ○ 이 사건 제1시나리오에서 주요한 인물구도는 테러범, 지하철 안 승객들, 국회의원들, 경찰 수뇌부와 일선 경찰들인 반면, 이 사건 제2시나리오에서 주요한 인물구도는 테러범, 피해자, 국회의원, 경찰 수뇌부, 일선 경찰들 외에도 테러범의 지시를 받아 테러를 실행하는 사람들, 재벌회장, 언론사로 보다 복잡한 점, O 이 사건 제1시나리오에서 테러범인 'K', '홍보담당관', 'L'은 모두 'G' 피해자의 유족들이고, 당시 사고를 회피 했던 경찰 수뇌부와 국회의원들에게 복수하고 진실을 알아내려는 목적을 가진 반면, 이 사건 제2시나리오에서 테러범인 M은 유명한 언론사 앵커로서 'H' 당시 의경으로 근무하면서 개발을 반대하는 주민들을 과잉 진압하면서 화재가 발생하는 상황을 직접 목격하고, 사망한 피해자들에게 정당한 보상이 이루어지지 않았던 정황을 사적으로 처벌하겠다는 목적을 가지고 있으며, 'N'은 'H'의 피해자의 유족으로서 복수하기 위한 목적을 가진 점, O 이 사건 제1, 2시나리오에는 테러에 직접 대응하는 일선 경찰인 여성 주인공이 공통적으로 등장하는데, 이 사건 제1시나리오에서는 그 이름이 'O'이고, 'G'와 무관하며, 용기 있고 불의를 참지 못하는 성격인 반면, 이 사건 제2시나리오에서는 그 이름이 'P'이고, 'H' 피해자의 유족이며, 말이 어눌하지만 공감능력이 뛰어난 성격인 점, O 이 사건 제2시나리오에는 이 사건 제1시나리오와 달리 주인공으로서 테러로 연인을 잃고, 경찰의 자문위원으로서 테러범의 정체를 밝히기 위해 활동하는 기업협상가인 'Q' 이 등장하는 점, O 이 사건 제1, 2시나리오에는 공통적으로 대형사고에 책임이 있고, 자신의 출세와 이익을 위해 각종 위법한 수단을 사용하는 경찰청장이 등장하는데, 이러한 인물은 극작품에서 전형적으로 등장하는 설정인 점, O 이 사건 제1, 2시나리오에는 'G', 'H'의 생존자, 위 사고에 책임이 있는 권력자들의 자녀가 공통적으로 등장하나, 해당 인물들이 이 사건 제1, 2시나리오에서 차지하는 비중이 높다고 보기는 어려울 뿐만 아니라, 그 이름, 성격, 극중 담당하는 역할이 서로 상이한 점과 아울러, O 등장 인물의 수, 성격의 다양성, 심리묘사의 심층성 등을 종합적으로 고려하면, 이 사건 제1, 2시나리오는 그 등장인물의 설정과 핵심인물들의 성격에 있어서 서로 유사하다고 볼 수 없다.

다)부분적·문언적 유사성

원고가 실질적 유사성을 주장하는 부분 중 아래 표 기재 항목을 제외한 나머지 부분은 이 사건 제1, 2시나리오 사이에 구체적인 문언이나 문장 자체가 아닌 그 전개 내용을 문제삼는 부분이고 그에 대한 판단은 앞서 위 나)항에서 살핀 바와 같다. 갑 1 호증의 1, 을 1 내지 16호증의 각 기재, 이 법원의 한국저작권위원회에 대한 감정촉탁 결과에 변론 전체의 취지를 종합하면, 아래 표 기재 각 항목은 아래 표 [판단]란에서 보는 바와 같이 문자적, 문언적으로 유사하다고 보기 어렵거나, 관용적 표현에 속하는 내용 등에서 일부 유사하더라도 이 사건 제1시나리오에서 한 해당 표현이 저작권의 보호대상인 창작적 표현방식에 해당한다고 볼 수 없다.

수	이 사건 제1시나리오	이 사건 제2시나리오	판단
1	그들 사이로 노숙자같이 보이는 사람이 피켓을 몸에 걸고 광인처럼 걸어간다. 그가 건 피켓에는 '잊지 말자 G 를…'이라는 문구가 보인다. "잊지 말재!! G를. 잊지 말재!! 2년전 오늘 벌어진 일을…" 광인은 소리치지만… 사람들은 그를 신경 쓰지 않고 피해 간다. 이 모든 풍경을 사이로 내레이션이 시작된다. "잘 들어봐 아주 오래된 동화니까. 피리 부는 사나이는 곤경에 빠진 도시에서 쥐를 다 잡아갔지. 피리를 불어서 말야. 하지만 사람들은 그를 곧 시샘하기 시작했어. 약속한 보상을 해주기 싫었거든. 피리 부는 사나이는 도시에서 쫓겨났고, 얼마 뒤 다시 돌아온 그는 다시 피리를 불었어. 그러자 이번엔 도시의 모든 아이들이 그를 따랐고, 피리 부는 사나이는 그렇게 아이들을 데리고 사라졌단다. 아이들이 사라진 후에야 어른들은 자신의 욕심을 후회했지만… 이미 피리 부는 사람도, 아이들도 다시는 찾을 수 없었단다."(제1화 제1씬)	강제철거 반대 등이 쓰여 있는 깃발이 펄럭인다. 카메라 서서히 아래로 내려가면, 뉴타운 철거 단지의 한 건물. 옥탑. 깨어진 창문 안으로 책을 읽고 있는 어린 P(13)가 보인다. 어린 P(나레이션) 마을에 창궐한 쥐를 모두 없애고 돌아온 사나이에게 하멜른의 성주와 권력자들은 약속한 보상 대신 혹독한 벌을 주었다. 카메라 계속해서 내려가면, 아래층에는 농성을 준비 중인 사람들이 보인다. 그 아래에는 작전을 시작하려는 용역과 전경들이 계단을 뛰어 올라가고 있다. 어린 P(나레이션) 그리하여 성에서 쫓겨난 사나이는 다시 피리를 불었다. 이번에는 그 피리 소리를 들은 온 마을의 아이들이 무언가에 홀린 듯 그를 따라 나서기 시작했다.(제1화 제1씬)	동화 'J'의 내용을 인용한 것이고, 그 표현방식이 상이함
2	"그림이 그려진다는 거야!! 위에선 더 큰 그림을 원하고 있네."(제12화 제1 씬	"뭔가 큰 그림을 그리고 있어요." (재 5화 제16씬)	관용적인 표현으로서 독창성을 인정할 수 없음.
3	"이 방송을 보시는 모든 국민 여러분…앞에 자수합니다. 그리고 기자 여러분… 여러분이 저를 심문해 주십쇼."(제17화 제1씬)	그래서 저는 진실을 전하고… 그 일에 책임이 있는 자들을 처벌하기 위해… 스스로 피리 부는 사나이가 되었습니다. 지금까지, 진실만을 전하는 R 나이트 뉴스…M 이었습니다.(제14화 제71씬)	방송을 통해 테러범이 자수를 한다는 설정은 아이디어의 영역이고, 그 표현방식 역시 상이함.

4	"여러분 우린 이성적으로 판단해야 합니다."(제2화 제1씬)	"저기, 잠깐만요. 이러지 말고, 이성적으로 행동해요, 우리."(제16화 제 11씬).	
5	"그래서 지금 살인이라도 하겠단 겁니까"(제2화 제3씬)	"(여승객 보며) 그러면… 진짜로 살인이라도 하겠단 거예요. 사람 죽여 봤어요? 그게 그렇게 쉬워 보입니까. 그리고 여기있는 사람들 모두! 눈 앞에서 저 아이 죽이는 거 방관하면, 다 똑같은 살인자 되는 겁니다."(제16화 제 16씬)	관용적인 표현으로서 독창성을 인정할 수 없음.
6	"여기 있는 사람들 모두 다 한배를 탄 거라고!!"(제4화 제1씬)	"모두 같은 배. 아니 비행기를 탄 신세잖아요"(제16화 제19씬)	관용적인 표현으로서 독창성을 인정할 수 없음.

2) 소결론

위와 같이 이 사건 제1, 2시나리오 사이에 포괄적·비문언적 유사성이나 부분적·문언적 유사성을 인정할 수 없으므로, 위 두 시나리오가 실질적으로 유사하다고 볼 수 없고, 따라서 이 사건 제2시나리오가 이 사건 제1시나리오의 저작권을 침해한다고 볼 수 없다. 그러므로 원고의 주위적 청구는 나머지 점에 관하여 살펴볼 필요 없이 이유 없다.

나. 예비적 청구에 관한 판단

갑 4, 5, 6호증의 각 기재에 변론 전체의 취지를 종합하면, 피고 C가 2014. 7.경 원고가 이 사건 제1시나리오를 출품한 이 사건 공모전의 심사위원으로 위촉되어 이 사건 제1시나리오를 심사한 사실을 인정할 수 있다.

그러나 앞서 인정한 사정들 즉, 이 사건 제1, 2시나리오는 O 사건의 기본골격, 인물의 설정 및 성격 등에서 포괄적·비문언적 유사성이 인정되지 아니하고, 일부 유사하다고 볼 수 있는 부분도 같은 주제의 시나리오에서 흔히 등장하는 전형적 설정에 해당하거나 동화 'J'에 기초한 것인 점, O 전반적으로 부분적·문언적 유사성이 인정되지 아니하고, 일부 유사하다고 볼 수 있는 부분도 관용적 표현에 해당하는 점 등에 비추어 볼 때, 위 인정사실만으로 피고 C가 이 사건 공모전의 심사위원으로서 심사한 이 사건 제1시나리오를 표절하였다거나 위법하게 상업적으로 이용하였다고 인정하기에 부족하고, 달리 이를 인정할 증거가 없다. 그러므로 원고의 예비적 청구는 이유 없다.

4. 결론

그렇다면 원고의 피고들에 대한 이 사건 청구는 이유 없으므로 이를 모두 기각한다.

재판장 판사 ○○○

판사 ○○○

판사 ○○○

별지 1.

이 사건 제1시나리오의 줄거리

제1화 및 프톨로그	2호선 지하철 까치산역 막차시간, O 경사는 소매치기를 잡기위해 현장에 나와 있다. 열차 운행이 종료했다는 공익요원의 말과는 달리 지하철 2366호가 들어서고, 승객들은 별 의심 없이 지하철에 탑승한다. 달리던 지하철이 갑자기 정차하더니, 괴방송이 흘러나온다. 한 시간 반 후 지하철에 가스가 살포 될 것이며, 지하철에서 빠져 나갈 수도 외부와 통신 할 수도 없다. 살 방법은 선두칸에 검은 가방 안에 든 방독면을 가지는 수밖엔 없다. 하지만 방독면은 7개뿐, 10분후에 선두칸 문은 폐쇄된다는 내용이다. 승객들이 어리둥절한 사이 지하철은 다음 역을 무정차로 통과해 버린다. 그리고 핸드폰 통신도 차단된다. 눈치를 살피던 승객 중 하나가 선두칸으로 향하자, 모두들 일어서기 시작한다. 취객 한 명만이 아까 방송을 믿으냐며 조롱하지만, 모두 선두칸으로 향하고, 선두칸 중앙엔 정말 검은 가방이 놓여 있다. 시간은 방송에서 약속한 10분이 다 되어간다. 방송을 못 믿겠다고 호통 치던 취객이 그제야 선두칸 쪽으로 오는데, 그의 눈앞에서 통로 문이 닫혀버린다. 그리고 그가 있는 칸에 가스가 살포된다. 공포에 빠진 취객이 문을 열려 애쓰지만, 쇠문이 내려와 시야마저 가려 버린다. 살려달라 외치던 취객이 목소리가 작아지더니, 멈춘다. 죽은 듯한 고요가 흐른다.
제2화	승객 중 누군가 검은 가방을 열자, 방독면이 보인다. 승객들 모두 실성한 듯 방독면에 달려들고, 곧이어 가진 자 7명과 못가진 자 20명가량이 갈라선 채 대치하게 된다. 엘리트 타입의 S가 그들을 중재한다. 아직 가스가 나올지 정확치 않다며, 승객들이 방독면을 내려놓아야만 서로 다투지 않게 된다고 설득하지만, 승객들은 요지부동이다. 한편 지하철종합통제실에서 뒤늦게 상황을 파악하고, 2366호를 몰고 있는 기관사와 연락하려고 하지만, 불통이다. 상황실에서 전산으로 통제할 수 있는 모든 키도 먹질 않는다. 더군다나 지하철 안의 상황은 해적방송으로 실시간으로 방송 중이다. 지하철 홍보담당관과 경찰들이 들어와 지하철종합통제실에 대책본부를 꾸린다. S는 다시 승객들이 싸우지 않도록 말리려고 하지만, 이미 승객들은 흥분해있고, 금방이라도 큰 싸움이 벌어질 판이다. 이 때 소매치기를 잡기위해 탑승했던 O 형사가 총을 들어 올린다. "모두 한 발짝도 움직이지 말아요!!"
제3화	O 형사가 승객들을 통제하기 시작한다. 지하철 납치가 테러일 가능성을 염두에 두고, 이유를 찾아보기 시작한다. 첫째는 원한관계다. 하지만 모두 낯선 타인들일 뿐이다.

제4화	테러범 혹은 그의 수하가 지하철에 같이 탑승했을 수도 있다. 원활한 게임을 진행하기 위해서다. 모두가 서로를 의심하게 되고, 방독면을 먼저 집은 승객들이 가장 의심 받는다. 각자의 알리바이를 두고 의심에 의심이 더해지는 가운데, T가 차고지에서 나온 텅 빈 지하철에 미리 탑승해 있었음이 밝혀진다. 또한 방독면도 가지고 있다. O경사가 그녀를 추궁하고, 그녀는 자신이 미리 납치되었음을 밝힌다. "여기 승객들 모두 우연히 이 지하철에 탑승했습니다. 왜 당신만 미리 납치되었을까요?" O가 묻는다. "아마도 전… U 의원의 딸이기 때문이겠죠…" T가 힘없이 말한다. O가 자초지종을 묻지만, T는 집에서 납치된 것 외에 납치범 인상착의도 기억하지 못한다. 대신 납치범이 목걸이를 차고 있었음을 기억해낸다. O은 목걸이를 찬 승객들을 찾기 시작하고, 승객들은 V를 찾아낸다. 하지만 V는 OO이 며칠째 미행 중이던 소매치기다. 테러범일 리가 없는 것이다. O이 고민하는 사이 V가 승객중 하나를 가지고 다니던 커터칼로 위협한다. 그리고 O의 총을 요구한다. 승객을 살리기 위해 O는 총을 내려놓고, 총을 차지한 V은 거들먹거리며 승객들을 위협하기 시작하더니, 테러범을 목적을 알겠다 말한다. "범죄자의 심리는 범죄자가 제일 잘 알지… 테러리스트의 목적은 말이야… 바로 국회의원의 딸 T 너 하나야!! 우리들이 방독면을 차지하기 위해 이 여자만 죽여주면 이 미친 게임은 끝나는 거라고!!" 의기양양해진 V의 총구가 T를 향한다.
제5화	한편, 지하철 바깥에선, T의 아빠인 U 의원의 기자회견이 열리고 있다. 또한 지하철공사에 차려진 합동 대책본부에서 경찰청장의 사건 브리핑도 시작된다. 지하철은 멈출 수 있는 방법은 없으며, 대신 해적방송의 진원지를 찾고 있다는 내용이다. 이 때 경찰총장의 핸드폰 벨이 울리고, 테러범의 요구가 시작된다. 테러범은 현금 18억을 요구한다. 다시 지하철에선 소매치기 V이 T를 쏘려한다. 이때 한 남자(K)가 등장하고, V의 총구를 자신의 이마에 가져다 댄다. K의 기백에 V가 주춤한 사이, K는 손쉽게 총을 빼앗는다. 군대 미필인 V는 총의 안전핀도 풀지 않았던 것이다. K의 손에 총이 들리자 승객들이 또다시 불안에 떨기 시작한다. 그가 원하는 건 무엇일까?
제6화	만약을 위해 V의 커터칼을 부수어 버리는 K, 동시에 V의 방독면도 빼앗는다. T가 고마워하고, O는 자신의 총을 돌려달라 말하지만, K는 비웃을 뿐이다. 지하철 합동대책본부에선 윗선과의 통화를 통해 협박금 18억원을 줄 수 없다는 결론이 나온다. 자칫 유혈사태가 우려된다. 그러자 조급해진 홍보담당관이 묘안이 있다고 말한다. 한편 가스게임이 진행 중인 지하철 안에서는 S가 나서기 시작한다. 초반부터 승객들을 안정시키려 노력하던 그는 선두칸 조종석으로 통하는 문을 부수자 말한다. "저 문 뒤에 설사 범인이 없다 해도 이 지하철을 조종할 수많은 장치가 있습니다. 그리고 저 문을 부수려면 우선 총이 필요합니다." 모든 승객들의 시선이 총을 든 K에게 향한다.
제7화	경찰들의 수사가 시작된다. T가 납치되었던 상황을 조사하다. 범인이 핀 것으로 보이는 담배꽁초 하나를 확보하지만, DNA로 범인을 특정하기엔 시간이 너무 부족하다. 또한, 지하철에 있는 방독면을 훔친 것으로 보이는 지하철역을 찾아내고, 사건 전날 방

	독면을 훔치는 인물이 담긴 cctv를 찾아내기에 이른다. 두꺼운 옷과 모자 때문에 범인을 특정하기엔 힘들지만, 방독면을 집을 때 그의 손에 낀 반지가 보인다. 다이아가 박힌 특이한 반지다. 또한, 해적방송의 근원지 역시 추적해 낸다. 근원지는 바로 가스게임이 벌어지는 지하철 2366호다. "종료 55분전, 범인은 분명 저안에 있다. 이놈, 이제 본게임 시작이다. 각오해라!!" W의 눈빛이 이글거린다.
제8화	지하철 안. K는 총을 줄 맘이 없다. S는 자신이 군대시절 명사수로서 한발로 지하철 문손 잡이를 명중시키겠다 말하지만, K의 반응은 냉랭하다. 총알은 5발뿐이다. 5번의 기회 중 하나를 날리고 싶지 않다는 것이다. 정말 살고 싶다면 자기 힘으로 살아남아야지 구걸하지 말라고 말하며 승객들을 비판하는 K, 승객들은 깊은 모멸감에 빠진다. 실망한 S가 뒤쪽으로 빠지는데, X가 기회를 봐서 K를 덮치자는 제안을 하고, S는 승낙한다. 승객 중 누군가, 창문을 열면 가스가 새어 나갈 거란 묘안을 생각해 내고 창문을 부수려고 하는데, 모든 창문에서 철판이 내려와 막혀 버린다. 승객들의 공포는 배가 되고, 이때 심각할 정도의 땀을 흘리며 숨을 헐떡거리는 승객 하나가 지하철 출입문을 향해 달리기 시작한다. 키 190의 백 킬로가 넘는 체중의 소유자인 이 거구의 남자(Y)는 공기가 부족하다면서 지하철 출입문을 향해 돌진해 부딪치고, 엄청난 힘에 지하철이 조금씩 휘청거리기에 이른다. K의 총구가 Y를 향한다. "당장 그만 두지 못해!!" K가 날카롭게 쏘아보지만, 이미 정신이 나간 듯한 Y는 K를 표적삼아 달려들 기세다.
제9화	지하철 종합통제실에선 지하철 홍보담당관이 경찰청장에게 자신의 묘안을 설명해 준다. 며칠 뒤에 국회의원 선거가 있는 것이다. 국회의원이 자신을 홍보하고, 좋은 이미지를 만들기에 이번 지하철 가스게임의 합의금 기부는 최대의 기회라는 것이다. 홍보담당관은 딸이 납치된 U 의원과 다른 의원에게 연락한다. 좋은 기획인건 알면서도 돈 이야기엔 인색한 그들, 하지만 서로 상대방이 미리 기부금을 내기로 했다 말하자, 결국 승낙하기에 이른다. 경찰청장과 홍보담당관이 흡족하게 미소 짓는다. 한편, 다시 지하철에선 미친 듯이 달려드는 Y에게 K가 들이받히고, 고통 때문에 잔뜩 화가 난 으가 정말로 총의 방아쇠를 당기려는 찰나 Y가 쓰러져 버린다. 분노 안 풀린 K가 발길질이 Y를 향하자, O이 달려들어 막아선다. Y가 공황장애 환자임을 O는 알아본 것이다. K의 총구가 다시 O를 향한다.
제10화	O는 Y를 간호하기 시작한다. 희미한 의식 속에서 혼자 중얼거리는 그의 말을 통해 그가 'G' 현장에서 구조된 몇 안 되는 생존자임이 밝혀진다. 그래서 그는 폐소 공포증이 있는 공황장애가 된 것이다. 승객들 모두가 놀라고, K도 놀란다. 이틈을 타 S(초반 중계자)의 주먹이 날아든다. K가 총을 놓친다. 한편 공중파에선 해적방송을 방송하면서 방송에 잡힌 승객들의 가족이나 지인의 제보전화를 기다린다. S의 아내에서 전화가 걸려오고, 아내는 S가 얼마나 모범적인 가장인지 자랑스럽게 말하기 시작한다. 다시 지하철 안, S와 K의 격투가 치열하게 진행된다.

제11화	S가 승리하고, 총을 빼앗는다. 그리고 망설임 없이 K에게 총을 발사한다. 하지만 역시 첫 발은 공포탄이다. S는 공포탄인 걸 확인하려고 했다며 미소짓는다. 공포로 얼어붙는 K, 그의 뒤로 성난 승객들이 몰려든다. 아까 K의 조롱이 가뜩이나 공포에 질린 승객들의 분노를 자극한 것이다. 승객들은 K를 둘러싸고 집단구타를 시작한다. 하지만 O는 그런 K를 보호해 준다. 죄는 오직 법을 통해서면 심판해야 한다는 것이다. 또한 K는 아직도 중요한 테러의 용의자라는 것이다. K에게 도움을 받았던 국회의원 딸 T까지 그를 감싸고, 군중들의 분풀이가 흐지부지 해지자, 승객들의 시선은 다시 S의 총을 향한다. 그의 말대로 조종석 문을 부수자는 것이다. "히히. 과연... 저 문 뒤에 뭐가 있을까?" S가 간사하게 웃기 시작한다. 그의 손에 총과 K에게서 빼앗은 방독면이 들려 있다.
제12화	공중파 방송에도 이 장면이 방송되고, S의 아내는 전화를 끊어 버린다. 또한, 경찰은 지하철 해적방송을 모니터링하며 반지 낀 남자를 찾지만 없다. 그러던 중 해적방송 초반의 누군가가 경찰의 시야에 잡힌다. 그는 1화에서 선두칸으로 진입하지 못하고, 가스 살포를 당한 취객이다. 그가 선두칸 출입문을 두드리는 장면에 다이아가 박힌 반지가 선명히 잡힌다. 자세히 보니 그의 다른 손에 들린 서류가방도 보인다. 그는 쇠문으로 차단된 상황에서 죽는 연기를 한 후 지하철 장난을 계속하고 있었던 것이다. 경찰의 움직임이 빨라진다. 다시 지하철 안, O는 S의 이중성을 비판하고 나선다. 하지만 S는 부끄러워하기는커녕 순진한 O를 향한 설교를 시작한다. "역사란 게 그런 거다. 살아남은 자들이 쓰는 거다. 그놈의 정의란 사실 살아남은 자들의 변명이란 말이다. 여기서 살아나가면... 그게 정의고 진실이 된다 이 말이다." 이때 Z가 다가온다. S에게 다가온다. "저와 거래 하시겠습니까? 당신과 나의 안전을 담보로..."
제13화	Z는 방독면이 있다. 하지만 언제 누가 덮칠지 모른다. 그러니 서로 지킬게 있는 S와 연합을 하자는 것이다. 사악한 거래가 성사되고, 못 가진 자들의 분노어린 탄성이 터져 나온다. 이때 방독면 없는 자 중 AA가 등장한다. 그는 마침 공사대금으로 받아둔 거액의 수표 더미를 내밀며 자신의 생명을 구걸한다. 그는 살아서 집에 돌아가야 할 이유들을 나열하며, 이렇게 죽을 수 없다고 절규한다. "좋아, 이 돈은 받지. 대신 우린 공범이 되어야해. 니 힘으로 방독면을 빼앗으란 말이다. 대신 난 다른 놈들이 꼼짝도 못하게 해주지... 어때 내 제안이 맘에 드나? 파트너?" S가 사악하게 미소 짓고, AA는 결국 승낙한다. 체격이 건장한 그의 우람한 팔뚝에 주먹이 쥐어지더니 방독면 가진 자들을 향해 걸어가기 시작한다.

부록 저작권 소송 판례 전문

제14화	국회의원들이 기부금을 약속한다. 테러범의 전화가 걸려오고, 20분 뒤 돈이 전달되는 대로 지하철을 멈추겠다는 거래가 성립된다. 범인을 추적하던 W가 상황실에 들어선다. 그가 테러범의 사진을 홍보담당관에게 내민다. 이런 사실을 전혀 모르는 지하철에선 AA가 방독면을 빼앗기 위해 가진 자들을 하나하나 살피기 시작한다. 결국 나이든 할머니를 선택하는 데, 의외로 할머니는 살면 얼마나 더 살겠냐며 방독면을 순순히 내민다. 하지만 대신 이걸 자식에게 전해 달라며 보따리를 내민다. 해외에 살던 아들이 돌아오는 날이라며 아들이 좋아하는 장아찌가 든 이 보따리를 꼭 아들에게 전해달라고 다짐을 받으려는 것이다. 한 손에 방독면을, 다른 한손에 할머니의 보따리를 든 AA의 눈이 떨리기 시작하더니 고함이 터져 나온다. "아 미치겠네… 돈도 냈고, 내 방독면은 아무래도 니꺼 같다. 한판 붙자!!" AA가 총을 든 S를 향해 소리친다.
제15화	다시 지하철 종합 상황실. W가 내민 사진의 남자는 지하철 초반의 취객이다. 그를 조사해 보니, 지하철 공사의 차량 및 내부 공사를 수주해왔던 업체의 대표인 L인 것이다. 그래서 가스게임이 가능하게 지하철을 개조할 수 있었던 것이다. 또한, G의 유족이기도 하다. 경찰청장은 알겠다며 W를 내보고, 홍보담당관과의 내밀한 대화를 시작한다. 'G'는 아직도 정부의 불편한 일면이며, 이건 사건을 잘 활용하면 유가족들의 과격한 행동을 부각시켜, 국면을 전환할 수 있다는 계산인 것이다. 그러기 위해선 더 많은 액션이 필요하다. 지하철 승객들의 싸움이 필요한 것이다. 그리고 그때쯤 돈을 지불하려는 게 그들의 생각인 것이다. 홍보담당관은 이 계획을 칭찬하면서 경찰청장 모르게 모든 내용을 녹음해 둔다. 그가 알 수 없는 미소를 지어 보인다. 한편, 지하철 안에선 S와 AA가 대치중인데, O가 같이 싸우겠다고 나선다. 그러자 K도 나서고, 190 거구의 Y도 동참한다. S가 뒷걸음질 치기 시작한다.
제16화	경찰청장은 20분 뒤에 테러리스트에게 돈을 입금하겠다 말했고, 경찰들은 20분 뒤 지하철이 멈출 예상지점을 향해 출동하기 시작한다. 부하 형사 하나가 W에게 의문을 제기한다. L의 회사는 월래 항공기쪽 일을 오랫동안 하던 업체인데 갑자기 지하철 유지보수로 방향을 선회한 것이다. 게다가 곧바로 지하철 2366호와 관련된 일을 진행해 온 것이다. W는 이상한 낌새를 느끼고 차량의 방향을 돌린다. 한편 지하철에선 궁지에 몰린 S가 방독면 있는 승객들에게 도움을 요청하지만, 그들의 반응은 싸늘하다. S가 위축되기 시작한다.
제17화	"같이 싸워주면 방독면… 구해줄 수 있어?" 방독면을 못 가진 자들 중 누군가 소리치고, S는 미소 지으며 반드시 구해주겠다 다짐한다. 못 가진자들의 동요가 시작된다. O는 그들을 말려 보지만, 이미 동요가 진행되고 있다. 결국 몇 명이 S 쪽으로 합류하고, O 쪽 7명, S 쪽 7명의 싸움이 시작된다.

제18화	지하철공사 종합상황실로 국회의원들이 모이기 시작한다. 그들은 수많은 기자들 앞에서 진지한 표정으로 사회정의를 위해 헌신할 뜻을 밝히고, 하나 둘 상황실로 들어선다. 한편 지하철 안에서의 싸움은 끝으로 치닫고, 결국 O가 총을 집어 든다. O가 문을 부수려고 하자 S의 조소가 시작된다. 문을 부숴봐야 아무 소용없을 것이란 것이다. "도대체 어떡하면 그렇게까지 되는 겁니까? 사람이면서…" O의 말에 S는 무너져 내리고 그녀의 시선이 지하철 조종석 출입문을 향한다. 한편 지하터널 안에 L(반지의 남자)이 서있다. 그는 손목시계를 보더니 지하철 철도의 선로 방향을 수동으로 조작해 다른 쪽으로 바꾸어 놓는다. 그리고 누군가에게 문자를 보낸다. 계획대로 진행했다는 것이다. 지하철 전광판에 이 정보가 출력되지만, 지하철공사 종합상황실엔 지금 국회의원들이 방문 중이라 아무도 전광판을 신경쓰지 못하고 있다. 다시 지하철, K가 O에 방독면을 전해주고, O는 K에게 조종석 출입문을 열어 달라 부탁한다. K가 방아쇠를 당기고, 조종석 출입문의 손잡이가 부서지더니 문이 살짝 열린다.
제19화	W가 지하철 공사에서 그간의 공사 서류들을 살피고 있다. L이 지하철 유지보수 일을 시작하자마자 지하철 2366호에 대한 일을 총괄할 수 있었던 건 홍보담당관이 힘써준 것임을 밝혀낸다. 홍보담당관 역시 테러범이었던 것이다. W는 홍보담당관이 있는 상황실로 달리기 시작한다. 지하철 안, 열린 조종석 문을 들여다보면 모든 장비들이 망가져 있다. 가스 살포 10분전이다. S의 미친 듯한 조롱이 시작되고, 승객들의 아비규환 싸움이 시작된다. 홍보담당관은 미리 준비했다는 최상급 지휘실로 국회의원들을 안내하고, 그들은 약속 대로 현금 결제의 버튼을 누른다. 지하철에선 K와 S가 피를 뿜어대며 미친 듯한 싸움을 진행 중이고, 사방에서 고통과 절망의 비명이 터져 나온다. 이때 지하철이 멈춘다. 돈이 전달된 것이다. 그리고 지하철 출입문이 열린다.
제20화	승객들은 싸움을 멈추고 O의 지도하에 하나둘 빠져나가기 시작한다. S만이 방독면을 부여잡고 실성한 듯 울기 시작한다. "아냐 그럴 리가 없어… 이렇게 쉽게 끝날 리가 없어. 게임은 안 끝났어!! 아직 안 끝났다고!!" 한편 W는 경찰들을 다시 지하철 공사로 호출한다. 홍보담당관을 잡기 위해서다. W가 국회의원들을 향해 홍보담당관이 안내해준 방에서 나오라 소리치지만, 국회의원들이 당황하는 사이 홍보담당관이 최고급 지휘실의 철문을 닫아버린다. 지진이나 전쟁에 대비해 지었다는 이 공간은 외부에서 절대 들어올 수 없다고 말하는 홍보담당관은 결국 국회의원들이 고스란히 갇혔음을 알려준다. 국회의원들이 의아해하면, 사실 지하철에는 가스가 없고, 여기 있다고 말해준다. 당황하기 시작하는 국회의원들, "이 게임은 처음부터 당신들을 위한 거였습니다. 아시겠습니까? G의 책임자 여러분!!" 홍보담당관이 미소 짓고, 그의 손에 총과 함께 방독면이 들려있다.

별지 2.

이 사건 제2시나리오의 줄거리

제1화	기업의 협상전문가로 활약 중인 Q(AB). AC그룹의 직원들이 필리핀에서 기업의 거래로 인한 인질로 잡혀 있는데, 그들을 살려내기 위해 필리핀으로 떠난다. 그리고 인질 4명 중 3명만을 살려오는데 성공했다. 단독 기자회견을 열며 인질들을 구해 온 영웅이 된 Q. 한편, 경찰 특공대에서 총망 받던 P(AD). 그녀는 극중 삼촌으로 등장하는 AE팀장(AF)을 굉장히 존경하고 그가 이끄는 위기협상팀으로 소속되고 싶어한다. 소속팀에서 첫 현장을 나가게 된 그녀는 처음으로 Q와 조우하게 된다. 당시 현장 상황은 Q가 구해왔던 인질 중 한명이 Q의 여자친구가 근무하는 레스토랑에서 벌어진 인질극이었으며, Q는 경찰과 의문의 통화 때문에 여자친구를 끝내 살려내지 못했다. 당시 협상을 시도했던 AE 팀장도 갑작스런 죽음을 맞았다.
제2화	레스토랑 인질사건이 벌어진 1년 후, 많은 것이 변해버린 Q. 그 이후 잠적을 감췄던 Q는 위기협상 사건이 일어날 때마다 경찰보다도 먼저 도착해 위기협상팀으로 사칭하며 사건을 해결해왔고, 실제 위기협상팀은 Q의 정체를 모른 채 누가 해결하는 것인지 궁금해 한다. 마침내. Q의 정체를 알게 된 P와 팀원들은 경찰서로 연행하려던 도중에 근처 은행에서 강도사건이 벌어져서 출동하게 된다. 사건 후 1년 동안 AC그룹 회장의 연락과 눈을 피해 종적을 감추었던 Q는 이 사건을 해결하기 위해 AG 회장(AH)과 다시 한 번 내통하고 강도 인질 사건에서 주협상가로 P를 내세워 해결한다.
제3화	Q는 P에게 1년 전 레스토랑 사건의 전말을 알려준다. 사건마다 피리 부는 남자가 등장했고 실제 인질극을 조종하는 이는 따로 있었다는 전말이다. AC그룹의 카지노 사업을 향해 반대하는 시위대가 보여지고, 카지노 건물에 갑작스럽게 돌진하는 가스통을 실은 차량과 그 안의 정신 지체의 위기자는 알아듣지 못할 말들을 내뱉는다. 이 상황에서 AC그룹의 AG회장은 Q를 만나 모종의 거래를 제안한다. 사건 현장에는 위기자가 원하는대로 언론인 M(AI)을 현장에 불러들인다. Q는 현 위기상황에 대해 AG회장의 지시를 받고 그대로 움직이려 했으나, 끝내 미묘한 감정으로 인해 자신이 했던 행동을 거둔다. 오랜만에 마주한 Q와 M은 미묘한 신경전을 벌인다.
제4화	마침내 Q는 위기협상팀에 협력하게 되고, 그 사이 Q는 AJ은행 강도에게서 피리 부는 남자의 정체에 대해 정보를 얻고자 접근한다. 위기협상팀의 AK는 아들과의 갈등으로 속앓이를 한다. AK의 아들은 AL이라는 사이트를 통해 자신의 친한 친구가 겪은 폭행사

	건을 사람들에게 알리고 있다. 그 사실을 알게 된 Q는 AL라는 사이트를 알게 되고, 그 사이트에서 피리 부는 사나이의 흔적을 발견하게 된다. AJ은행 강도사건의 주범 또한 AL 사이트를 통해서 일을 벌였다는 사실까지 알게 되었다. 그러면서 갑작스럽게 벌어진 AK 아들의 납치사건은, 자작극으로 밝혀졌다. 여러 사건을 함께 해결해가며 가까워진 Q와 P. 허나, Q이 거슬렸던 경찰청장은 P에게 뉴타운 재개발 사건을 주도했던 핵심인물이 Q이었음을 알려준다. P는 지난 날 사건을 떠올리며 괴로워한다.
제5화	Q는 징계위원회가 열린 가운데, AE팀장의 유품으로 경찰 내부의 소행을 밝혀내고 싶었으나 이미 증거는 인멸되었다. Q와 P의 언쟁까지 더하면서 징계위원회에서는 Q의 업무권한을 박탈시키고 위기협상팀의 업무를 당분간 특공대 팀에 위임하기로 한다. 한편, 방송국내에는 휘파람을 불며 테러를 하겠다는 전화가 장에게 걸려온다. 단순 장난 전화 해프닝일 줄 알았으나, 방송에 카운트다운과 함께 '처벌할 힘이 없는 자만이 용서한다'는 자막과 함께 테러의 시작을 알렸다. 그 사이 AG회장은 AM과, AN는 M과 내통하는 모습을 보인다. 다음날, 노조의 대표이자 방송국의 직원이었던 AO은 국장을 협박하며 본인이 필요한 자료를 빼앗고자 한다. Q는 위기협상 과정에서 AO의 새로운 인질이 된다. Q의 위기모면 행동으로 P는 AO을 제압하고 가까스로 빼앗았던 방송국내 자료는 국장의 행동으로 모두 재로 변했다. 방송국 테러사건이 잘 마무리되었음에도 불구하고 경찰청장은 계속해서 Q를 의식한다. Q를 찾아온 M은 테러가 끝나지 않았음을 언질한다.
제6화	P는 지난날을 떠올리며 그간의 위기 협상 사건들로 인해 힘들어 하고 있다. 한편 방송국 테러 사건을 벌인 AO는 본인이 피리 부는 사나이라고 한다. 동반 자살 사건이 접수되고 현장에 도착한 P는 자살시도를 막는다. 어느덧 P는 Q의 도움 없이도 위기협상가로 성장한 모습을 보인다. 자살시도를 하고자 했던 여자는 경찰서 안에서 다시 한 번 자살시도를 하고, P는 또 한 번 그녀를 살리면서 피해자이지만 동반자살 사건으로 인해 가해자가 되어버린 그녀를 돕고 싶어 한다. 국민참여재판에서 가해자가 된 여자를 돕기 위해 증인석에 앉은 P는 상대 검사에게 말리고 있다. 그 소식을 전해 들은 Q는 재판에 찾아와 현명하게 재판의 결과를 뒤집어엎는다. 재판 이후 다시 한 번 가까워진 Q와 P는 AL 자료와 AE 팀장의 과거 경력 이야기를 하며 13년 전 그 일에 대해 하나씩 되짚어 보며 사건을 파헤쳐 나간다.
제7화	AP(AG회장의 아들)는 피리 부는 사나이를 돕고 싶다고 AL에 글을 올렸으며, 이 글을 보게 된 P와 Q는 두 사람이 만날 장소에 가게 된다. 기다린 결과 AP를 만나러 온 사람은 바로 M이었다. 취재차 만났다고 주장하는 M과 피리남이 아니었다고 밝히는 AP. 이후 P의 집에 함께 간 Q는 AE팀장의 유품의 증거를 찾다가 동화책 피리 부는 사나이를 발견한다. 점점 피리 부는 사나이의 정체가 13년전 뉴타운 재개발 사건과 직접 연관이 있는 사람으로 추측하고 용의자가 좁혀지고 있다. 재개발 사건의 피해자였던 N이 유력한 피리남이라 생각하고 쫓는 위기협상팀. N은 또다른 재개발 사건의 피해

	자였던 AQ가 피리남인 것 같다며 지목한다. 그 당시 다른 피해자들을 찾아다니던 중, AQ의 아버지가 계신 요양병원을 찾아 낸 M과 P. 특별한 수확 없이 돌아갈 뻔 했으나 기지를 발휘한 Q는 AR(AQ의 아버지)을 후원하는 자가 M이라는 것을 알게 된다. AP는 피리남의 부탁으로, 방송국 테러 사건 후 중단되었던 타이머가 다시 시작되면서 테러는 끝나지 않았음을 알린다. 방송국 생방송 도중 또다시 테러가 시작되었고, 피리남의 피리 부는 소리가 등장하고 테러사건은 점점 더 극박한 상황에 치닫는다.
제8화	송출되고 있던 방송의 전원을 모두 꺼버린 국장, 하지만 아직까지도 시간이 얼마 남지 않았다고 말하는 테러범. 전원이 나간 틈을 타 서버실에서 자료를 빼돌리고, 폭탄 설치 후 도망가려던 찰나 Q에게 붙잡히고 둘은 몸싸움을 한다. 서버실에 설치되어 있던 폭탄은 AS의 제거로 터지지 않았다. 방송국 테러 사건 이후 R 기밀자료가 유출되어 세간을 떠들썩하게 했고, AE팀장의 녹취파일까지 찾게 된다. 녹취파일이 밝혀지자 P는 심적 고통이 컸고 AG회장은 곤란한 상황에 처한 경찰청장을 다시 한 번 구해준다. 기밀자료 유출로 인해 AM은 AG회장 눈밖에 나버려 국장 자리까지 빼앗기고 만다.
제9화	회식 후 늦은 밤에 집에 도착한 P, 그리고 P의 집 앞에서 P를 기다리고 있었던 N. 정신을 잃은 P와 망설임 없이 불을 지른 N. 그리고 전화를 받지 않는 P가 걱정되었던 Q는 P의 집으로 가고선 불이 난 것을 알게 된다. P를 구하려는 순간에 어찌된 일인지 M도 P의 집에 뛰어 들어와서는 다급히 돕는다. 병원에서 휴식을 취하는 P에게 P의 어릴 적 사진을 AR 씨에게 받았다며 건네는 M. N의 도발 행동 이후 복직한 P는 서에서 돈이 없어 물건을 훔치다 걸린 외국인 노동자를 마주친다. 이 노동자는 임금 체금으로 괴로워하고 있었다. 그녀의 동료들도 더 이상 참을 수는 없다면서 임금을 주지 않은 사장을 상대로 인질극을 벌인다. 뒤로 물러서지 않을 것 같던 외국인 노동자들은 언론에 본인들의 억울함을 알리고 싶어하고, Q는 M을 장소로 부른다. M은 통역하는 척하며 오히려 외국인 노동자들에게 사건을 만드는 거래를 한다. 상황은 나아질 기미 없이 점점 더 악화되어가고만 있다.
제10화	Q는 M을 구하기 위해 무력진압과 동시에 협상 진행을 요청한다. Q의 열정적인 협상으로 M과 Q는 목숨을 구했다. P는 Q의 집에 방문하게 됐고, 과거 Q의 사진을 보게 된다. Q는 지난 학창시절 때를 떠올린다. 이미 AG회장과의 인연이 있었던 지난날과 혼외자식이었던 Q의 과거가 밝혀진다. 그리고 외국인 노동자들을 고용했던 사장은 애매모호한 유서와 함께 자살을 한 것이 밝혀졌다. 인질사건 이후 위기협상팀을 찾은 M은, N 체포를 공개수사로 전환키로 한다는 소식에 언론의 힘이 필요하다면 최대한 도와주겠다고 한다. 회의 후 M은 Q와의 대화 도중에 급히 자리를 피해 주차장으로 간다. M에 차에 타고 있었던 인물은 다름 아닌 N이었다. 과거 M은 N을 찾아가 N에게 과거 13년 전처럼 세상을 망치고 있는 사람들을 처벌받게 하자고 한다. 피리남은 N이 아닌 M이었던 것이다.

제11화	과거 동료 형사를 현장에서 잃은 기억에 괴로워하는 AT(AU)가 등장했다. AT는 그 당시 사건의 트라우마로 상담센터를 찾는 AT의 모습. 그리고 그런 AT를 다음 사건을 만들어낼 타겟으로 잡은 피리남 M. 요양원에 있는 AR을 찾아 자신의 계획을 말하는 M. 한편 Q는 철공소 사장의 갑작스런 자살도 피리남과 연관이 있을 것이라 생각해서 사건을 파헤쳐본다. 위기협상팀은 특공대의 AS와 회식을 하며 다음날 있을 AV 경찰청장과 AW 의원의 토론 방송에 대해 열띤 토론을 한다. AW 의원의 혼외자식인 Q는 듣기 괴로워한다. M의 AX 프로그램을 통해서 AV 경찰청장과 AW 의원은 서로의 주장을 펼쳐나가고, M은 두 사람의 약점을 교묘하게 건드린다. 이때 Q는 지난 외국인 노동자 인질사건 당시 녹화된 영상을 보며 M과 외국인 노동자의 대화를 파악하고자 한다. 생방송을 지켜보던 AT는 트라우마 센터에서 트라우마 치료를 담당해주시던 선생님을 인질삼아 자신의 이야기를 들어줄 것을 강력히 요구한다. AT를 뒤에서 조종하는 사람은 다름 아닌 N이다. 밀폐된 공간에서 가스를 살포시키고 홀로 방독면 쓰는 AT의 모습. AV청장과의 대화를 원하는 AT의 마음과는 달리, 토론이 중요하다며 자리를 지키고만 있는 AV청장의 모습이 대비된다.
제12화	M은 방송의 짬이 난 사이에 Q가 다시보고 있는 사건의 영상을 몰래 폐기처분한다. 경찰 트라우마 센터에서 AT의 인질이었던 상담 선생님은 목숨이 위태한 지경에 이른다. 그 사이 현장에 도착한 Q는 지위박탈을 당했지만, 특공대원들과 협력하여 위기 상황을 이겨내 보고자 한다. 하지만 Q의 위기 협상에도 불구하고 경찰이기에 먹힐거라는 생각은 말라며 무조건 AV청장을 데려오라고만 지시하는 AT. 급기야 가스가 살포된 밀폐공간에서 방독면 마저 벗는다. 이에 Q는 AW 의원과 내통하여 전화연결을 하며 현장에선 아니지만 AW의원의 입을 통해 AV청장을 위기에 몰아세운다. 다른 경찰들은 N을 찾기 위해 노력하던 찰나에 N을 만난 AY 경사는 몸싸움 끝에 의식을 잃고 쓰러진다. 방송국에서 M은 AV청장이 통화하는 내용을 볼륨을 올려달라고 하며 일부러 실수인척 방송에 모두 내보이고, 곤경에 빠진 AV청장은 정리발언조차 제대로 하지 못한다. M의 심리를 긁어내면서 현재의 사건을 모두 일단락하게 만들려는 Q. 그 사이 AK는 AY 경사와 N을 발견하고 N과 몸싸움을 벌이다 수차례 칼에 찔렸지만, 피리남이 M이라는 것을 N과의 통화 목소리로 알게 된다. 죽어가면서까지도 Q에게 M임을 알려주고자 했던 AK. AZ병원 경찰 트라우마센터 인질극이 더 이상의 큰 피해없이 마무리되고서 AV청장의 징계위원회가 열렸고, AY 경사는 그간 AV청장이 시켰던 일들을 모두 폭로한다. AK의 추모회에서 Q와 M은 미묘한 신경전을 벌인다.
제13화	Q는 M을 지명수배하고자 방송국 국장이자 앵커인 M을 찾아간다. M을 그 부탁을 들어주며 직접 N 지명수배를 방송한다. 한편 피를 토하며 쓰러졌던 AG회장은 병원에서 조폭들에게 지명수배 내려진 N을 먼저 잡아올 것을 명령한다. Q는 피리남이라고 생각하는 M을 미행하며 예의주시한다. N은 본인의 아지트에서 빠져나오지 못하고 AG회장이 보낸 조폭들에게 당할뻔 하지만 끈질기게도 살아나온다. 검문과 추격에서도 유유자적하게 빠져 나가는 M과 N. 이 과정에서 Q는 P에게 M의 정체를 알려주고, M을 보호

제14화	해야 한다는 Q의 말에 위기협상팀은 24시간 M을 보호한다는 목적으로 감시한다. 요양원에 있던 AR은 피리 남의 정체를 알려야겠다는 생각에 P에게 편지를 보내고, 이 편지를 빼돌리기 위해 M이 위기협상팀을 찾지만 실패했다. P는 이 편지를 받고서 요양원으로 가던 도중 N에게 납치를 당한다. P를 찾으러 가던 Q는 편지의 비밀을 알아챈다. N과 피리남은 다음 복수 단계를 위해 물품보관함에 넣어두었던 물건을 손에 쥔 M은 P의 목숨과 맞바꿀 것을 제안한다. 가방을 찾으러 가는 N, 하지만 이미 몸에는 폭탄이 설치된 P. 폭탄을 터뜨리려는 N을 총으로 쏴버린 M. 경찰은 일단 M을 긴급체포한다. M을 심문하며 M이 전에 건네었었던 사진을 보여준다. 해당 사진을 찍어준 사람을 찾기 위해 지난 날을 떠올릴 수 있는 최면술을 받은 P는 옛 기억에서 N의 누나 BA을 보게 된다. 사진을 현상한 사람까지도 M이었던 증거로, Q와 P는 BA의 애인을 M으로 생각한다. 하지만 실제 BA의 애인은 M이 아니었다. 그렇게 다시 한 번 경찰의 손아귀에서 벗어나는 M. 과거 M은 의경으로써 13년전 사건의 제압 당시 괴로워했던 모습을 떠올린다. 그리고 국장실에서 오토바이복으로 갈아입고 이동한 곳은 바로 AG회장의 병원. AG회장의 차에 폭탄을 심어 놨다. 경찰과 Q의 현명한 대처로 AG회장은 목숨을 부지했고, M은 앵커로써 마지막 뉴스에서 13년전 사건의 전말을 말하며 자신이 피리 부는 사나이었다고 밝힌다.
제15화	마지막 뉴스에서 처참하게 경찰들에게 연행된 M. 경찰의 심문에 일련의 테러사건들이 자신이 계획했고 N이 도왔다고 자백한다. 피리 부는 사나이를 체포한 위기협상팀의 AS는 포상휴가를 맞이했다. 하지만 Q와 P는 여전히 찝찝해한다. Q는 이미 자백을 한 M에게 무언가를 더 이끌어내기 위해 심문을 한다. M은 P에게만 보이도록 테러는 이미 시작했다고 말한다. 한편, AG회장의 아들 AP의 신상이 모두 인터넷에 공개 되었고 AG회장은 Q의 만류에도 불구하고 AP를 해외로 도피시킨다. AP가 탄 비행기에는 AS와 AS의 부인도 함께 탑승해있다. 그 비행기에는 이미 또 한 번의 테러를 위해 위기자가 탑승해 있었다. 비행기는 해킹되어 항로를 틀어 BB로 이동하고 있었다. 검찰과 심문을 하던 M은 비행기 납치라고 언질을 주었고, 자신은 P 경위와만 이야기하고 싶다고 한다. P는 비행기를 어떻게 멈추어야 하는지 알려달라고 했지만, 이미 국민들에게 인터넷 투표로 선택권을 넘긴 상황이었다. 비행기가 판자촌에 떨어져야할지, 부자동네로 떨어져 할지 혹은 바로 그 곳일지. P와 대화를 나누던 M은 비행기를 멈추려면 자기를 쏘라고 외친다.
제16화	해커가 밝혀지면서 비행기 테러의 탑승객들은 불안에 떨고 급기야는 AP를 해치려고까지 한다. AS와 그의 아내는 탑승객들을 설득하고 어떻게든 비행기 테러를 멈추기 위해서 노력한다. Q와 검찰, 군에서는 현 테러 상황에 대해서 불꽃 튀는 논쟁을 한다. 비행기가 추락하기까지 남은 시간동안 비행기를 멈추기 위해 노력하는 Q. 하지만 피리 부는 사나이의 계략대로 놀아나고 있는 검찰과 군은 제대로 된 대책이 없이 피리

부는 사나이의 계략 대로 놀아난다. 한편, AG회장은 경찰서를 찾아 몰래 M을 빼돌려 조폭을 이용해 폭력을 휘두른다. 급기야 M을 죽이고자 총을 겨눈 사이 Q와 P가 현장을 찾았다. M은 국민들의 투표에 대해서 스스로를 희생할 각오로 답을 찾지 않았으니 목적지가 정해지지 않은 것이라고 말한 후 AG회장의 총에 맞아 쓰러진다. M의 말에 해답을 찾은 Q는 언론을 통해 국민들 모두에게 각자의 현위치로 투표를 할 수 있기를 힘을 모아주기를 강력히 부탁한다. 이에 시민들은 BC 비행장으로 몰리며 투표수를 모으고 있다. 가까스로 1위 자리로 바뀐 BC 비행장으로 비행기는 목적지가 변경 되었다. 비행기 탑승인원이 모두 무사히 도착했다. 마지막 비행기 테러사건 이후, AG회장은 검찰조사를 피할 수 없었고 위기협상팀은 사라지지 않고 꾸준히 업무를 이어나갔다. 전신마비 상태로 누워있는 M은 꿈속인 것처럼 지난날 사진을 현상하는 몽환적인 영상이 보여진다. 그리고 현재, 해당 사진관에 오랜만에 모습을 드러낸 Q는 협상을 하는 모습, 여전히 위기협상팀이 일하는 모습을 멀리서나마 지켜보고 있다.

|8|
〈화유기〉

서울서 부지 방법원

제11민사부

판 결

사 건	2018가합34230 손해 배상(지)
원 고	A
	소송대리인 법무법인 린
	담당변호사 ○○○, ○○○
피 고	1. B
	2. C
	피고들 소송대리인 변호사 ○○○, ○○○
변론 종결	2019. 1. 10
판결선고	2019. 2. 12.

주 문

1. 원고의 피고들에 대한 청구를 모두 기각한다.

2. 소송비용은 원고가 부담한다.

청구취지

피고들은 공동하여 원고에게 350,000,000원 및 그중 320,000,000원에 대하여는 소장부본 송달일부터, 나머지 30,000,000원에 대하여는 청구취지 변경신청서 부본 송달일부터, 각 다 갚는 날까지 연 15%의 비율로 계산한 돈을 지급하라. 피고들은 D언론에 각 각('가로'의 오기로 보인다) 30센티미터, 세로 20센티미터의 크기로, 제목은 24급 고딕 활자, 내용은 18급 명조활자로 하여 별지1 기재 광고문을 1회 게재하라.

이 유

1. 기초사실

가. 원고는 'E'이라는 필명의 시나리오 작가로서, 2015년경 중국 명나라 시대 작가 F 의 소설(가를 모티브로 한 'H'라는 제목의 소설을 집필하였다 (이하 '원고 저작물'이라 한다). 위 소설은 2015. 9. 2.부터 2016. 2. 18.까지 총 68회에 걸쳐 포털사이트 I에 연재되었고, 2016년 10월 J 주식회사를 통하여 책으로도 출간되었다.

나. 피고들은 'K'라는 필명의 드라마 작가들로서 2017. 2. 23. 방송프로그램 제작업을 하는 L 주식회사와 방송극본 집필 및 사용계약을 체결하고

이에 따라 'G'를 모티브로 한 'M'라는 제목의 드라마 시나리오를 집필하였다(이하 '피고들 저작물'이라 한다). 위 드라마는 2017. 12. 23.부터 2018. 3. 4.까지 총 20회에 걸쳐 N에서 방영되었다.

[인정근거] 다툼 없는 사실, 갑 제1, 2, 3, 13호증, 을 제1, 2, 3, 7, 25, 27, 30호증(이상 가지번호 포함)의 각 기재 또는 영상, 변론 전체의 취지

2. 원고의 주장

가. 원고는 2000년경부터 시나리오 작가로서 활발히 활동하면서 'G'를 모티브로 한 작품을 오랜 기간 구상해오다가 2015년 초 원고 저작물의 초고를 완성하고 이를 I에 연재하였다. 그런데 그 후 피고들은 원고 저작물에 의거하여 원고 저작물과 실질적으로 유사한 피고들 저작물을 집필·방영하였고 원고가 그 원작자라는 점을 표시하지 않음으로써 원고의 저작권(2차적저작물작성권, 성명표시권)을 침해하였다.

나. 피고들은 피고들 저작물 창작의 대가로 회당 7,000만 원의 집필료를 받았으므로, 피고들이 원고 저작물의 이용허락을 받았더라면 그 3배인 2억 1,000만 원에서 5배인 3억 5,000만 원의 범위 내에서 그 대가를 원고에게 지급하였을 것이다. 그렇지 않더라도 피고들이 순수익 부분 외에 집필료로 받은 금액만 14억 원이라는 점을 볼 때 적어도 원고가 입은 손해액은 그 20~25% 정도인 3억 2,000만 원으로 볼 수 있다. 피고들은 저작권법 제125조 제2항 또는 제126조에 따라 2차적저작물작성권 침해에 의한 손해배상금으로 원고에게 3억 2,000만 원을 지급할 의무가 있다.

다. 또한 피고들의 성명표시권 침해로 인하여 원고는 상당한 정신적 고통을 입었고 피고들이 아직까지도 피고들 저작물의 원작자가 원고임을 공표하지 않아 피해가 계속되고 있으므로, 피고들은 원고에게 위자료로 3,000만 원을 지급하고 원고의 명예회복을 위한 조치로서 저작권법 제127조에 따라 D언론에 별지1 기재 광고문을 1회 게재할 의무가 있다.

3. 저작권 침해 여부에 관한 판단

가. 의거관계의 인정 여부
1) 관련 법리
대상 저작물이 기존의 저작물에 의거하여 작성되었다는 사실이 직접 인정되지 않더라도 기존의 저작물에 대한 접근가능성, 대상 저작물과 기존의 저작물 사이에 유사성 등의 간접사실이 인정되면 대상 저작물이 기존의 저작물에 의거하여 작성되었다는 점이 사실상 추정된다(대법원 2007. 12. 13. 선고 2005다35707 판결 참조). 대상 저작물이 기존의 저작물에 의거하여 작성되었는지 여부와 양 저작물 사이에 실질적 유사성이 있는지 여부는 서로 별개의 판단으로서, 전자의 판단에는 후자의 판단과 달리 저작권법에 의하여 보호받는 표현뿐만 아니라 저작권법에 의하여 보호받지 못하는 표현 등이 유사한지 여부도 함께 참작될 수 있다(대법원 2007. 3. 29. 선고 2005다44138 판결 참조).

2) 판단
위 기초사실과 그 각 증거에 변론 전체의 취지를 더하면 다음과 같은 사정을 알 수 있다. ① 원고 저작물은 2015년 9월부터 약 6개월 동안 국내 1위의 포털사이트에 연재됨으로써 누구나 국내·국외 어디서든 이를 쉽게 접하고 그 내용을 확인할 수 있었다. ② 피고들이 피고들 저작물을 집필한 것은 원고 저작물의 연재가 끝나고 그 저작물이 책으로도 출간된 이후로서 피고들이 그 전부터 'G'를 소재로 한 시나리오를 구체적으로 구상하거나 집필하고 있었다고 볼 증거가 없고, 오히려 피고들은 2016년 말 경까지도 중국의 장편 드라마 대본(20회분)을 집필하고 있었던 것으로 보인다. ③ 피고들이 비교적 단기간 내에 'G'를 기초로 한 드라마 시나리오를 집필하기 위해서 기존에 'G'를 기반으로 한 작품들에 대하여 사전조사 및 검토를 하였을 것으로 보이고, 특히 원고 저작물과 같이 비교적 최신작이라고 한다면 그랬을 여지가 더욱 크다. ④ 양 저 작물은 모두 현대세계에 여자로 태어난 O과 요괴 P의 운명적인 연애, 사랑이야기를 다루고 있고, P과 O은 서로를 죽일 운명을 걱정하고 O이 이를 피하기 위해 스스로를 희생한다는 점, 극의 배경이 되는 연예계에 요괴들이 많이 있고 요괴 연예인들이 소속된 연예기획사가 나오며 그들이 대중의 인기를 흡수한다는 점, 요괴들은 신분을 숨기기 위해 일정 시간이 지나면 사망을 위장하여 인생을 갈아탄다는 점, 요괴가 O을 먹으면 힘이 강해진다는 점 등 원작 'G'에서와는 다른 여러 설정이 공통된다. 이러한 점에 비추어 보면 피고들 저작물은 원고 저작물에 의거하여 작성되었다고 사실상 추정할 수 있고 피고들이 제출한 증거만으로 위 추정을 번복하기에 부족하다.

　나. 실질적 유사성 여부
　1) 원고의 주장 요지

원작 'G'를 모티브로 한 원고 저작물과 피고들 저작물은 모두 현대세계에 환생한 O과 P의 사랑을 소재로 한 것으로서 구체적으로 별지2 기재와 같이 원고 저작물과 피고들 저작물의 내용 구성, 소재, 인물 등에 관한 21가지 설정이 유사하므로 양 저작물은 실질적 유사성이 있다.

2) 관련 법리

저작권의 보호 대상은 인간의 사상 또는 감정을 말, 문자, 음, 색 등에 의하여 구체적으로 외부에 표현한 창작적인 표현형식이고, 거기에 표현되어 있는 내용, 즉 아이디어나 이론 등의 사상 또는 감정 그 자체는 원칙적으로 저작권의 보호 대상이 아니므로, 저작권의 침해 여부를 가리기 위하여 두 저작물 사이에 실질적인 유사성이 있는지 여부를 판단함에 있어서도 창작적인 표현형식에 해당하는 것만을 가지고 대비해 보아야 하고, 표현형식이 아닌 사상 또는 감정 그 자체에 독창성·신규성이 있는지를 고려하여서는 안 된다(대법원 2011. 2. 10. 선고 2009도291 판결, 대법원 2017. 11. 9. 선고 2014다49180 판결 등 참조). 소설 등에 있어서 추상적인 인물의 유형 혹은 어떤 주제를 다루는 데 있어 전형적으로 수반되는 사건이나 배경 등은 아이디어의 영역에 속하는 것들로서 저작권법에 의한 보호를 받을 수 없다(법원 2000. 10. 24. 선고 99다10813 판결 참조). 어떤 저작물이 기존의 저작물을 다소 이용하였더라도 기존의 저작물과 실질적인 유사성이 없는 별개의 독립적인 저작물이 되었다면, 이는 기존의 저작물의 저작권을 침해한 것이 되지 아니한다(대법원 2010. 2. 11. 선고 2007다63409 판결 참조).

3) 판단

갑 제1, 3, 4, 5, 7, 8, 9, 11, 12, 13호증, 을 제1 내지 4, 9, 10, 11, 14, 17, 18, 25, 29, 36 내지 40호증(이상 가지번호 포함)의 각 기재 또는 영상에 변론 전체의 취지를 더하여 알 수 있는 아래와 같은 사정을 종합하여 보면, 피고들 저작물은 원고 저작물과 구체적인 표현이나 표현방식에 있어서 차이가 나고 가사 일부 유사한 부분이 있다고 해도 원작 'G'에서 유래되는 부분을 제외한 부분만 두고 볼 때에는 피고들 저작물 전체에서 그 유사 부분이 차지하는 질적·양적 비중이 극히 미미하여 그 창작적 특성이 피고들 저작물에 감지된다고 보기 어려우므로 피고들 저작물이 원고 저작물과 실질적으로 유사하다고 인정할 수는 없고 원고 저작물과는 별개의 독립적인 저작물이 되었다고 봄이 타당하다.

① 소재

● 양 저작물은 고대 신괴(神怪) 소설인 'G'를 현대극으로 재창조 하여, 요괴가 인간의 모습을 하고 살아가는 현대세계에서의 'G' 속 등장인물인 P(남자주인공)과 0(여자주인공)의 연애, 사랑이야기를 다룬 판타지로맨틱 물로서 기본적으로 서로 동일한 소재를 다루고 있다. 그러나 저작물의 소재 자체는 아이디어의 영역에 속하는 것으로서 저작권의 보호대상이 되지 않는다.

● 뿐만 아니라 고전소설을 현대극으로 재창조하면서 여느 소설, 극본 등에서도 전형적·필수적으로 사용되는 남녀주인공 간 애정관계를 설정한 것이 원고만의 창작적인 소재라고 볼 수도 없다. 원고 저작물에서는 주요 등장인물들이 같은 공간에 거주하고 연예계라는 같은 영역에 있으면서

겪게 되는 갈등과 애정관계를 주로 다루지만, 피고들 저작물은 주요 등장인물들이 서로 다른 영역에 있으면서 함께 요괴를 퇴치하는 과정에서 겪게 되는 갈등과 애정관계를 주로 다룬다.

　기본적인 소재가 동일하다는 점을 근거로 양 저작물이 유사하다고 볼 수 없다.

　② 남녀주인공의 설정과 상호 관계

● 양 저작물은 O이 현대세계에 여자로 태어나서 요괴인 P과 운명적으로 사랑에 빠지게 된다는 설정이 유사하다. 그러나 이러한 설정 자체는 아이디어의 영역에 속하고, 이는 O이 원작 'G'에서도 힘이 약하고 위험을 자초하며 가장 강한 요괴인 P 등으로부터 보호를 받아야 하는 인간으로 등장한다는 점에 착안한 것으로 보이며 G를 모티브로 한 다른 작품들에서도 여러 번 사용된 설정으로서 원고만의 창작적인 표현에 해당한다고 보기도 어렵다.

● 피고들 저작물에서 여자주인공(Q)이 O의 소명을 가지고 태어난 인간이라는 설정이 원고 저작물에서 여자주인공(R)이 O의 환생이라는 설정과 유사하지만, 피고들 저작물에서는 P, S, T가 모두 인간의 모습으로 수천 년을 살아가는 요괴로 나올 뿐 원고 저작물이 사용한 '환생'이라는 설정이 없다.

● 남자주인공(P)은 여자주인공(O)이 울거나 찾을 때면 언제든지 나타난다는 양 저작물의 설정도 로맨스 물에서 흔히 사용될 수 있는 인물설정이라고 보인다. 원작 'G'에서도 O의 제자인 P은 O이 위험에 처하면 언제든지 구하러 가는 설정이 있어 원고만의 창작적 표현이라고 볼 수 없다. 원

고 저작물에서는 O이 눈물을 흘리면 P의 머리가 아파져서 P이 도와주러 가지만, 피고들 저작물에서는 P이 U을 탈출하면서 O과 한 계약에 따라 O이 이름을 부르면 언제든지 지켜주러 간다는 것이고 그 과정에서 P이 O의 말을 듣게 하는 팔찌(V)라는 도구가 사용된다. 구체적인 내용과 표현방식도 다르다.

● 원고는 양 저작물에 P이 '여자도' 때리는 성격이라는 공통된 설정이 있다고 주장하나, 주인공의 성격에 관한 설정 자체는 아이디어에 불과할 뿐 아니라 양 저작물에서 P은 여자를 때리는 것이라기보다 여자 모습을 한 요괴를 때리는 설정이라 보이고 이는 원작 'G'에서도 나오는 설정일 뿐이어서 독창적이지도 않다. 원고 저작물에서는 '(P은) 수틀리면 여자도 때린다.'라는 대사가 나올 뿐이어서 위와 같은 설정이 창작적인 형식으로 표현되어 있다고 보기도 어렵고 피고들 저작물에서 위 문언적 표현을 그대로 사용하고 있지도 않다.

● 원고 저작물에서 P과 O은 전생에서 싸우다 서로 죽었다고 생각하고 그러한 악연이 현대세계에서도 이어질까봐 걱정하는 내용이 나오고 피고들 저작물에서도 위와 유사하게 P과 O이 서로를 죽일 운명에 있어 이를 걱정하는 내용이 나온다. 그러나 판타지로맨스물에서 남녀주인공이 서로를 죽여야 하는 운명에 있어 갈등상황에 놓이게 되는 것은 흔히 사용되는 설정으로서 원고만의 창작적인 표현이라 볼 수도 없다. 피고들 저작물에서 O이 스스로를 희생하여 서로를 죽일 운명을 피하게 된다는 내용이 원고 저작물에서는 P과 O의 실제 전생에 관한 내용으로 나올 뿐이다.

③ 요괴의 설정

● 양 저작물은 O이 피를 흘리면 'W'를 맡고 요괴들이 달려든다는 설정이 동일하다. 그러나 이러한 설정 자체는 아이디어의 영역에 속할 뿐만 아니라 원작 'G'에서 도력을 가진 고승을 먹으면 불로장생할 수 있어 요괴들이 O을 잡아먹으려 한다는 설정이 있는 점, 인간의 피 냄새에 요괴가 반응한다는 것은 요괴물에서 흔히 사용되는 설정인 점에 비추어 원고만의 창작이라 보기도 어려우며, 'W'라는 표현 자체에 창작성이 있다고 볼 수도 없다.

● 피고들 저작물에서는 O의 피 냄새를 'X'으로 특정하고 그 피에 역병을 치료하거나 시체를 살리거나 주술로 묶인 봉인을 푸는 등의 힘을 부여하며 이를 이용해서 요괴들을 유인한 후 퇴치하는 설정이 사용되고 O과 대립관계에 있는 Y라는 신녀의 피에는 'Z'이 나는 것으로 설정하여 O과 대비를 이루도록 한 반면, 원고 저작물에서는 O의 피 냄새가 요괴의 식욕을 자극하는 장치로만 사용되고 O의 월경으로 인해 계속적으로 위기를 맞게 되는 내용이 반복되는 등 그 구체적인 표현방식과 설정의 효과에서도 많은 차이가 있다.

● 양 저작물은 공통적으로 요괴가 O을 먹으면 힘이 강해진다는 설정도 쓰고 있으나, 위와 같이 원작 'G'에서도 도력을 가진 고승을 먹으면 불로장생할 수 있어 요괴들이 O을 잡아먹으려 한다는 설정이 있고 단순히 '불로장생'을 힘이 강해진다는 설정으로 바꾼 것이 원고만의 창작적 표현이라고 볼 수는 없다.

● 양 저작물에는 요괴가 인간의 정기를 흡수하고 요괴는 연예계에 많이 있으며 인간들이 많이 모이는 공연장, 경기장에서 인간의 정기(대중의 인

기)를 흡수한다는 내용이 있다. 그러나 요괴가 인간의 정기를 흡수한다는 설정 자체는 아이디어에 속하고 다른 요괴물에서도 전형적으로 사용되는 설정으로서 원고만의 창작이라 보기도 어렵다. 원고 저작물에서 주인공들 (요괴)은 모두 기획사 소속 연예인으로 나오지만, 피고들 저작물에서는 P, S이 연예계와 관련 없는 직업을 가지고 있고 연예기획사 사장인 AA이 소속 아이돌 가수 T 등을 통해 기(氣)구슬로 인간의 정기(인기)를 모으는 것으로 나올 뿐이므로 구체적인 표현방식에도 차이가 있다.

● 양 저작물에서 연예기획사 사장이 강한 요괴로 나온다는 설정 자체도 아이디어에 불과할 뿐만 아니라, 피고들 저작물에서의 연예기획사 사장 AA은 의형제인 P과 함께 살면서 신선이 되기 위해 P, O과 함께 퇴마를 하는 주요 등장인물인 반면, 원고 저작물에서의 AB은 주인공들과 경쟁관계에 있는 아이돌그룹이 소속된 연예기획사 사장으로서 O의 힘을 안 뒤 O을 노리는 인물로 등장할 뿐 AA은 후반부에 따로 등장하고 그 역할, 비중이나 상호관계가 전혀 다르므로 피고들 저작물의 AA과 대응관계에 있다고 볼 수도 없다.

● 양 저작물에는 요괴들이 늙거나 죽지 않기 때문에 일정 시간이 지나면 사고 등에 의한 죽음을 위장하여 인생을 갈아탐으로써 요괴임을 숨긴다는 설정이 있다. 그러나 이러한 설정 자체는 아이디어에 불과하고 불로불사의 캐릭터가 인간세계에서 자신의 신분을 숨기기 위해 인생을 갈아타며 살아간다는 설정이 원고의 창작적 표현이라고 볼 수도 없다. 특히 요괴가 신분을 바꿔가며 살아간다는 설정은 피고들의 기존 저작물에서 이미 사용된 적이 있을 뿐만 아니라 피고들 저작물에서는 요괴가 신분을 숨기는

방법으로 노안 수술을 받거나 군대에 가는 등의 방법을 사용하기도 한다.

● 양 저작물에는 경찰 모습을 한 요괴가 공통적으로 등장하나 원고 저작물에서는 O이 경찰서에 갔다가 경찰로 위장 중인 요괴를 만나게 되고 그 경찰 요괴가 O의 냄새를 맡고 달려드는 내용이 나오는 반면, 피고들 저작물에서는 AA이 O을 잡았다는 소문을 듣고 떼로 몰려가는 여러 명의 요괴들 중 한 명으로 경찰 요괴가 등장할 뿐이므로 구체적인 역할과 비중이 다르다.

● 양 저작물에는 P과 O을 이간질하는 요괴가 등장한다는 점이 공통된다. 그러나 이러한 설정 자체는 아이디어에 불과하고 주인공들을 이간질하는 악역의 존재라는 설정은 전형적인 인물 설정일 뿐 원고만의 창작이라 볼 수도 없다. 원고 저작물에서는 AC 이란 요괴가 전생에 O이 P에게 칼을 겨누는 거짓 기억을 보여줘서 둘을 이간질하지만 피고들 저작물에서는 인간의 귀에 달라붙어 독이 되는 말로 인간을 현혹하는 독취가 P 의 귀에 붙어 P이 O 손에 죽을 것이라고 속삭임으로써 이간질하는 것이어서 구체적인 표현방식에 차이가 있다.

④ 악역의 설정

● 원고 저작물에서 전생에 당 황제였던 요괴 AD은 현대세계에서 환생한 P과 O을 만나게 되자 요괴들의 요력과 O의 선력을 모아 불로불사의 주술을 얻고 세상을 지배 하려하지만 실패한다. 원고는 피고들 저작물의 악역 AE와 그의 계획 속 O의 역할이 위 AD의 설정과 유사하다고 주장한다. 그러나 악당이 세상을 지배하기 위해 주인공과 맞서 싸운다거나 악당의 계획을 막기 위해 주인공의 죽음이 필요하다는 설정은 아이디어에 불과하고

원고만의 창작이라고 볼 수도 없다.

● 피고들 저작물에서의 AE는 현대세계에서 인기 있는 교수로서 유력한 대권주자인 세속적 인물이고 대통령이 되기 위해 신녀 Y를 통해 용을 부르는 의식을 행하지만 깨어난 AF으로 인해 세상이 환란에 빠지게 되자 P과 O이 AF과 맞서 싸우게 되는 것이어서 구체적인 내용도 다르다.

● 원고 저작물에서는 AD이 불로불사의 주술을 완성하기 위해 O의 선력(죽음)과 O 불경 안의 요괴들 및 P 등의 요력이 필요하다. 반면 피고들 저작물에서는 악귀인 AF 을 없애기 위해, 즉 인간세상을 구하기 위해 O의 희생이 필요한 것이다.

● 원고 저작물에서 악역 AD은 원래 빙의되어 있던 AG의 몸을 버리고 고의로 교통 사고를 내어 AH을 죽인 후AH의 몸으로 옮겨가 빙의한다. 원고는 악귀의 빙의에 관한 위 설정을 피고들이 베꼈다고 주장한다. 피고들 저작물에서도 악역 AE이 AI를 차로 치는 장면이 나오긴 하지만 AE이 고의로 교통사고를 낸 것이 아니고 AI의 몸에 빙의하는 것도 아니다. AI의 시신에 O의 피가 묻으면서 AI는 환혼시(좀비소녀)가 되고 'AJ'라는 이름으로 살아가던 중 AE에게 속아 오래된 석관에 봉인되어 있던 Y에게 몸을 빼앗기게 된다. 양 저작물은 그 구체적인 내용과 표현방식이 다르다.

⑤ 주변 인물들의 설정

● 원고 저작물에는 O의 부모님이 기도의 힘으로 요괴를 쫓는 목회자, 퇴마사로 나온다. 원고는 피고들 저작물에도 위와 같이 선력이 강한 직계 친척이 O을 보호한다는 설정이 있다고 주장하나, 피고들 저작물에는 O의 외할머니가 죽은 후 저승으로 떠나기 전 요괴로부터 어린 O을 한 번 지

켜주는 내용이 있을 뿐 특별한 능력을 통해 몰려드는 요괴로부터 O을 보호하는 역할을 하는 사람(친척)이 등장하지 않으며, 주인공 주변에 주인공을 지켜주는 인물이 있다는 설정 자체는 요괴물에서 흔히 볼 수 있는 설정에 불과하다.

● 원고 저작물에서는 P의 부모가 P을 찾아와 돈을 요구하고 돈을 주지 않으면 P이 요괴임을 알리겠다며 협박하는 내용이 있다. 원고는 피고들 저작물에도 주인공의 가족이 주인공의 돈을 착취하는 내용이 있다고 주장한다. 피고들 저작물에서도 어릴 적 고아였던 O을 돌봐줬던 외삼촌 가족이 O에게 지속적으로 돈을 요구하는 내용이 있긴 하나, 관련 인물들이 다르고 협박이 수반된 것도 아니어서 구체적인 내용과 표현이 유사하다고 볼 수 없다.

● 양 저작물에는 AA이 전생에 헤어진 아내 AK와 아들 AL를 만나게 되는 내용이 공통적으로 나온다. 그러나 이러한 설정 자체는 아이디어에 불과할 뿐만 아니라 원작에 나오는 인물관계에 기반을 둔 것으로서 원고만의 창작도 아니다. 원고 저작물에서 AA은 P이 AK와 AL를 죽였다고 오해하고 복수하려고 하다가 이를 막기 위해 남자로 환생한 AK와 AL를 만나 오해를 풀게 된 후 죽는다. 피고들 저작물에서 AA은 천 년 전 윤회의 고통 속에 갇히게 되는 벌을 받은 AK를 구하려 하고 죽은 줄 알았던 AL가 살아있는 것을 알고 찾으러 간다. 위 인물들 간 관계, 서사에 관한 구체적인 내용과 표현방식이 전혀 다르다.

⑥ 기타 설정

● 원고 저작물에서 O이 요괴를 퇴치하는 과정에서 'AM'(승려가 수행하

기 위해 지니고 다니는 '금강저'의 일종)라는 무기를 사용한다. 원고는 피고들이 위 무기의 이름을 본따 요괴를 물리치는 무기의 이름을 'V'로 지었다고 주장한다. 그러나 원작 'G'에서 P이 O의 말을 듣게 하기 위하여 통증을 주는 도구로 머리에 두루는 금테가 나오고 그 명칭이 V로 불리기도 하며 '금강'은 불교에서도 자주 등장하는 용어일 뿐이므로 '금강'이라는 명칭이 원고만의 창작적인 표현이라고 볼 수 없다. 또한 피고들 저작물에서는 V가 요괴를 퇴치하는 무기가 아니고 P의 심장과 연결되어 P이 O의 말을 듣게 하는 족쇄와 같은 도구일 뿐이어서 구체적인 내용도 다르다. 피고들 저작물에서 따로 등장하는 칼도 원고 저작물에서처럼 요괴를 물리치는 무기가 아니라 O의 희생을 위한 도구로 사용될 뿐이다.

- 원고 저작물에서는 O이 요괴를 없애기 위해 힘을 발휘할 때 빛나는 나비의 모습으로도 나타나는 설정이 있다. 피고들 저작물에도 나비가 등장하긴 하나 이는 P이 O을 찾기 위해 자신의 요력으로 나비 한 마리를 만들어 내어 X을 찾게 한다는 설정으로서 그 설정과 효과에 차이가 있다.

다. 소결론

피고들 저작물은 원고 저작물에 의거하여 작성된 것으로 추정되나, 원고 저작물과 실질적 유사성이 인정되지 아니하므로 피고들이 원고의 저작권을 침해하였다고 볼 수 없다. 이와 다른 전제에선 원고의 주장은 더 나아가 살펴볼 필요 없이 이유 없다.

4. 결론

그렇다면 원고의 피고들에 대한 청구는 이유 없으므로 이를 모두 기각하기로 하여 주문과 같이 판결한다.

재판장 판사 ○○○

판사 ○○○

판사 ○○○

별지 1.

소설와 드라마 'M'에 관한 제1심 판결에 관하여

저희는 인기 드라마 'M'의 대본을 쓴 극작가인 B, C입니다(둘을 함께 부를 때는 'K'라고도 합니다). 저희는 서울서부지방법원 2018가합34230 손해배상(지)사건 판결의 취지에 따라 이 글을 게재합니다.

서울서부지방법원은 최근, 저작권자인 A 작가(예명 'E')의 동의 없이 소설 'H'로부터 주제, 주인공 및 등장인물의 캐릭터와 갈등구조, 스토리의 전개 등 주요 구성요소들을 표절하여 'M' 대본을 작성한 점 및 A 작가가 그 원작자라는 표시를 하지 않은 점을 이유로, 저희들에게 'H'에 관한 A 작가의 2차적저작물작성권 및 성명표시권을 침해하였다고 인정하고, 손해배상과 명예회복을 위한 조치를 취하도록 명령하였으므로 알려드립니다.

드라마 "M"의 대본 작가 K(B, C)

별지 2.

1. O이 여자로 환생한다는 설정 : 전생에 남자였던 O이 현생에서 여자로 환생함
2. O의 피 설정 : 여주인공이 피를 흘리면 그 냄새를 맡고 요괴와 악귀들이 달려들어 옴
3. 'W가 난다'는 대사 표현
4. 선력(영력)이 강한 직계 친척이 O을 보호한다는 설정
5. 요괴들이 인간의 고기 대신 정기를 섭취한다는 설정 : 요괴들은 인간을 잡아먹는 대신 인간이 정기를 폭발시키는 장소인 콘서트 장 등에서 기를 흡수함
6. 요괴가 연예계에 많다는 설정 : 요괴들이 인간의 정기를 효과적으로 흡수하기 위해 연예계에 잠복해 있음
7. 연예 기획사의 사장이 요괴라는 설정
8. 요괴가 O(여주인공)을 먹으면 힘이 강해진다는 설정 : 불로장생을 얻는 것이 아니라 힘이 강해진다는 설정을 채택함
9. 어디서든 달려오는 P이라는 설정
10. 경찰 요괴가 등장한다는 설정
11. 악귀가 빙의하는 방법 관련 설정 : 악귀가 사람을 차로 치어 죽인 후

그 몸을 빌려 빙의한다는 설정

　12. P이 여자도 때리는 성격이라는 설정

　13. 주인공 주변에 지속적으로 돈을 착취하는 가족이 있다는 설정

　14. AA이 전생에 헤어진 AK와 AL를 만나는 에피소드 : M의 주요 에피소드 중 하나인 AL와 AK를 찾아 헤매는 AA의 이야기가 H와 M에 동일하게 나타남. H에서 AA은 P이 아내와 아들을 죽였다는 오해를 하고 P의 환생인 AN에게 복수하려는 에피소드가 있으나, 현세에 환생한 AK와 아들 AL를 만나면서 오해를 풀게 되는데, M에서도 이러한 설정이 유사하게 채용됨. 또한 AK가 환생한 점, AA나 AK가 각각 죽기 직전에야 마주치는 점이 두 작품에서 동일하게 나타남

　15. 악귀를 물리칠 수 있는 유일한 무기의 이름 : AM(금강저의 일종)와 V. 허다한 이름 중에 하필 '금강'을 사용했다는 것은 피고들이 H를 모방하지 않고서는 어려운 해석임. G에서 모티브를 얻었다고 한다면 V보다는 AO라 불러야 더 어울릴 것임

　16. 여주인공과 남주인공은 서로를 죽일 운명에 처해 있다는 설정 : H에서는 P과 O이 전생에서 서로를 죽인 것으로 알려져 있고, 각각 환생한 남주인공과 여주인공은 이번 생에도 같은 일이 벌어지게 될까봐 두려워하고, 주변의 여러 상황이 두 사람이 결국 서로를 죽이게 된다는 것을 알리게 되는데, M에도 유사하게 설정됨. Q(O)가 일방적으로 P을 죽이는 운명이 아니라 둘 중 어느 쪽이 상대를 죽이는지 모르는 상태임. 이는 H에서 다나와 AN 중 어느 쪽이 상대를 죽였는지 알 수 없는 상태로, 현세에서도 같은 운명을 되풀이하게 될 것을 두려워하는 H의 주인공들의 상태와 동일함

17. 신비한 힘이 나비 모양의 형태로 나타난다는 설정 : H에서 전생의 O 이자 현생에는 여자로 환생한 R이 힘을 발휘할 때 빛나는 나비 모양으로 나타나는 것도 모방됨

18. 주요 악당이 각각 황제와 왕이라는 설정 : H에서는 전생에 당 황제였던 AD이 불로 불사의 주술로 세상을 지배하려 하다 실패했지만, 현세에서 요괴들의 요력과 R의 선력을 모아 주술을 완성해 세상을 지배하려고 함. M도 유사한 설정임

19. O이 P을 죽이게 된다고 이간질 하는 존재 : H에서는 AP이란 요괴가 O이 P을 향해 칼을 겨누는 거짓 기억을 보여줘서 R와 AN 사이를 이간질하는데, M에서도 이 컨셉을 그대로 채용함

20. 요괴들이 적당한 시기에 죽음을 위장 : H에서 요괴들은 늙거나 죽지 않기 때문에, 적당한 때에 사고사나 병사 등으로 위장해서 연예계에서 사라지는 걸 택한 후 다른 껍질을 쓰고 나타나는데, M도 마찬가지임

21. 악당의 계획 속 O의 역할 : H 속에서 악당 AD이 O의 선력과 O 불경 속에 봉인된 요괴들의 요력을 모아 불로불사 술을 완성하려 하는데, 여기에는 O의 죽음이 필수인데, M도 마찬가지임.

윤석진(尹錫辰, Yun, Suk-Jin)

2000년 8월 한양대학교 대학원 국어국문학과에서 「1960년대 멜로드라마 연구 – 연극·방송극·영화를 중심으로」라는 논문으로 문학박사학위를 취득하고, 2004년 10월부터 충남대학교 국어국문학과 교수로 재직하고 있다. 2004년 9월 『시사저널』에 「'캔디렐라' 따라 울고 웃는다」를 게재하면서 드라마평론을 시작하였다. 『미디어오늘』, 『광고1번지』, 『문화일보』 등의 신문과 잡지를 거쳐 2021년 3월부터 『한겨레』에 '윤석진의 캐릭터로 보는 세상' 칼럼을 연재하였다. 문화방송(MBC) 시청자위원회 위원·한국극예술학회 회장 등을 역임하고, 서울드라마어워즈와 백상예술대상 TV부문 심사위원으로 활동하였다. 저서로는 『김삼순과 장준혁의 드라마 공방전』, 『TV드라마, 인생을 이야기하다』, 『36편의 드라마로 읽는 한국어/한국사회』, 『텔레비전드라마, 역사를 전유하다』(공저), 『텔레비전드라마, 판타지를 환유하다』(공저) 등이 있다. 「텔레비전드라마 〈시크릿 가든〉의 경제적 타자성과 판타지 장치」, 「신자유주의 시대, '치유(治癒)' 혹은 '기망(欺罔)'의 텔레비전드라마」, 「〈한뼘 드라마〉의 양식 실험과 드라마 플랫폼 환경 변화」, 「역사적·정치적 병리에 대한 텔레비전드라마 〈상어〉의 상상력」, 「텔레비전드라마에서의 5·18광주민주화운동 재현 양상」, 「극작가 차범석의 텔레비전드라마 연구」 등의 논문을 발표하였다.

한국 텔레비전드라마의 표절 논란 실태 조사 보고서

초판 1쇄 발행일 | 2022년 12월 30일

지은이　　| 윤석진
펴낸곳　　| 북마크
디자인　　| 서용석
관리　　　| 안영미

주소　| 서울특별시 성동구 마조로 22-2 한양대동문회관 413호
전화　| (02) 325-3691
팩스　| (02) 6442 3690
메일　| chung389@naver.com
등록　| 제303-2005-34호(2005.8.30)

ISBN　| 979-11-981763-9-4 13360
값　　| 16,000원

이 책의 내용 중 전부 또는 일부를 재사용하고자 한다면 반드시
저작권자와의 서면에 의한 동의를 받아야 합니다.
* 잘못된 책은 바꾸어 드립니다.